LES TAUPES FRÉNÉTIQUES

JEAN-JACQUES PELLETIER

Avec la collaboration de VICTOR PROSE

LES TAUPES FRÉNÉTIQUES

La montée aux extrêmes

Essai panoramique

Hurtubise

Catalogage avant publication de Bibliothèque et Archives nationales du Québec et Bibliothèque et Archives Canada

Pelletier, Jean-Jacques
   Les taupes frénétiques
   Comprend des réf. bibliogr.
   ISBN 978-2-89647-884-2
   1. Radicalisme. 2. Excès (Philosophie). 3. Spectacles et divertissements - Aspect social. 1. Titre.

HN49.R33P44 2012   303.48'4   C2012-940345-8

Les Éditions Hurtubise bénéficient du soutien financier des institutions suivantes pour leurs activités d'édition :

- Conseil des Arts du Canada ;
- Gouvernement du Canada par l'entremise du Fonds du livre du Canada (FLC) ;
- Société de développement des entreprises culturelles du Québec (SODEC) ;
- Gouvernement du Québec par l'entremise du programme de crédit d'impôt pour l'édition de livres.

Conception graphique de la couverture : René St-Amand
Maquette intérieure : Folio infographie
Mise en pages : Folio infographie

Copyright © 2012, Éditions Hurtubise Inc.
ISBN 978-2-89647-884-2 (version imprimée)
ISBN 978-2-89647-885-9 (verson numérique PDF)

Dépôt légal : 1er trimestre 2012
Bibliothèque et Archives nationales du Québec
Bibliothèque et Archives du Canada

Diffusion-distribution au Canada :
Distribution HMH
1815, avenue De Lorimier,
Montréal (Québec) H2K 3W6
www.distributionhmh.com

Diffusion-distribution en Europe :
Librairie du Québec/DNM
30, rue Gay-Lussac
75005 Paris FRANCE
www.librairieduquebec.fr

Imprimé au Canada
www.editionshurtubise.com

Out of control, out of control...
We are getting out of control.

BEAST

Express yourself, dont repress yourself.

MADONNA

Plonger au fond du gouffre, Enfer ou Ciel, qu'importe
Au fond de l'Inconnu pour trouver du nouveau.

BAUDELAIRE

We're all stars now in the dope show...

MARYLIN MANSON

TABLE DES MATIÈRES

Avant-propos   11
D'où viennent les *Taupes*?

Introduction   13
L'extrême comme normalité

I
Le spectacle de l'extrême

A. Le divertissement comme mode de vie   23
     Les «dessous» de la mode   25
     Les gladiateurs virtuels   37
     Les jeux du cirque... cathodique   59
B. Le biotope médiatique   75
     Le cinéma: image hallucinante/réalité hallucinée   77
     La radio: la parole enragée   97
     La télé: l'univers transfiguré   105
C. Les arts à la poursuite de l'excès   123
     La musique: l'intensité sans limites   125
     Les arts plastiques: une esthétique
     de la transgression   139
     Déconstruire le roman: le narcissisme extrême   165

II
Portrait de l'Occidental en extrémiste *soft*

A. Les métastases du divertissement   203
     L'information: un *makeover* extrême de la réalité   205
     La pub: la stimulation en continu   227
     L'humour sans limites   247

B. L'incarnation obsessive   261
   Le corps asservi   263
   Le raz de marée sportif   289
   La production sexuelle   305
C. Grandeurs et misères du cocon   319
   La violence ordinaire   321
   L'obsession sécuritaire   353
   Le confort et la différence   379

III
Aveuglement et frénésie

La disparition du monde   403
La fuite dans l'intensité   431
Les logiques de l'extrême   439

Postface   449
Où vont *les Taupes* ?

Remerciements   453

AVANT-PROPOS
D'OÙ VIENNENT LES *TAUPES* ?

C'est une expérience étrange de voir un personnage auquel on a donné vie se développer au point de devenir lui-même un auteur et d'imposer l'écriture d'un livre sous son propre nom.

Par ailleurs, on est habitué à ce que les romans aient un narrateur, parfois même plusieurs. On est habitué à ce que ce narrateur soit distinct de l'auteur. Par exemple, un roman peut être écrit comme si la narration était celle d'un enfant-soldat, bien que ce soit un adulte qui en soit l'auteur…

Toutefois, on imagine moins bien qu'il puisse en être de même pour un essai. On imagine mal que l'auteur soit différent de celui qui paraît exposer ses idées. Et on imagine encore moins facilement qu'il puisse être un personnage de roman…

À l'origine, il était prévu que *Les Taupes frénétiques* soient publiées en même temps que *La Faim de la Terre*, sous le nom de Victor Prose, un des personnages de ce roman.

Déjà, dans les romans précédents (*La Chair disparue, L'Argent du monde, Le Bien des autres*), on trouvait de nombreux extraits d'un essai écrit par un des personnages, un essai qui expliquait sa façon de voir le monde. C'est ainsi qu'il y a eu : *Le Fascisme à visage humain, Pour une gestion rationnelle de la manipulation*…

Cette fois, il s'agissait d'aller plus loin, de faire paraître le livre sous le nom du personnage, en même temps que le roman, dans une autre maison d'édition.

Des contraintes de temps ont fait que la chose n'a pas été possible.

Ce qu'il est cependant resté de ce projet, c'est que *Les Taupes frénétiques*, quand elles ont été écrites, l'ont été sous la gouverne et du point de vue de Victor Prose. C'est pourquoi on y retrouve ses oscillations entre des analyses sérieuses et le besoin que l'écriture ait de l'impact ; entre sa manie de collectionner les faits, de les vérifier, et ses mouvements d'indignation, ses pulsions pamphlétaires ; entre son besoin ludique d'« essayer » des idées et son effort pour tenter sérieusement de comprendre le monde dans lequel il vit.

De là vient la coexistence de plusieurs tons, presque de plusieurs voix, à l'intérieur de l'essai. Ce que traduisent ces variations, ce sont les fluctuations momentanées de l'équilibre des différentes motivations du personnage/ auteur selon les sujets qu'il aborde…

Le projet initial *Taupes frénétiques* comportait trois parties : L'extrême en spectacle, Portrait de l'Occidental en extrémiste *soft* et La fabrique de l'extrême. Elles portaient respectivement sur l'univers du spectacle, la vie quotidienne et les grandes structures de la société, tant économiques et politiques qu'idéologiques.

La nouvelle version du texte reprise dans cet essai regroupe les deux premières parties, auxquelles s'ajoutent la présentation de quelques hypothèses sur les causes de cette montée aux extrêmes et sur les logiques qui la sous-tendent.

La Fabrique de l'extrême sera publiée ultérieurement sous ce titre et inclura une esquisse des conséquences de ce phénomène qui semble pénétrer tous les aspects de la vie.

Jean-Jacques PELLETIER

INTRODUCTION
L'EXTRÊME COMME NORMALITÉ

La Fureur, La Vie est un sport extrême, La Fin du monde est à sept heures, Sans limites, 3600 secondes d'extase, 24 heures en 60 minutes… voilà quelques titres que proposait la télé au cours des dernières années.

On a aussi pu voir des concours d'aviation extrême, des transformations extrêmes d'individus (*Extreme Makeover, Relooking Extrême*), d'autos (*Pimp mon char*) ou de maisons (*Extreme Makeover: Home Edition*)… Pour les amateurs de sport, les combats extrêmes se multiplient: *The Ultimate Fighter, Xtreme Fighting Championships, World Extreme Cagefighting…*

Lancôme lance *Extrême*, un mascara censé allonger instantanément les cils de 60 %. Les Pompiers de l'extrême se regroupent en association. L'hippodrome de Paris tient une *Journée de l'extrême*. Un centre d'entraînement physique choisit comme nom Gym Extrême; un équipementier pour sports de montagne, Technique Extrême. L'Extrême de Terrebonne est une équipe de soccer. Un documentaire s'intitule *Les Déménageurs de l'extrême*. Des séries s'intitulent *Les Camionneurs de l'extrême, Les Constructeurs de l'extrême, Désordre extrême*. Une discothèque mobile française et un bistro italien de Québec s'appellent L'Extrême. Sur un mur de Genève, une affiche publicitaire proclame: *À l'extrême… jusqu'au bout*. Quant à Richard Martineau, il intitule une de ses chroniques: «Soirée de filles extrême».

Profits records, annoncent les banques. Faillites records, annoncent les mêmes banques un peu plus tard. Salaires records, bonus records...

Fraudes records, renchérissent les financiers corrompus et autres Madoff ou Lacroix de ce monde. Plan de sauvetage record, annoncent les gouvernements — le tout sur fond de déficit record, d'endettement record, de chômage record. Quant à la Bourse, elle atteint un nouveau plafond. Ou connaît une chute record.

«Les nouveaux records de la science», titre *Science et Avenir* en page couverture... Records d'assistance et de décibels rythment les spectacles et les tournées rock. Les concours de calage de bière se multiplient. «L'ultime expérience», nous promet une réclame publicitaire. Et le consommateur de répondre, par la voie d'une autre réclame: «J'en veux plus!»

À la sortie de chaque nouveau film à succès, on se demande s'il va battre le record de recettes pour le premier week-end.

Les météorologues comparent la météo du jour aux extrêmes saisonniers. Et, pour ne pas être en reste, ils annoncent régulièrement la «tempête du siècle».

La «série du siècle», répliquent les reporters sportifs. «Sommet dans l'horreur», titrent les journaux. «Catastrophe planétaire»...

Les épiceries sont des Maxi. Les clubs vidéo, des Superclubs... Il n'y a pas si longtemps, ils étaient des Blockbusters.

«On est les meilleurs parce qu'on est les plus gros», proclame une quincaillerie.

Rogers offre à ses clients une «liberté illimitée». Vidéotron leur promet «Un pouvoir infini». Et pour les internautes extrêmes, il y a Internet Extrême. Les galeries d'art mettent sur pied un événement *Peinture extrême*. Les humoristes organisent un gala *Humour extrême*.

France 2 diffuse *Zone Xtrême*. Quant à la version québécoise de Big Brother, on nous promet qu'elle sera… extrême, bien sûr. Qu'elle sera «le Big Brother le plus *hard* qui soit[1]».

La publicité, on l'a vu, sacrifie elle aussi au culte de l'extrême. Les shampoings suggèrent qu'ils provoquent des orgasmes. Les déodorants, qu'ils attirent les filles comme le miel attire les abeilles — ou mieux: comme un aimant. Quant au fromage à la crème, il vous envoie tout simplement au paradis.

Partout, c'est le même message. N'est digne d'intérêt que ce qui est extrême. N'est désirable que ce qui est extrême. N'existe que ce qui est extrême…

En France, Supersarko est un hyperprésident. Et quand sa popularité s'écroule et qu'il est forcé de renommer Fillon premier ministre, les médias français se mettent à parler d'hyperpremier ministre. Pour faire le point sur les États-Unis, *Le Monde* titre: «L'hyperpuissance américaine piégée par ses hyperdéséquilibres[2]».

La version extrême de l'avenir, c'est l'apocalypse. Pour la mettre en scène, les films rivalisent de budgets et d'effets spéciaux: *The Day After, 2012, Deadland, Zombieland, Le dernier homme sur terre*…

Il y a aussi les penseurs de l'apocalypse. Slavoj Zizek, dans *Vivre la fin des temps*, mais surtout Jacques Attali, dans *Demain qui contrôlera le monde?* dressent un portrait de l'apocalypse dans sa version capitaliste. Quant aux gurus et prophètes en tous genres, ils nous la promettent à

---

1. Jessyca Paradis, «Big Brother arrive sur V», *7 Jours*, 3 mars 2010. http://7jours.canoe.ca/tele/nouvelles/2010/03/01/13069511-7j.html (consulté le 27 novembre 2011)

2. Clément Lacombe, «L'hyperpuissance américaine piégée par ses hyperdéséquilibres», *Le Monde*, 10 novembre 2010. http://www.lemonde.fr/cgi-bin/ACHATS/acheter.cgi?offre=ARCHIVES&type_item=ART_ARCH_ 30J&objet_id=1139978 (consulté le 27 novembre 2011)

répétition. La prochaine date à surveiller: le 21 décembre 2012.

Si la montée aux extrêmes se manifeste dans tous les domaines de la vie individuelle et collective, elle est particulièrement visible dans les domaines qui sont liés à une forme ou une autre de mise en spectacle, qu'il s'agisse des spectacles eux-mêmes, des médias ou des productions artistiques.

Une analyse développée de ces manifestations dépasserait de loin le cadre d'un seul ouvrage... ou d'une seule discipline. Aussi, le point de vue choisi sera celui du citoyen curieux et raisonnablement informé, qui ne peut pas être un expert en tout, mais qui, à partir de ce qu'il peut lire, entendre et observer, tente de comprendre le monde dans lequel il vit.

Autrement dit, de quelqu'un qui, à partir du panorama de la montée aux extrêmes que lui offre le monde qu'il habite, tente de repérer des cohérences, d'identifier des logiques et de dégager des tendances ou des évolutions.

Une hypothèse servira de guide à cette lecture, celle que la vie occidentale, autant dans l'image que nous en propose l'univers du spectacle que dans sa réalité quotidienne, est structurée par quatre logiques: une logique de la drogue, du cancer, de la délinquance et de la pornographie.

I

Le spectacle
de l'extrême

Petit cousin *soft* et bien élevé de l'« extrême », le « spectaculaire » accapare désormais l'attention des nouvelles foules artificielles que sont les auditoires.

Regroupés de l'extérieur, sans avoir à se rencontrer ni
même à se connaître, les membres des auditoires sont des
absents mutuels. Les seuls liens sporadiques qui les unis-
sent sont leurs préférences en matière de spectacles et de
spectaculaire. Désormais, les « programmes » de télé ont
remplacé les programmes scolaires comme source de
formation et de liant social[1].

C'est ainsi qu'on parle maintenant de la génération
Passe-Partout, de ceux et celles qui ont grandi avec
Watatatow… Quant à ceux qui ont connu *Opération
mystère,* avec Louise Marleau adolescente, ils sont noyés
dans la catégorie fourre-tout des *baby-boomers,* sous-
section « archéos » !

On objectera qu'Internet est en voie de remplacer la
télé. Surtout pour les jeunes générations. Et que les foules
artificielles de la télé y sont largement remplacées par des
réseaux sociaux interactifs. C'est un fait. Mais la télé a
déjà pris la Toile d'assaut.

En plus d'avoir leur propre site, les séries télé sont
répertoriées et décortiquées sur de multiples forums de
fans. Les émissions d'informations réclament les commentaires des internautes et les intègrent au déroulement

---

1. Cette idée est notamment développée par Bernard Stiegler dans
La télécratie contre la démocratie, Paris, Flammarion, 2006, p. 270.

de l'émission. S'implanter dans les réseaux sociaux est désormais la norme: animateurs et émissions ont leur page Facebook, leur compte Twitter, leur blogue… Plutôt qu'à une substitution, c'est à une fusion qu'on est en train d'assister, à l'émergence d'une sorte de média total voué au spectaculaire sous toutes ses formes.

Pour leur part, les entreprises font comme les médias traditionnels. Armées de leur logique publicitaire et toujours à la recherche de «temps de cerveau disponible», elles envahissent Internet. Difficile de trouver une entreprise qui n'a pas son site Web. Difficile même de trouver une entreprise importante qui n'est pas sur Facebook, Twitter ou un équivalent, en quête d'amis consommateurs.

Cette logique publicitaire domine la Toile, ce qui n'a rien d'étonnant: plusieurs des sites majeurs ne font rien d'autre que de la vente par catalogue sur support informatique: eBay, Amazon et iTunes, notamment.

Les réseaux sociaux sont animés par la même logique publicitaire qui caractérise les médias traditionnels. Chaque membre d'un réseau a quelque chose à vendre: lui-même. Les blogues, Twitter, les pages Facebook ou MySpace sont-ils autre chose qu'une autobiographie en direct? Qu'une mise en valeur en continu de soi et de ses opinions?

De ce simple fait, chacun est en concurrence avec des millions d'autres individus et entreprises. Il faut qu'il attire l'attention, qu'il se démarque. Pour ce faire, le meilleur moyen demeure le spectaculaire. Il faut qu'il affiche quelque chose qui détonne. Quelque chose susceptible de déclencher une vague de bouche à oreille par clavier interposé. Un *buzz*…

De plus en plus, l'existence sociale passe par les médias. Elle est conditionnée par eux. Et l'existence, dans un univers médiatique, est vouée au spectaculaire.

Divertir par le spectaculaire semble être la voie à laquelle sont voués structurellement les médias, anciens comme nouveaux, ainsi que ceux qui veulent s'en servir. Pour intéresser, on doit y apparaître de façon divertissante. Et sans cesse renouvelée. Parce que n'a d'intérêt que ce qui est nouveau. Et que le nouveau, par définition, ne le reste pas longtemps.

Cette contrainte engendre une escalade : la recherche d'un impact plus fort, plus spectaculaire, pour se démarquer de tout ce qui est déjà là. Tout ce qui veut exister dans les médias, même temporairement, doit s'inscrire dans une forme de montée aux extrêmes. L'accès au statut de « divertissement suffisamment marquant pour être remarqué » est à ce prix.

L'exploration de cet univers du spectacle tous azimuts va s'intéresser à :

- trois formes particulièrement révélatrices de divertissement : la mode, les combats de lutte et les jeux (télévisés, vidéo et de hasard) ;
- trois médias qui ont porté l'avènement du divertissement comme révélateur de notre société : le cinéma, la radio, la télé ;
- trois formes de manifestations artistiques qui ont assumé structurellement, chacune à leur manière, cette montée aux extrêmes : la musique, les arts visuels et la littérature.

Bien sûr, il peut sembler incongru d'amorcer une revue de l'extrême par des considérations sur la mode. Mais tel est précisément l'objectif de cet exercice panoramique : débusquer les formes de l'extrême dans l'ensemble du monde du spectacle et de la vie quotidienne, et pas seulement ni même d'abord là où on a l'habitude de le voir : *bungee*, *jackass*, sports extrêmes…

A

LE DIVERTISSEMENT
COMME MODE DE VIE

LES « DESSOUS » DE LA MODE

Que la mode soit liée au spectacle, il s'agit d'une évidence. L'exubérance est le mode d'être de la mode. Cela est particulièrement visible dans les grands défilés. On peut y voir toutes les formes de mise en scène. On y trouve également, à l'état exacerbé : l'éphémère, la quête du nouveau (visage, style, design…) et le souci de repousser les limites — autant de phénomènes susceptibles d'alimenter la montée aux extrêmes.

Les défilés de mode sont en effet un processus généralisé de surenchère : surenchère dans l'intégration de matériaux incongrus (métaux, grillages, végétaux, viande…), surenchère dans l'extravagance des maquillages, surenchère dans l'affranchissement de l'utilité au profit du *look* du moment… D'où les vêtements cousus sur les mannequins juste avant les défilés et qu'elles ne peuvent enlever qu'en les déchirant.

Oser plus. Surpasser ce qui s'est déjà fait. Aller plus loin. Tels sont les maîtres mots.

LES MACHINES À PARADER

Cette escalade dans l'audace s'est notamment manifestée par un processus paradoxal de sexualisation/désexualisation des mannequins — autrement dit, par deux formes d'instrumentalisation en apparence opposées.

L'instrumentalisation du corps

D'un côté, on assiste à une transgression des tabous liés à la sexualité par le dévoilement des caractères sexuels des mannequins ; de l'autre, à une désexualisation des mannequins qui mène au look anorexique-junkie-femme battue...

L'hypersexualisation du corps se manifeste principalement par les vêtements, comme si c'étaient eux qui étaient porteurs de sexualité : strings qui dépassent des pantalons taille basse, bustiers en évidence, cuissardes, t-shirts moulants, décolletés plongeants, nombrils dégagés, seins apparents à travers des blouses transparentes, sous-vêtements portés par-dessus les vêtements...

Quant à la « désexualisation », elle touche le corps lui-même. Autant les vêtements sont *hot*, autant le corps devient froid. Par l'anorexie, la froideur, la maigreur, l'artificialité mécanique de la démarche, le corps s'affranchit à la fois de la personnalité des mannequins et des impératifs biologiques pour devenir une sorte de mécanique.

La démarche saccadée des mannequins sur le *catwalk* peut être interprétée comme un des signes les plus visibles de cette mécanisation. C'est comme si un processus de désincarnation était à l'œuvre pour transformer les corps en machines à parader des vêtements. Ou mieux : à les intégrer comme matériaux à des œuvres d'art ambulantes. Des œuvres spectaculaires, excessives, éphémères... et sans cesse à renouveler.

Comme le disait Karl Lagerfeld : « Plus le corps s'effacera, plus le design sera mis en valeur. » Autrement dit : la beauté du mannequin ne fera pas obstacle à celle de la création. D'où son plaidoyer en faveur des mannequins ultraminces, filiformes, anorexiques. D'où également sa déclaration controversée au magazine allemand *Focus* : « Personne ne veut voir des femmes rondes[2] ».

La révolte du corps « ordinaire »

Le cas de Kate Moss est particulièrement révélateur de ce côté excessif, mais en même temps paradoxal. Sa carrière entière est sous le signe de l'excès, comme le souligne Christian Salmon :

> Quel que soit le sujet, Kate Moss bat les records : de succès, de scandale, de longévité, de notoriété, d'argent amassé, d'amants célèbres, d'alcool… C'est le mannequin le mieux payé, le plus photographié, le plus copié. Qu'on évoque sa personnalité, ses affaires ou son talent, elle est toujours « trop » : trop *cool*, trop belle, trop riche, trop maigre, trop scandaleuse… Sa légende est construite sur l'excès[3].

Par ailleurs, en tant que principale représentante du style *waif* (enfant abandonné), elle a pu représenter une forme extrême de transgression par rapport au modèle dominant : le *glamour*. Elle incarne « un nouveau code contradictoire qui fait de la transgression une norme sociale[4] ».

Le style *waif*, c'est la femme naturelle, sans maquillage, sans vêtements design, sans poses plastiques, sans décors minutieusement composés, sans éclairages calculés. C'est la femme dont le corps affiche sans pudeur ses imperfections – par exemple, ses cernes, sa maigreur.

---

2. AFP, « Karl Lagerfeld : "Personne ne veut voir des femmes rondes" dans la mode », *France 24*, 11 octobre 2009. http://www.france24.com/fr/20091011-karl-lagerfeld-personne-veut-voir-femmes-rondes-mode (consulté le 27 novembre 2011)

3. Christian Salmon, *Kate Moss Machine*, Paris, La découverte, 2010, p. 8. Les informations sur lesquelles est basée l'analyse du cas de Kate Moss sont tirées en bonne partie de ce livre.

4. *Ibid.*, p. 9.

C'est vrai que Kate Moss est maigre. Pourtant, elle n'est pas anorexique. Elle a même bon appétit. La différence sera évidente quand Benetton affichera une photo de vraie anorexique[5]. Mais il était de bon ton, dans les hautes instances de la mode, de dénoncer Moss : elle incarnait le retour au naturel et démolissait le *glamour*, si essentiel aux grands couturiers et autres entreprises de mode !

Ce qu'on peut en retenir, à part le fait que Kate Moss s'est révélée extrêmement fluide, se réinventant à chaque tournant de la mode pour durer presque trois décennies, c'est qu'elle a su incarner (et lancer) une contestation extrême du style *glamour* dominant (axé sur une magnification et une artificialisation extrêmes du corps), par un recours extrême au dépouillement (les vêtements disparaissent presque au profit du corps) et au naturel (pas de maquillage, cernes sous les yeux, affichage des imperfections du corps « ordinaire »).

Kate Moss a radicalisé et stylisé le modèle de la fille ordinaire au point de le faire accéder, paradoxalement encore, à un statut hors-normes : avec le style *waif*, puis *grunge*, puis *heroin chic*, elle a poussé le naturel jusqu'à un point où il devient scandaleux par son outrance.

Elle représente aussi une forme radicale de fusion de la star, telle qu'on la connaissait au cinéma, et de la top modèle. Elle fait accéder la top modèle au statut de ceux que les gens considèrent comme des légendes : aux photos provocantes se superpose une vie réputée scandaleuse.

Elle rejoint par là d'autres légendes, comme Madonna et Michael Jackson, chez qui des documents visuels riches en provocations s'allient à une biographie constituée d'un tissu de rumeurs et de scandales allégués ou réels.

---

5. *Ibid.*, p. 90.

L'EMPIRE DES GRIFFES :
LA NOUVELLE OBSOLESCENCE PLANIFIÉE

La contrainte de nouveauté

La mode ne se contente pas de coloniser le corps des mannequins, ni même celui de la population en général. Désormais, ce sont tous les marchés qui fonctionnent sous le régime de la mode : autant celui des biens de consommation courante (des soutanes ecclésiastiques aux jeux vidéo, en passant par les meubles, les téléphones portables et la nourriture) que celui des voyages, du logement, des automobiles, des quartiers... On part pour la destination voyage à la mode, on fréquente des endroits *in* et des quartiers « branchés » ; on remplace nos objets *out* par des objets *in* ; on redécore la maison avec les couleurs à la mode, puis on change le mobilier en fonction des nouvelles couleurs.

Désormais, la mode impose à tous les produits la nécessité d'avoir une image et le souci de cette image — image dont non seulement l'emballage, mais le produit lui-même sont les porteurs. Apple représente sans doute une des plus grandes réussites dans cette incorporation, dans le produit lui-même, du design et de l'image qu'il véhicule. La biographie de Steve Jobs montre qu'un de ses efforts constants fut de soumettre la conception technologique aux exigences du design, ce qui impliquait que les ingénieurs devaient tenir compte de contraintes esthétiques dans l'élaboration technique des produits.

Dans cette logique, les aliments naturels ne peuvent pas se contenter d'être naturels ; ils doivent impérativement en « avoir l'air ». Ils doivent se conformer à l'image idéalisée, esthétisée de ce qu'on s'attend à trouver dans la nature : pommes parfaitement rondes et uniformément rouges, bananes sans taches brunes, carottes de forme parfaite...

Perfection de la forme et de la couleur, donc. Emballage qui souligne le caractère « naturel » et « santé » du produit. Mais, aussi, renouvellement continu de son image. Il ne lui suffit pas d'avoir un air « naturel » et « santé », il doit avoir l'air encore plus « naturel », encore plus « santé » que les produits concurrents.

La nécessité de se démarquer

Par définition, la mode valorise la nouveauté et dévalorise, parce que déjà vieux, ce qui a le tort d'avoir été nouveau hier. Ou pire : avant-hier. D'où la nécessité de produire continuellement du « nouveau ».

Ce renouvellement incessant favorise à son tour le phénomène de surenchère dans l'extravagance et dans l'excès, puisque, dans un univers de marques, l'essentiel est de se démarquer. À tout prix. Sans arrêt. C'est une tâche sans cesse à recommencer. Rester à la mode est aujourd'hui la forme que prend le supplice de Sisyphe.

Dans le dispositif généralisé de la mise en spectacle de la société, la mode joue ainsi un rôle crucial : l'accent qu'elle met sur la nouveauté assure la désuétude accélérée des produits, des images et des styles. Elle prend ainsi la relève, sur le plan symbolique, de l'obsolescence planifiée des produits. Soigner son image ne suffit plus, il faut aussi constamment la renouveler.

La logique de la mode est le nouveau moteur des marchés : par la contrainte de renouvellement continu qu'elle impose aux produits eux-mêmes et à leur image, elle est devenue un des principaux stimuli de la production industrielle et d'une croissance qu'on espère infinie.

Se définir par ses griffes

Se démarquer, donc. Et pour se démarquer, quoi de mieux que de s'en remettre à une marque ? À une griffe ?

Autre paradoxe…

On peut constater l'extension du phénomène des produits griffés à tous les domaines de la production : des sous-vêtements aux automobiles, en passant par les sacs à main, les produits alimentaires, les stylos ou les lunettes, pour ne nommer que ceux-là.

Plus important encore, il y a la place envahissante qu'occupent les griffes sur les produits. De plus en plus, les vêtements transforment ceux qui les portent en réclames ambulantes… souvent fières de l'être, d'ailleurs. Auparavant, les hommes-sandwiches étaient payés pour se laisser transformer en supports publicitaires mobiles ; maintenant, les gens paient pour avoir le privilège de le faire ! Comme si leur existence sociale en dépendait…

Au sein de cette marée de renouvellement, il existe — et c'est un autre paradoxe — une certaine forme de stabilité : les griffes fonctionnent comme des programmes certifiés de renouvellement adéquat. Acheter une griffe, c'est comme acheter, en plus du produit, l'assurance de suivre correctement la mode. De projeter la bonne image… C'est l'équivalent d'un contrat de mise à jour pour un logiciel.

Pour ce qui est du choix de la griffe, il signe l'appartenance sociale, la position générationnelle et la situation économique de son porteur. C'est ainsi que la mode prolifère par spécialisation selon les âges, les milieux sociaux et les moyens économiques. Autrement dit : par occupation de tous les territoires sociaux.

L'IMPÉRIALISME DE LA MODE

Le pillage comme mode de vie

Pour soutenir son entreprise de mise en coupe réglée des marchés, la mode a besoin de renouveler constamment les styles qu'elle propose. Pour ce faire, elle pille allègrement l'histoire de l'art, les inventions stylistiques des ghettos et… les anciennes modes. Le phénomène *vintage* est une des manifestations les plus récentes de cette propension de la mode à l'autocannibalisme.

Les défilés illustrent bien cette tendance qu'a la mode à tout utiliser à ses propres fins : ils envahissent toutes sortes de lieux (entrepôts, châteaux, musées, usines…), utilisent toutes sortes de musique (rap, opéra, punk, rock industriel, chansonnette, techno…) et mobilisent un arsenal variable de vedettes sportives, de stars du cinéma et de têtes couronnées aux premiers rangs… parfois même comme participantes ponctuelles sur le *catwalk*.

La contrainte de mode

Aujourd'hui, personne n'y échappe. Il y a toujours une mode à suivre. Mais elle change continuellement. Elle change selon l'année, selon la saison, mais aussi selon la trajectoire sociale des individus. La mode que l'on adopte est une façon de témoigner de sa situation dans la société, de la façon dont on désire se présenter. Et donc de la façon dont on désire apparaître dans le regard des autres.

Déjà, à l'école primaire, il y a une pression pour porter des vêtements griffés et, surtout, pour porter la bonne marque — ce qui crée des groupes *in* et des groupes *out* dans les cours de récréation.

Les parents qui refusent d'acheter des vêtements griffés, par principe ou par manque de moyens, doivent alors affronter des crises de la part d'enfants désespérés : ils disent ne pas vouloir se sentir «rejet», où tout autre mot par lequel on stigmatise ceux qui sont dévalorisés — ou simplement mis à l'écart — parce qu'ils s'écartent des normes.

S'il est impératif de se singulariser, il l'est tout autant de le faire à l'intérieur d'un cadre, en respectant un ensemble de normes. La liberté dont la mode fait la promotion est en effet limitée ; la possibilité de choisir entre un plus grand nombre de cages ne signifie pas que la vie hors cage est tolérée.

On pourra objecter que certains se font un malin plaisir de ne pas suivre la mode. Mais, sans une mode reconnue à laquelle s'opposer, cette opposition n'aurait aucun sens. Comme le résume David Hartwell, dans ses trois lois de la mode :

1. S'habiller en ignorant la mode, c'est mal s'habiller.
2. S'habiller en suivant la mode, c'est devenir invisible.
3. S'habiller en ayant conscience de s'opposer à la mode, c'est avoir un style[6].

Et puis, ces oppositions donnent souvent naissance à de nouvelles modes. Pensons aux « dépisteurs de tendances » : ils sillonnent les rues pour découvrir, parmi les jeunes rebelles et les marginaux — par exemple, les Harajuku Girls du Japon —, les nouvelles couleurs, les nouvelles pratiques, les nouveaux usages qui seront la mode de demain.

Ainsi, on sous-estime habituellement tout ce que la mode actuelle, qu'on dit souvent *mainstream*, doit aux punks : cranes rasés, mèches de cheveux de couleur, ceintures cloutées, sous-vêtements apparents, tatouages et piercings, cheveux hirsutes[7]...

Autre objection : aujourd'hui, plus personne ne « suit » la mode, chacun se crée un style.

Sans doute. Mais en empruntant au répertoire de vêtements et de couleurs qui est actuellement offert...

---

6. David G. Hartwell, « Hartwell's Three Laws of Fashion », *Fashion Theorist*. http://www.panix.com/~dgh/theorist.html (consulté le 7 décembre 2011).

7. Mariette Julien citée dans Pauline Gravel, « Jouer et provoquer, quand le vêtement précède la mentalité », *Le Devoir*, 25-26 septembre 2010, p. A6.

parce qu'ils sont à la mode. Ou parce qu'ils l'ont déjà été, si on s'approvisionne dans les friperies. On est libre à l'intérieur du territoire défini par la mode. C'est d'ailleurs une des principales stratégies de la mode : fonctionner par encadrement souple plutôt que par diktats strictement uniformisants ; elle décline son offre selon une infinie variété de minuscules différences, de manière à permettre aux individus d'exercer des choix «personnalisants»... et de se sentir libres d'exprimer leur personnalité par ces choix !

Autrement dit, ce n'est pas parce que la mode donne aux individus des possibilités croissantes de personnaliser leur consommation (style, couleurs, formes) qu'elle relâche son emprise. Au contraire, on peut y voir une nouvelle escalade puisqu'elle réussit à circonscrire jusqu'aux choix personnels à l'intérieur du champ qu'elle définit.

Il arrive aussi que la mode, sous couvert d'inciter l'individu à se personnaliser, à se réinventer, contribue paradoxalement à l'enfermer dans une image.

Après s'être défini un style, s'en libérer, changer de style n'est pas toujours évident. Soit à cause du regard des autres : «C'est vraiment pas toi, ces nouveaux vêtements, c'est pas ton style.» Soit à cause de ce qu'impliquerait un changement : on peut penser à un jeune gothique ou à un jeune emo qui, pour se reconvertir en jeune technicien ou en jeune professionnel, doit remplacer toute sa garde-robe, revoir sa coupe de cheveux, faire disparaître ses piercings les plus agressifs, composer avec ses tatouages dans le visage ou sur les mains... La tolérance de la société envers les pratiques de ce type évolue, mais lentement. Pour être acceptables, il faut que ces pratiques soient esthétisées, que leur agressivité soit atténuée — comme en témoigne un des personnages de la série télé *NCIS*, Abby Sciuto : experte scientifique surdouée, largement tatouée, elle porte avec une élégance rare les colliers de chien, s'habille et se maquille dans un style gothique soigné et dort dans un cercueil.

Adolescent à vie, consommateur à perpétuité

Le tatouage et le culturisme pour tous peuvent être vus comme les plus récentes avancées de la mode. Désormais, le corps lui-même doit être minimalement sculpté et marqué selon les codes en vigueur[8], lesquels sont transmis par les vedettes à travers l'ensemble des médias.

On peut voir dans cet enthousiasme à se démarquer, dans cet empressement à être griffé jusque sur son corps, une réaction à l'anonymat qu'engendrent les grandes concentrations urbaines, à l'aliénation que produit le travail mécanisé, à l'ennui que provoque un monde industrialisé qui fonctionne à l'uniformité et à la standardisation.

Ce qui n'est pas sans ironie... La production industrielle, en assouplissant et en diversifiant la gamme de produits qu'elle offre, se trouve à exploiter les frustrations qu'elle engendre elle-même: elle utilise le besoin qu'ont les individus de se personnaliser pour les pousser à consommer davantage, à consommer toujours plus de produits personnalisants, toujours plus vite démodés... et qu'il faut donc toujours remplacer... en travaillant toujours plus, en se soumettant toujours davantage à un travail frustrant, anonymisant, lequel...

On pourrait objecter que cet asservissement à la mode n'a rien de nouveau, que les adolescents, déjà dans les années 1950 et même avant, se définissaient contre le monde adulte en épousant/propageant de nouvelles modes vestimentaires et autres. Certains vous ressortiront même les doléances d'Aristote sur les jeunes qui ne respectent plus rien, ont de mauvaises manières et se moquent de l'autorité.

---

8. On y reviendra dans un chapitre ultérieur.

Soit.

Mais une chose a radicalement changé. Le phénomène ne se limite plus aux jeunes. Désormais, tout le monde (ou presque) veut être *in*. Minimalement, personne ne veut être étiqueté *out* ou ringard. Suivre les nouvelles tendances devient une contrainte et une aspiration quasi-universelles.

C'est comme si l'adolescence durait désormais toute la vie. Que le rôle entre les générations s'était inversé. Que c'était maintenant à chaque nouvelle génération de définir des modèles. Que c'était aux jeunes de rééduquer en permanence les adultes.

À ce sujet, Mathieu Bock-Côté fait remarquer que cette tendance à attendre le salut de la «spontanéité des jeunes présuppose une conception pour le moins simpliste de la société, que cela consiste à faire comme si elle recommençait avec l'arrivée de chaque nouvelle cohorte et que chaque génération pouvait tout réinventer comme si elle était devant une page blanche. Autrement dit, cela consiste à faire comme si la société ne préexistait pas aux jeunes et qu'elle n'était pas destinée à leur survivre»[9].

---

9. Mathieu Bock-Côté, «Hé ! Le jeune !», *Le Journal de Québec*, 2 février 2012, p. 18.

LES GLADIATEURS VIRTUELS

Le spectacle est indissociable d'une certaine forme de jeu. Ce n'est sans doute pas un hasard si de plus en plus de jeux sont en voie de passer du domaine de la vie privée à celui du spectacle public. Ils connaissent alors une évolution similaire à celle des spectacles de combats, comme on le verra plus loin.

LES JEUX TÉLÉVISÉS

De la cupidité au voyeurisme sadique

À l'origine, les jeux télévisés étaient de gentils concours où les gagnants méritaient des sommes relativement modestes. On peut considérer *The Price Is Right* comme l'ancêtre de ce type de jeu. Au Québec, c'était *La Poule aux œufs d'or*, version Roger Baulu. Puis, avec le temps, le montant des prix a augmenté. Au moment d'écrire ces lignes, à l'émission *Le Banquier*, l'enjeu est au minimum d'un demi-million de dollars. Et plus encore dans la version américaine de l'émission *Deal or No Deal*, ainsi que dans plusieurs des versions qui sont diffusées dans plus de 80 pays.

Mais la cupidité n'est pas le seul ressort. Un facteur important de dramatisation consiste à mettre les personnes devant l'obligation de tout risquer : « Remettez-vous en jeu pour la semaine prochaine tout ce que vous avez gagné ? », « Acceptez-vous la proposition du Banquier ? ». Ensuite, on montre *live* leur réaction quand on dévoile ce qu'ils ont gagné... ou perdu. Et, pour dramatiser davantage, on étire le suspense en insérant une pause publicitaire entre le moment où ils prennent leur décision et celui où on leur révèle la conséquence de leur choix.

Une autre stratégie de dramatisation consiste à faire d'abord décrire aux participants ce qu'ils feront de tout cet argent... qu'ils n'auront peut-être pas. Ce faisant, on déplace le suspense : ce qui est exposé au risque, ce n'est plus seulement le gain possible, c'est la réalisation ou non des espoirs d'une personne. Le joueur lui-même, son avenir et ses projets deviennent l'enjeu central du spectacle.

Le plaisir du meurtre symbolique

Dans le prolongement logique de cette tendance, on trouve les jeux où les participants risquent sans cesse leur survie à l'intérieur du jeu. De la cupidité, on passe ouvertement à la cruauté.

Un aspect particulier de ces jeux est souvent passé sous silence : pour chaque gagnant, il y a au moins un perdant, souvent beaucoup plus. Ce sont autant de mises à mort symboliques auxquelles on assiste à mesure que le jeu progresse.

Plusieurs émissions exploitent cet aspect des jeux en multipliant le nombre de perdants. Le plaisir des spectateurs consiste alors, comme dans *Survivor*, à voir les candidats être éliminés les uns après les autres, à espérer que ce soit leur préféré qui survive et à souhaiter que ceux qu'ils détestent soient éliminés... Public et participants nagent de concert dans la convivialité et la tolérance !

Dans certaines variantes, c'est d'abord le groupe lui-même qui élimine progressivement des membres. Puis, à la fin, plaisir ultime, le choix se déplace vers le public : c'est lui qui tranche en votant, comme au Colisée à l'époque de Néron.

Une autre version met une personne en position d'éliminer un à un toute une série d'aspirants ou d'aspirantes. Ainsi, *Bachelor* oppose des femmes qui veulent mériter les faveurs d'un homme. C'est comme un concours de Miss Univers mâtiné de compétition entre prostituées, avec le stress du suspense étalé sur plusieurs semaines et un jury réduit à un seul juge, dont le pouvoir est absolu et qui a pour seul critère son bon plaisir.

Il existe évidemment une version féminine de l'émission : *Bachelorette*, ainsi que des versions masculines et féminines plus condensées : *Eliminidate*.

Si on veut corser le spectacle, on fait une version pour nains, avec un nain qui est en position d'éliminer progressivement différentes candidates naines… Une telle émission a effectivement été présentée sur une chaîne européenne. Par son côté ironique et décalé, elle permet d'élargir le public à des gens qui ne regarderaient pas une version ordinaire de l'émission.

Hell's Kitchen représente la variante culinaire de ces spectacles d'humiliation. Des aspirants chefs sont soumis aux brimades d'un cuisinier célèbre qui s'occupe de les former tout en les insultant et en les ridiculisant. Enseignement et agressions psychologiques vont main dans la main tout au long des émissions. À la fin, il n'en reste qu'un seul, à qui on offrira son restaurant. La version québécoise intitulée *Les chefs!* faisait preuve de plus de retenue dans la violence verbale, mais reposait sur le même type d'élimination.

Une troisième variante d'émission installe d'emblée le public dans le fauteuil de Néron : c'est lui qui décide, par vote, chaque semaine, qui sera éliminé. À la fin, il n'en reste qu'un seul, comme dans *Star Académie*. Ce type d'émission peut être enrichi du spectacle des drames qui se jouent entre les concurrents. Le plaisir de la mise à mort symbolique des perdants se double alors de celui du voyeurisme.

La fièvre de la danse (*So You Think You Can Dance*) transpose cette logique dans l'univers de la danse. Les candidats sont jugés publiquement sur leurs performances par un jury, puis graduellement éliminés par le public...

Les débats des chefs de parti, qui scandent les campagnes électorales, pourraient être vus comme une variante politique de *Survivor* ou de *So You Think You Can Dance* — avec le panel de spécialistes dans le rôle du jury d'experts, les sondages en direct dans celui du vote du public et la sanction finale reportée au moment du scrutin.

À la défense des émissions comme *So You Think You Can Dance*, on peut invoquer le fait que les candidats ont de réelles compétences et que l'émission peut servir aux participants de tremplin professionnel, puisqu'ils se voient offrir la possibilité de participer à une tournée américaine d'un an. Toutefois, la logique de l'humiliation des candidats et de leur mise à mort symbolique n'en demeure pas moins, de même que le plaisir trouble de regarder une majorité de candidats voir leur rêve de gagner être brisé.

On trouve des modèles similaires dans des émissions comme *Loft Story* ou *Occupation double*, où les participants sont maintenus sous le regard presque continuel de la caméra. Or, le propre du regard, c'est d'objectiver, de transformer ce qui se vit comme liberté en un objet que l'on observe. Il s'agit là d'une autre forme de mise à mort, psychologique cette fois, puisqu'elle suppose l'abolition de la vie privée de l'autre. L'assentiment des participants à cette probable mise à mort symbolique (seulement une chance sur X de gagner) ne change rien à sa réalité.

En fait, cette participation volontaire — et souvent enthousiaste — est plutôt un facteur aggravant. Elle témoigne, chez les participants, de la profondeur de leur dépendance du regard des autres pour exister. Elle témoigne de leur difficulté à exister par eux-mêmes, d'où leur acceptation d'être humilié en échange d'une apparition de quelques heures à la télé ou de quelques milliers de visionnement sur YouTube. Quand son identité dépend du regard des autres, il est compréhensible qu'on soit prêt à tout pour attirer et maintenir ce regard.

Loft Story, ou *Occupation double*, c'est le principe du zoo appliqué aux êtres humains. Ce qui était autrefois un outil de torture psychologique réservé aux criminels — être soumis au regard perpétuel de l'autre — est désormais un jeu. Le panoptique[10], que stigmatisait Foucault, est devenu une forme de divertissement. On est loin du Big Brother d'Orwell, où l'omniprésence des écrans de surveillance était présentée comme un sommet de barbarie.

Une variante assez perverse de ces jeux panoptiques, où le spectateur endosse le regard du gardien de prison, consiste à mettre en présence trois hommes et trois femmes qui ne se rencontrent individuellement que dans l'obscurité la plus totale. Cela s'appelle *L'amour est aveugle*. Il est interdit aux joueurs de donner la moindre information sur leur apparence: leur seul recours, c'est de se toucher, de se tâter mutuellement, ce que les spectateurs surveillent à l'aide d'une caméra infrarouge. À la fin, les couples se voient pour la première fois. Leur amour résistera-t-il au choc? Ou, comme le dit le texte de présentation de l'émission de TF1: «Les sentiments qui se nouent dans le noir peuvent-ils survivre au retour du grand jour[11]?»

---

10. Forme de prison imaginée par Jeremy Bentham: les cellules sont disposées autour d'une tour centrale d'où les gardiens peuvent voir en tout temps les prisonniers sans que ceux-ci puissent savoir s'ils sont observés. De nos jours, on a plutôt recours aux caméras. Voir: Michel Foucault, *Surveiller et punir*, Paris, Gallimard, 1975, 318 p.

11. http://tele.premiere.fr/News-Videos/VIDEO-L-amour-est-aveugle-Arnaud-Lemaire-presente-un-nouveau-numero-ce-soir-sur-TF1-2302023 (consulté le 27 novembre 2011). Au Québec, l'émission a été présentée à V.

L'évolution de ce type de spectacle aboutit à des formes de torture déguisées en mises à l'épreuve : les *freak shows* institutionnalisés que sont des émissions comme *Fear Factor*. Il s'agit alors de tester les limites physiques et psychologiques des gens, lesquels doivent affronter leurs phobies (serpents, araignées), leurs dégoûts (manger des vers, des insectes), leurs limites physiques, leur peur de la mort...

On peut s'interroger sur les effets à long terme d'un tel type de spectacle. Une chose apparaît cependant de plus en plus évidente : la distance introduite par la caméra insensibilise le spectateur et rend la cruauté plus supportable. Elle la déréalise. C'est seulement du spectacle.

C'est de cette manière qu'on en arrive à pouvoir trouver une trentaine de personnes pour témoigner contre un individu qui a battu une femme à mort en public. « Pourquoi n'êtes-vous pas intervenu ? », a demandé le juge. Réponse d'un témoin : « Je pensais que c'était pour une émission de télé. »

Tel est un des effets de la désolidarisation audiovisuelle et du voyeurisme auxquels nous sommes quotidiennement entraînés.

Quand les jeux avalent la réalité

Si les jeux télévisés témoignent d'une escalade dans la cupidité et la cruauté, ils se caractérisent également par la vampirisation de la vie réelle.

D'une part, ils tendent à occuper une place grandissante sur les ondes, refoulant ainsi d'autres émissions dans des cases horaires réduites et moins avantageuses. D'autre part, ils envahissent les conversations (signe de leur occupation de l'imaginaire collectif) et les autres médias : de plus en plus de pages de revues et de journaux sont consacrées à ces psychodrames ludiques auxquels la population est conviée à participer. Et puis, convergence aidant, les vedettes ponctuelles de ces émissions se retrouvent à la une d'une foule de médias.

Plus profondément, ces jeux télévisés procèdent à une véritable cannibalisation de la vie. Alors que des jeux comme *Survivor* mettent en scène les rapports de pouvoir et les aptitudes à la survie à l'intérieur d'un groupe social restreint, *Eliminidate* se nourrit des rapports amoureux et de séduction. Quant à *Fear Factor*, ce sont les peurs les plus intimes des participants que l'émission exploite. *Star Académie* capitalise sur l'ambition et les efforts des gens pour obtenir une carrière professionnelle ou, à tout le moins, une certaine célébrité, fût-elle temporaire.

Dans *L'île de la tentation*, c'est l'engagement affectif des partenaires amoureux qui est ciblé : des couples établis sont enfermés dans un hôtel de luxe et doivent résister pendant trois semaines aux avances d'un groupe de « garçons de plage » et de « simili danseuses » qui ont pour objectif de les amener à tromper leur conjoint.

Plus récemment, on a vu des participants branchés à des détecteurs de mensonges et qui doivent répondre à des questions du style : « Avez-vous déjà trompé votre femme ? L'aimez-vous encore ? », « Avez-vous déjà volé votre employeur ? », « Avez-vous déjà fantasmé sur la jeune sœur de votre épouse ? »... Le tout en direct devant les principaux intéressés. Enjeu : 100 000 dollars. La moindre fausse réponse les fait perdre. Ils ont alors le choix entre mentir — et être dénoncés par le polygraphe (supposé infaillible) — ou avouer eux-mêmes des choses qui peuvent détruire leur vie. Ce qui ne manque pas de se produire.

Une version en apparence anodine de la même idée est *Que feriez-vous pour 100 piasses ?* D'accord, dans cette émission, le risque est seulement de se ridiculiser. Et si on ne vaut pas une risée, que vaut-on ?... Mais, sous couvert d'humour potache ou de chercher la vérité sur les personnes, ce qu'on vend, c'est le spectacle de l'humiliation, laquelle est une forme plus ou moins bénigne, selon le cas, de la mort symbolique de l'individu.

Quand les jeux se prennent pour la réalité

Vie sociale, vie professionnelle, vie amoureuse, angoisses les plus intimes, ce sont tous les aspects de la vie qui sont vampirisés par les jeux télévisés.

On pourrait objecter qu'il n'y a là rien de neuf. Que, de tout temps, la fiction s'est nourrie de la vie des gens. Mais justement, toute la différence est là : auparavant la fiction imposait un détour par l'imaginaire. Désormais, la relation est directe : on prétend abolir le filtre de l'imaginaire et nous montrer la réalité en direct, sans intermédiaire.

Par ailleurs, quand on sait qu'un des rôles de la fiction est de nous aider à apprivoiser la réalité, particulièrement celle qui résiste à une appréhension consciente parce que trop menaçante ou trop déstabilisante, on peut se demander où peut mener cette quête de réalité « pure », de réactions en direct, sans le moindre filtre imaginaire ou rationnel susceptible d'aider à interpréter à situer cette réalité.

On se trouve alors devant la contradiction fondamentale de toute entreprise de téléréalité : faire de la réalité un spectacle ludique, sans que ce soit un spectacle.

La solution est bien sûr de faire de la réalité la matière même du spectacle. On utilise le direct et l'interactif ; on met le public à contribution. Mais ce n'est pas suffisant : il faut traiter cette réalité pour la rendre spectaculaire. Dans des émissions comme *Loft Story*, la vie des participants est littéralement mise en scène, scénarisée, puis éditée et montée dans le but d'en faire un spectacle.

Cela a pour effet de gommer progressivement la différence entre la réalité et le spectacle, rendant les deux de plus en plus interchangeables. Au terme de cet escamotage, le spectacle se substitue au réel. La mise en scène médiatique de la réalité devient la réalité.

La réalité crue

Une autre question est de savoir ce qui peut pousser les gens à participer à de tels jeux. Quelle raison peut amener un individu à se constituer consciemment comme chair à spectacle?

Il y a, bien sûr, quelques réponses faciles: faire un coup d'argent, avoir ses 15 minutes de gloire à la télé ou devenir une vedette…

On peut aussi avancer l'hypothèse que les jeux télévisés donnent un débouché au désir de se sentir plus réel, d'exister davantage. Ils offriraient aux participants la possibilité de jouer, littéralement, le rôle de leur vie: à la fois la mise en scène de soi et la mise en jeu de leur avenir, ce qui suppose la conviction que la vie n'est vraiment réelle que si on la joue et que si ce jeu obtient la sanction des médias!

À terme, la réalité la plus crue, c'est celle à laquelle on croit! Et pour y croire, il faut à l'individu un témoin qui corrobore sa croyance. Les médias assurent pour tous ce rôle de témoin. Ils sont devenus une sorte de témoin universel, seul habilité à décerner un certificat de réalité: ça existe vraiment puisqu'on en parle dans les médias.

On en revient à la vulnérabilité des individus évoquée plus haut, quant à la définition de leur identité. Plus cette dernière dépend du regard des autres, plus l'individu est asservi à ce regard; et plus, par conséquent, il est susceptible de devenir de la chair à médias, puisque ceux-ci exercent une sorte de monopole sur la présentation de soi au regard des foules.

Autrement dit, plus les individus sont vulnérables — et plus la solidification de leur identité exige le regard des autres —, plus ils seront prêts à n'importe quoi pour attirer l'attention des médias. Et cela, d'autant plus qu'ils verront à quel point le regard des autres est capté par les médias.

LES JEUX VIDÉO

Une vie juste pour rire...

De l'hyperréalité des jeux télé, on passe à la réalité virtuelle des jeux vidéo. Si les premiers donnent aux participants l'occasion de mettre leur vie en jeu, les seconds offrent pour leur part la possibilité de jouer à différentes vies sans courir le moindre risque… sauf celui de ne plus avoir le temps de vivre la sienne.

Par un processus différent, le spectacle avale de nouveau la réalité. À l'inverse du jeu télé, qui se veut de plus en plus incarné dans le monde, calqué sur lui, le jeu vidéo migre dans un monde de plus en plus virtuel, dans lequel il importe des éléments de réalité afin d'y ressembler le plus possible. Plutôt que d'exploiter directement la réalité, jusqu'à se confondre avec elle, on vise à créer un ersatz de réalité, un monde imaginaire qui a le même « effet de réalité ».

Certains vont même préférer cet univers virtuel à la réalité. C'est ainsi que certains adeptes de *Second Life* en arrivent à passer tous leurs temps libres dans la peau de leur avatar. À dépenser des sommes considérables pour améliorer le niveau de vie de cet avatar. À préférer les relations qu'ils entretiennent dans ce monde virtuel et le rôle social qu'ils y tiennent à ceux qu'ils ont dans leur vie réelle.

Aujourd'hui, *Second Life* est en perte de vitesse, mais on observe des phénomènes analogues avec des jeux comme *World of Warcraft*[12], qui revendique plus de 11 millions de membres inscrits. Des entreprises engagent

---

12. Il s'agit de la version en ligne du jeu.

des joueurs pour amorcer des quêtes et développer les personnages en jouant; ils peuvent ensuite vendre ces personnages à des clients qui souhaitent les acquérir sans avoir à prendre le temps de les développer eux-mêmes.

À mesure que la réalité virtuelle se fait plus convaincante, la tentation augmente pour certains d'y consacrer de plus en plus de temps et d'argent. D'y vivre aussi souvent qu'ils peuvent. Pour des périodes de plus en plus longues.

De quel genre de vie s'agit-il? D'une vie de compensation? D'une vie perçue comme étant plus significative et donc plus réelle?... D'un rêve éveillé à peine différent de celui qui constitue la vie dite réelle selon les bouddhistes?

Une vie plus intense

Au-delà des particularités qui leur sont propres, on retrouve dans les jeux vidéo des mécanismes semblables à ceux identifiés dans les jeux télé, notamment des mécanismes de surenchère.

C'est probablement dans la violence que cette surenchère est la plus visible: les armes, le sang et le *gore* constituent l'armature de séduction de bien des jeux. Et l'arme ultime pour séduire les amateurs, ce n'est pas tant le carnage lui-même, que le réalisme dans la description du carnage.

On assiste également à une escalade dans les exigences qui sont posées au joueur: exigences en termes de vitesse de réaction (ces jeux constituent de véritables outils d'entraînement à la réaction réflexe, au bannissement de l'hésitation et du moment de réflexion, à l'intégration de mécanismes automatisés de réponse), mais aussi à la complexité des tâches à exécuter (dextérité manuelle, multiplication des boutons de commande à maîtriser simultanément).

Surenchère également dans la sexualisation des personnages des jeux. Aujourd'hui, Lara Croft paraît presque sage quand on la compare à certaines des nouvelles héroïnes qui peuplent les jeux vidéo. On peut penser à Nina Williams, de *Tekken*, et à Rayne, de *BloodRayne*, qui s'est faufilée jusque dans les pages de *Playboy*. Il y a également les nombreuses combattantes de *Prince of Persia*, de *Resident Evil* et des autres jeux du genre, qui semblent souvent plus à l'aise pour se battre en tenues réduites et ajustées.

Surenchère enfin dans la virtuosité technique et dans l'efficacité de la simulation des environnements.

Jouer toute sa vie

La conquête du monde réel par les jeux vidéo s'observe évidemment dans la croissance du nombre des utilisateurs, mais aussi dans la conquête de nouvelles plateformes. Les jeux ne sont plus confinés aux ordinateurs ni même aux consoles de jeux. Ils migrent désormais sur des plateformes portables : Game Boy, agendas électroniques, iPad, iPhone, BlackBerry et autres téléphones cellulaires… Les chambres d'hôtel sont de plus en plus nombreuses à les offrir. Au restaurant, certaines chaînes proposent des jeux vidéo aux enfants pour les occuper. Les fabricants de voitures commencent à les inclure dans leurs options pour que les enfants puissent jouer pendant les trajets. Il y a même des Wii dans les centres pour personnes âgées !… Les jeux vidéo sont en train de se transformer en gardiennes pour enfants de tous les âges.

L'omniprésence des jeux vidéo se manifeste aussi par la conquête directe du monde extérieur. Il est de plus en plus difficile de trouver des foyers où il n'y a pas de console de jeux vidéo. Et la tendance s'accélère : en 30 ans, *Super Mario* a été téléchargé 120 millions de fois. *Angry Birds* l'a été 500 millions de fois en deux ans[13].

---

13. Julien Bordier, « Nouvelle ère de jeux », *L'Express*, 19 novembre 2011, p. 76.

Par ailleurs, grâce à Internet, ce sont de véritables microsociétés de joueurs qui se créent, avec leurs clubs, leurs tournois, leurs champions. Dans certains cas, le jeu lui-même déborde dans les franges du monde réel. Par exemple, dans *Foursquare*, il est possible de devenir «maire» d'un endroit du monde réel (parc, magasin, arrêt d'autobus…) parce qu'on y est plus souvent que n'importe quel autre utilisateur de *Foursquare*.

Le marché des produits dérivés est un autre aspect important de cet envahissement du monde extérieur : on ne compte plus les revues portant sur les jeux vidéo[14], l'équipement spécialisé vendu aux joueurs pour améliorer leurs performances, les livres de *cheats*, les affiches, les vêtements… On a même pu voir des vedettes de jeux vidéo sortir de leur univers et partir à la conquête de l'univers cinématographique. Lara Croft, par exemple.

Cette invasion du réel s'affiche également dans la multiplication du nombre de jeux disponibles, même si certains tendent à dominer le marché, et les sujets qu'ils abordent. Après les jeux de combat et les jeux de stratégie, on assiste à l'émergence de jeux qui visent également (et plus encore ?) à émouvoir, à provoquer une expérience esthétique, à sensibiliser à l'environnement (*Dyadin, Cloud, Flow, Flower, Journey*)[15].

Certains posent même explicitement des questions morales. Ainsi, dans une scène de *Heavy Rain,* on demande au joueur s'il serait prêt à tuer quelqu'un pour sauver son enfant. Certains joueurs, dit-on, arrêtent alors de jouer pendant des jours, parfois des semaines, le temps de trouver leur propre réponse[16].

---

14. Plusieurs de celles qui ont disparu ont en fait migré sur Internet.

15. http://dyadin.paradiseworld.net/ (consulté le 27 novembre 2011) http://thatgamecompany.com/ games/ (consulté le 27 novembre 2011)

16. Julien Bordier, *op. cit.,* p. 76-77.

Les joueurs eux-mêmes sont de plus en plus assimilés et inclus physiquement dans le jeu. Avec les capteurs de mouvements qui se perfectionnent, la manette est remplacée par le corps du joueur, dont les mouvements sont reproduits par son avatar à l'écran. Comme le dit la publicité de la X-Box 360 équipée de la caméra Kinect : «Vous êtes la manette». Le joueur tout entier est au service de son avatar. Comme si le véritable joueur était à l'écran et que le joueur physique n'était que son instrument[17].

Il y a dans le jeu de rôle une fonction de décrochage du réel qui a existé de tout temps : cela consiste à vivre temporairement dans un univers simulé en se projetant dans un personnage imaginaire auquel on s'identifie.

Ce qui change, avec le réalisme des nouveaux univers virtuels, avec leur relative «pérennité» et, dans certains cas, avec la participation instrumentale de tout le corps réduit à l'état de manette, c'est l'affaiblissement de la conscience du côté imaginaire de cette existence simulée. C'est l'occultation de cette projection du moi dans un personnage.

De là vient la fascination qu'exercent ces identités fictives, au point parfois de devenir plus réelles, aux yeux du joueur, que leur identité d'origine.

Un signe supplémentaire de cette convergence entre les univers de simulation et l'univers réel, c'est l'utilisation des jeux de simulation comme moyens d'entraînement pour développer des habiletés professionnelles : pilotage d'avion, libération d'otages, stratégie de guerre... L'armée américaine a même produit un jeu qu'elle offre gratuitement en ligne, *America's Army*, dont elle se sert comme outil de recrutement[18].

---

17. On retrouve ici la même inversion du rapport entre la réalité et le spectacle que dans les jeux de téléréalité.

18. Mathilde Lizée, «L'ambiguë relation entre l'armée et les *gamers*», *Le Point*, 4 mars 2010. http://www.lepoint.fr/actualites-technologie-internet/l-ambigue-relation-entre-l-armee-et-les-gamers/1387/0/430463 (consulté le 27 novembre 2011)

Finalement, c'est toute la vie qui est pénétrée par les jeux. Au point que toutes les activités se doivent maintenant d'avoir une dimension ludique. Désormais, il faut que tout soit un jeu.

Bien sûr, c'est impossible. Pour l'instant… Mais les réalités qui ne sont pas ludiques sont ravalées à un degré d'existence moindre. Ce sont des corvées. Des pertes de temps. Inévitables dans certains cas, souvent rentables, mais des pertes de temps tout de même.

L'environnement scolaire est un endroit où les effets de cette contrainte ludique sont facilement observables. Un cours doit être un show. Ou une expérience interactive gratifiante. L'étudiant doit être stimulé en continu pour éviter que son attention faiblisse et qu'il « zappe dans sa tête ». La pénibilité doit disparaître. La consommation de l'expérience d'apprentissage doit être facile. Sans douleur. Valorisante. Bref, le cours doit devenir une forme d'*entertainement*.

Les jeux de demain — et même d'aujourd'hui — poussent cette invasion de la réalité encore plus loin. Dans *Can You See Me Now*, des joueurs sont déposés dans un Londres virtuel. Ils doivent éviter de se faire attraper. Dans la ville réelle, les autres joueurs, qui suivent les mouvements des fugitifs sur leurs portables, tentent de les traquer; leurs propres mouvements sont traqués par des satellites et reproduits sur la carte virtuelle 3-D de la ville. S'ils parviennent à s'approcher à moins de cinq mètres d'un fugitif, ce dernier a perdu[19].

Pac-Manhattan utilise un principe similaire et transpose Pacman dans les rues de New York[20].

D'autres jeux ont une approche différente : ils exigent que le joueur trouve des indices dans le monde réel, par

---

19. http://www.blasttheory.co.uk/bt/work_cysmn.html (consulté le 27 novembre 2011)

20. http://www.pacmanhattan.com/about.php (consulté le 27 novembre 2011)

exemple dans les archives Internet d'un journal, pour pouvoir poursuivre sa quête dans le monde virtuel.

À travers ces jeux vidéo dotés d'une trame narrative comme dans un film, et qui proposent des reconstitutions historiques, qui exigent des recherches sur Internet de la part des joueurs et qui leur posent des dilemmes moraux, ce qu'on voit apparaître, c'est une forme de média total — avec des fictions engendrées «simultanément par plusieurs médias tels que le film, les applications mobiles et Internet[21]».

Le jeu qui se nourrit de la vie

Si les jeux vidéo tendent à s'infiltrer dans tous les domaines de la vie, ils ont également une propension à assimiler pour leurs propres fins les différentes facettes de l'activité humaine.

Leurs premières cibles ont été les jeux traditionnels : jeux de cartes, jeux d'échecs, jeux de crayons (pendu, sous-marin…). À peu près à la même époque sont apparus les jeux d'habileté (*Asteroïd*, *Tetris*) : ceux-là empruntaient l'exigence d'habileté aux jeux traditionnels et l'adaptaient au monde des micro-ordinateurs.

Quand la puissance des ordinateurs le permit, les principaux sports professionnels furent réquisitionnés à leur tour : NHL, NFL, NBA, WWE, LPGA… Sans parler des courses de voitures. Le pillage se fit souvent au bénéfice des victimes, les jeux s'avérant de formidables véhicules publicitaires.

Les récits mythiques et les grandes sagas historiques furent largement utilisés parce qu'ils pouvaient fournir une réserve de décors et d'archétypes (héros, méchants, sages, fous…) aux jeux de combat. On a notamment vu apparaître *Diablo*, *Resident Evil*… Les arts martiaux

---

21. Julien Bordier, *op.cit.*, p. 76.

furent également de bons pourvoyeurs de matériel pour ces jeux (*Mortal Kombat, Tekken*). Quant à l'histoire, elle alimente les jeux de guerre.

Désormais, une des sources importantes de renouvellement des jeux est le cinéma. C'est une tendance particulièrement observable dans les films d'aventure : les *Aventuriers de l'Arche perdue, Star Trek*, le *Seigneur des Anneaux, X-Men, La Guerre des étoiles*… Souvent même, le lancement du jeu vidéo est intégré comme élément de la stratégie promotionnelle du film. On peut penser à *Captain America* et aux derniers *James Bond*. Dans certains cas, le jeu est même créé explicitement pour servir d'outil promotionnel au film. C'est notamment le cas de *The Beast*, mis au point par une équipe de Microsoft, en 2001, pour participer à la promotion du film *Artificial Intelligence*, de Spielberg[22].

Au rythme où se déroule la conquête du réel par les jeux, ce n'est qu'une question de temps avant que l'assimilation passe des personnages aux comédiens qui les incarnent. À quand les jeux inspirés de vedettes de cinéma, où le consommateur pourra jouer à en être une ?… C'est sans doute ce que permettront les progrès de la réalité virtuelle. Plongez dans l'univers de votre vedette préférée ! Vivez sa vie pendant 24 heures ! Choisissez vos vêtements, vos sorties, vos repas, vos contrats de film ou de disque exactement comme si vous étiez elle ! La vie des gens riches et célèbres en immersion totale… mais virtuelle[23].

---

22. Wikipédia, « The Beast (game) » http://en.wikipedia.org/wiki/The_Beast_(game) (consulté le 7 décembre 2011)

23. Une approximation de cette immersion existe dans *Sim City 3*, où il est possible de devenir une célébrité. Gamesradar, « EXCLUSIVE : What it's like to be a celebrity in *The Sims 3* : *Late Night* » http://www.gamesradar.com/exclusive-what-its-like-to-be-a-celebrity-in-the-sims-3-late-night/ (consulté le 7 décembre 2011)

Des versions édulcorées de ce type de concours existent déjà : ainsi, dans le cadre de la Grande guignolée des médias, un des gagnants se méritait de passer une journée à Wall Street en compagnie de Sophie Cousineau. Plus récemment, le concours «Jeunes correspondants», de Radio-Canada, offrait au gagnant la possibilité d'accompagner un correspondant de la station en mission à l'étranger... Faute de se prendre pour la vedette, on la côtoie pendant une journée.

La notion de vedette est par ailleurs à prendre dans un sens large. Ainsi, Kimveer Gill, l'auteur de la fusillade survenue à Dawson College, en 2006, a été la vedette du jeu *Dawson College Massacre*. Le but du joueur, qui endosse le rôle de Gill, était de tuer le plus d'étudiants et de policiers possible.

Le 17 septembre 2010, à la suite de nombreuses pressions, le créateur du jeu annonçait qu'il le retirait du Web[24]. Chez ses défenseurs, le principal argument était : «En quoi est-ce différent des jeux qui mettent en scène des nazis qui commettent des crimes racistes ?»

Curieusement, les répliques ont porté sur la spécificité des événements de Dawson, sur son horreur particulière, et très peu sur le fait que la même logique devrait s'étendre à tous les jeux qui favorisent l'identification à des massacreurs.

De fait, certaines transpositions dans l'univers des jeux semblent provoquer beaucoup moins d'indignation. Ainsi, les créateurs de *Kuma War* ont mis en jeu la mission au cours de laquelle un commando américain a tué Ben Laden ; la tâche confiée au joueur consiste à le tuer à son tour.

---

24. Catherine Handfield, «Jeu vidéo sur la fusillade de Dawson», *Le Soleil*, 16 septembre 2010, cahier Actualités, p. 25. Lamiss Kerkeni, «*Dawson College Massacre!* enfin retiré du Web», 24 septembre 2010. http://www.synchro-blogue.com/synchro/2010/09/«dawson-college-massacre»-enfin-retire-du-web.html (consulté le 27 novembre 2011)

Dans le même esprit ludique (!), on a vu Next Media reproduire en film animé l'agression alléguée d'une femme de chambre par DSK et son arrestation. Un autre film du genre avait déjà reproduit la fuite mouvementée de Tiger Woods de son domicile[25].

Finalement, ce qu'annoncent tous ces jeux, ce vers quoi ils tendent, c'est une forme de média total qui inclurait non seulement différents médias, mais aussi l'ensemble de la vie, joueur et environnement social compris.

LES JEUX DE HASARD

Les jeux de hasard constituent une sorte de carrefour entre les jeux vidéo et les jeux télévisés. Leur force est de faire vivre ceux qui y participent dans un monde virtuellement transformé en leur vendant du rêve et de se prêter à la mise en spectacle propre aux jeux télévisés (annonce des tirages à la télé, prix gagnés en direct par des participants…). On y retrouve même l'élimination en direct des candidats pour trouver le gagnant, comme dans les jeux de type téléréalité. L'apparition de tournois de poker en direct sur les chaînes télé de sport consacre cette convergence.

Il n'est donc pas étonnant de voir que les jeux de hasard se caractérisent par la même logique du « toujours plus » identifiée dans les autres formes de jeux.

---

25. Julien Bellver, «Affaire DSK : un média chinois reconstitue «la scène du crime» en animation», *PureMedia*, 16 mai 2011. http://www.ozap.com/actu/dsk-media-chinois-reconstitue-scene-crime-animation/421942 (consulté le 5 décembre 2011) Dan Abraham, «Tiger Woods Incident gets animated VIDEO», *Huffington Post*, 25 mai 2011 (updated) http://www.huffingtonpost.com/2009/12/01/tiger-woods-incident-gets-n_375937.html (consulté le 5 décembre 2011)

La logique du « toujours plus »

Dans les jeux de hasard, le phénomène de surenchère se manifeste par l'accroissement du marché, du
montant des prix offerts et des profits réalisés par les
promoteurs.

Toujours plus de rêve, toujours plus d'espoir, toujours
plus de frissons parce qu'on flirte avec le danger… Cette
surenchère peut expliquer la multiplication des lotos et des
appareils de vidéo poker, l'augmentation des investissements dans les casinos ainsi que l'expansion des casinos en
ligne sur Internet… Bien sûr, elle n'explique pas la complaisance et la complicité des gouvernements, et elle
ne justifie pas l'augmentation du nombre des victimes :
ruines, suicides, misère familiale. Mais ça, c'est une autre
histoire.

On a récemment pu voir l'apparition de jeux pour les
enfants dans les casinos. Les enfants doivent miser à l'aide
de différents appareils et ils gagnent des prix. Bien sûr, il
n'est pas question d'argent. Ce n'est qu'un jeu. Ce qu'ils
gagnent, ce sont des trophées… et aussi des billets qui
leur permettent de revenir jouer sur les appareils, comme
les joueurs compulsifs que les gains occasionnels encouragent, et qui reviennent immanquablement jouer l'argent
qu'ils ont gagné.

C'est une stratégie qui ressemble aux petits paniers à
roulettes des marchés d'alimentation, conçus pour les
enfants, et qui portent en bannière : « Futur client à l'entraînement ! »… Bien entendu, les produits dans les
tablettes du bas sont ceux les plus susceptibles d'attirer les
enfants ! Ce qui laisse augurer des drames et des crises
quand les parents tenteront de limiter le désir des enfants
de remplir « leur » panier avec des produits qu'« ils »
veulent.

Walmart a également commercialisé, semble-t-il,
un jeu de casino virtuel pour enfants de huit ans et

plus, histoire de leur permettre de se familiariser avec la chose[26].

Jouer sa vie

Comme dans le cas des autres spectacles, la propension à la surenchère et à la prolifération qui caractérise les jeux de hasard se redouble d'une voracité tous azimuts à l'égard du réel. On peut en effet y observer au moins deux formes de cannibalisation.

La première s'apparente à ce qui existe dans les jeux vidéo : il s'agit de l'utilisation du matériel symbolique provenant de différents sports (loto-hockey, loto-baseball), de formes antérieures de jeux (bingo) ou de l'ensemble de la vie culturelle. Cette réappropriation du matériel symbolique est poussée à sa limite à Las Vegas, où l'architecture des grands hôtels thématiques réutilise les symboles et les monuments de différents pays (les pyramides, la tour Eiffel…)

Une deuxième forme de cannibalisation, plus insidieuse, touche la façon dont les jeux de hasard se nourrissent du besoin de rêve et d'espoir de ceux qui jouent. À ce sujet, deux anciens slogans publicitaires de Loto-Québec sont particulièrement révélateurs de la façon dont cette publicité exploite la fragilité des joueurs : « Un jour, ce sera ton tour » et « Tout d'un coup »…

Inutile de préciser que les personnes les plus vulnérables à ce type de publicité, fondée sur l'attente du miracle, sont précisément celles dont la situation, et particulièrement la situation financière, est la plus désespérante. C'est quand il n'y a aucun espoir réaliste d'améliorer sa

---

26. *Radio-canada.ca*, « Un jeu de casino virtuel pour les enfants », *FairPlayers Magazine*, 22 février 2005. http://www.fairplayers.com/mag/?116-un-jeu-de-casino-virtuel-pour-les-enfants (consulté le 16 décembre 2011)

situation que la séduction des miracles instantanés est la plus forte.

Cette forme de vampirisme peut avoir des conséquences plus graves que dans le cas des jeux vidéo. Alors que ces derniers se nourrissent surtout du « temps » des joueurs[27], lesquels, dans certains cas, peuvent devenir intoxiqués, les jeux de hasard s'alimentent de la « richesse » des joueurs. Il n'est pas anodin que le gouvernement y voie une importante source d'impôt, la mafia une importante source de profits... et les médias une bonne source de cotes d'écoute.

À la limite, et dans des cas de plus en plus nombreux, c'est non seulement la vie psychologique et familiale des joueurs qui est « en jeu », mais leur vie tout court. La sagesse populaire ne s'y trompe pas, qui parle d'individus « dévorés » par cette passion.

En résumé, on voit que le jeu, sous ses différentes formes, participe de la même logique de surenchère que la mode. Et, en se nourrissant de toutes les formes de l'activité humaine, il manifeste à l'endroit du réel une voracité semblable non seulement à celle de la mode, mais aussi à celle qu'on trouve dans les spectacles de combat — où l'on rencontre par ailleurs des phénomènes similaires de mise à mort symbolique.

---

27. Il faut toutefois nuancer cette opposition. Comme on le sait, le temps, c'est de l'argent. Particulièrement dans les mondes virtuels. Les joueurs doivent payer pour le temps qu'ils passent dans l'univers de jeux en ligne du type *World of Warcraft*. Plus ils y passent de temps et plus ils sont nombreux à le faire, plus les jeux sont rentables.

Par ailleurs, des jeux comme *Second Life* ont trouvé une autre façon de se rentabiliser : faire dépenser de l'argent réel à l'intérieur du jeu. Si le joueur veut acheter quoi que ce soit à son avatar dans l'univers du jeu, il doit payer en « dollars Linden » (L$), qui est la devise ayant cours dans l'univers de ce jeu. On lui en donne une certaine quantité quand il commence à jouer, mais une fois qu'il a dépensé ce qu'il avait, s'il en veut d'autres, il doit les acheter en dollars réels.

LES JEUX DU CIRQUE... CATHODIQUE

Des arènes romaines aux affrontements ritualisés des arts martiaux, en passant par les joutes des chevaliers et les hercules de foire qui défiaient le public, le spectacle des combats a toujours attiré les foules. Dans le monde actuel, les combats de lutte illustrent la persistance de ce goût.

Si on fait exception de la discipline olympique, les spectacles de lutte se sont spécialisés en deux grands domaines : d'un côté, des événements à grand déploiement ; de l'autre, un retour aux affrontements de gladiateurs. Les spectacles de la WWE et les combats extrêmes illustrent ces deux tendances.

Malgré leurs différences, ces deux formes de spectacles ne sont pas sans liens. Dans les deux cas, on retrouve le même phénomène de surenchère lié à une nécessité de renouvellement. Comme pour la mode, il faut aller toujours plus loin, augmenter continuellement l'impact. Sauf que, dans ce cas particulier, on ne se cantonne pas au plan symbolique : l'impact doit s'inscrire dans les corps. Brutalement. Ou, du moins, il doit donner l'illusion de la brutalité.

L'IMPACT MAXIMAL CROISSANT

Dans la lutte professionnelle, cette surenchère dans la recherche de l'impact maximal est visible partout. D'abord dans le format des lutteurs : les géants abondent, les muscles prennent de plus en plus d'expansion et les combats sont de plus en plus spectaculaires. À côté de vedettes comme Kane, Triple H ou The Undertaker, les hommes ordinaires ont l'air de nains rachitiques.

Une progression similaire a lieu dans la violence affichée des combats, où les coups remplacent de plus en plus les prises. L'exception serait la prise de finition, avec laquelle un lutteur « achève » son adversaire, et qui est en quelque sorte sa signature. Dans ce répertoire, on peut extraire quelques exemples aux noms évocateurs : Atomic Drop, Tombstone Piledriver, Choke Slam, Banzai Drop, Scorpion Deathlock…

Du côté des cascades, même évolution : plonger dans l'arène du troisième câble ne suffit plus ; il faut traverser dans les airs plus de la moitié de l'arène et, bien souvent, s'écraser sur le plancher, l'autre lutteur s'étant esquivé juste à temps. Mais ça aussi, c'est un peu ringard : pour être spectaculaire, il faut désormais plonger par-dessus le troisième câble pour s'écraser sur le sol, à l'extérieur de l'arène. Ou mieux, lorsqu'il y a des combats à l'intérieur de cages d'acier, projeter son adversaire du sommet de la cage, pour qu'il s'écrase cinq ou six mètres plus bas, sur une table qui se fracasse sous son poids. Au besoin, on peut achever l'adversaire en sautant sur lui du haut de la cage, question de ne pas courir le risque de l'avoir raté…

Même escalade dans les objets avec lesquels se frappent les lutteurs : ce ne sont plus des petits bouts de métal qu'ils dissimulent dans leur maillot ; on utilise maintenant des chaises, des escabeaux en métal, des poubelles, des coups-de-poing américains, des masses, des planches autour desquelles sont enroulés des barbelés… Il existe même un événement qui s'appelle *WWE TLC* : *tables, ladders and chairs.*

La violence est sans cesse plus spectaculaire, plus théâtrale, plus « destructrice ». On voit apparaître des combats sans disqualification, où tout est toléré. Des combats à deux ou trois contre un. Des combats *hard core*, dans lesquels on verra, par exemple, un des lutteurs poursuivre son adversaire jusqu'à l'extérieur du stade, l'achever à coups de barre de métal puis abandonner son corps ensanglanté dans une poubelle du stationnement… On peut aussi mentionner les combats où l'un des adversaires est blessé et où l'autre s'acharne sur sa blessure à coups de chaise… ou bien saute de tout son poids sur la civière qui le transporte vers l'ambulance… ou bien le sort de l'ambulance pour continuer à la matraquer…

D'accord, tout cela est arrangé, chorégraphié. Les lutteurs ont appris à tomber et à recevoir des coups. Mais tout de même… Le film *The Wrestler* illustre bien les exigences difficiles de cette réalité en confrontant un lutteur vieillissant aux exigences de son métier.

Et tout cela, c'est sans compter les aléas médicaux, tant physiques que psychologiques, auxquels les stéroïdes et autres substances «gonflantes» exposent les lutteurs. Le suicide de Chris Benoit, qui a entraîné dans la mort sa femme et son fils, montre à quels extrêmes peut pousser l'abus de ces diverses substances dopantes et antidouleur : à 40 ans, son cerveau était, selon l'autopsie, «si sévèrement endommagé qu'il ressemblait au cerveau d'une personne de 85 ans atteinte d'Alzheimer[28]». Dans le cas particulier de Benoit, il semble que les nombreuses commotions cérébrales subies par l'athlète aient également aussi joué un rôle important.

---

28. http://legendkiler2000.skyrock.com/2886253434-Article20-Le-deces-de-Chris-Benoit-et-de-sa-familles.html (consulté le 27 novembre 2011)

L'AGRESSION ET LA MISE À MORT SYMBOLIQUES

La violence mise en scène n'est pas que physique : elle se redouble d'agressions psychologiques et symboliques. Ainsi, une partie de plus en plus importante du spectacle est composée d'entretiens et de discours pendant lesquels des lutteurs ou des gérants s'invectivent, se menacent, se ridiculisent…

Souvent, cette violence psychologique culmine dans des scénarios où un lutteur saccage les biens de l'autre. Il peut démolir ses trophées, vandaliser sa loge, détruire sa voiture à coups de masse… Il peut aussi s'en prendre à ses proches, enlever sa femme ou séquestrer son gérant.

Cette violence symbolique se manifeste également par la transgression des règles sociales : langage ordurier, entrée dans la salle en moto à travers le public, non-respect des règles de *fair-play* dans l'arène, canettes de bière lancées dans l'assistance, gestes provocateurs à caractère sexuel…

Il arrive aussi que la mort des lutteurs soit mise en scène de manière symbolique : corps évacué dans un *body bag* ou enfermé dans un cercueil à l'occasion d'une cérémonie funéraire. Parfois, c'est la mort professionnelle qui est mise en scène, à l'occasion de combats dont l'enjeu est l'exclusion du perdant du circuit.

La surenchère dans la sexualisation des spectacles permet d'ajouter à la provocation. Elle se traduit par l'intégration croissante de combats de femmes (ou mixtes) ainsi que par l'émergence de « divas », qui sont choisies au terme de concours où le public est appelé à voter — par exemple, sur le meilleur striptease.

Cette sexualisation croissante se traduit également par le rôle grandissant des femmes comme gérantes ou « amies » des lutteurs, ce qui permet d'intégrer de nouvelles formes de violence : femme enlevée par un adversaire du lutteur avec qui elle est liée, femme terrorisée par une brute qui la poursuit de ses avances, femme maltraitée et humiliée par «son homme»…

Les noms des émissions (*Raw, Smackdown, Extreme Championship Wrestling…*) et des événements (*Hell in a Cell, No Mercy, Elimination Chamber, Vengeance, Extreme Rules, Over the Edge, Survivor…*) participent également de cette surenchère dans la recherche de l'impact maximal. Il est d'ailleurs révélateur qu'une émission de lutte présentée sur RDS s'appelle *La lutte Impact*.

LA LUTTE À L'ASSAUT DU MONDE

Cette spectacularisation de la violence se redouble d'un phénomène de prolifération. Prolifération d'abord du nombre des lutteurs, du nombre de spectacles présentés, des instruments utilisés par les lutteurs pour se frapper, du nombre de titres de championnat… ce à quoi on peut ajouter la vitesse croissante à laquelle les ceintures de championnat sont remises en jeu.

Prolifération également des clans de lutteurs, des événements spéciaux, des ligues ou des pseudo-ligues qui s'affrontent pour le contrôle du marché.

Tout le secteur des produits dérivés est marqué par le même type de prolifération : figurines, jeux vidéo, émissions de télé, événements spéciaux sur les chaînes spécialisées, costumes, revues, biographies, DVD des émissions ou des événements…

Les combats eux-mêmes envahissent l'espace extérieur. Au sens littéral. Ils débordent de l'arène pour se poursuivre dans la foule, dans les coulisses, à l'extérieur des stades… On a vu des combats sur un porte-avions, sur des plages…

Le combat conquiert également de nouveaux domaines d'affrontement. Il arrive que la lutte se transpose dans la gestion des combats et dans l'administration de l'entreprise : c'est ainsi qu'on a pu voir la famille McMahon, qui dirige la WWE, mettre en scène des affrontements père/fils, mère/fille, frère/sœur ou mari/femme, dont l'enjeu était le contrôle de la compagnie. Ces affrontements ont pris la forme de mises en scène à caractère légal (huissiers, mises en demeure, signatures publiques de contrats, divorces…) et ont été transposés dans l'arène, directement ou par lutteurs interposés.

UNE VORACITÉ MULTIMÉDIA

On pourrait comparer la WWE à un estomac, tellement est grande sa capacité de digérer n'importe quoi pour l'intégrer au spectacle. Elle présente maintenant des événements globaux qui incorporent musique, costumes, effets pyrotechniques, caricatures d'entrevues et de talk-shows, écrans vidéo, stripteases, jeux de lumière et séquences théâtrales.

Plusieurs éléments de téléréalité sont également intégrés au spectacle : élimination en direct de candidats, participation du public, réactions à chaud des victimes… Le principe de l'élimination par vote populaire est appliqué entre autres au choix des lutteurs pour un match ainsi qu'aux candidates qui se présentent pour être recrutées comme divas.

Les thèmes musicaux, pour leur part, proviennent souvent de groupes en vue. Par exemple, en 2009, *Burn It To The Ground*, de Nickelback, a été adopté comme thème d'intro de l'émission *Raw*. Par ailleurs, les éléments de provocation mentionnés précédemment, comme l'entrée en moto à travers la foule et les canettes de bière lancées sur le public, ne sont pas sans rappeler les spectacles de rock métal, notamment ceux de Judas Priest.

L'intégration au spectacle de vedettes provenant d'autres milieux témoigne aussi de cette puissance de phagocytation culturelle : joueur de football (Ben Roethlisberger), joueur de basketball (Dennis Rodman), chanteuse (Cyndy Lauper), rappeur (Snoop Dogg), animateur de télé (Bob Barker)... Mais c'est probablement au théâtre, comme forme artistique, que les spectacles de lutte empruntent le plus. Certains lutteurs en parlent d'ailleurs comme d'une forme extrême de théâtre.

Désormais, on ne se contente plus de chorégraphier les combats, c'est l'ensemble du spectacle qui est mis en scène : scénarisation des conflits entre les lutteurs sur une trame de plusieurs mois, intégration d'affrontements verbaux, aperçus des tractations et complots dans les coulisses, épisodes monologués ou dialogués pour faire avancer le suspense, intervention de personnes de l'entourage des lutteurs ou de leurs familles... drames sentimentaux, amitiés et alliances qui se font et se défont, histoires de trahisons et de vengeances...

Cette théâtralisation amène les spectacles de la WWE à ressembler de plus en plus à une hybridation de *soap*, d'opéra-bouffe et de téléréalité, ponctuée par des combats de lutte et des *freak shows* qui ressemblent à ceux qu'on trouve en après-midi à la télé américaine.

Fait significatif, on attribue en grande partie la disparition de la WCW, la ligue concurrente de la WWE, à des *storylines* déficients (résultat du mauvais travail des scripteurs) et à des erreurs de *casting* des lutteurs.

Avoir un personnage est désormais une obligation pour espérer percer dans la lutte professionnelle. On peut en changer pour faire évoluer sa carrière, mais on ne peut pas ne pas en avoir. Et on ne peut pas en avoir un dans lequel on n'est pas convaincant.

L'EXPLOITATION DES MYTHES

La dimension mythique, de plus en plus affichée dans les spectacles de lutte professionnelle, repose sur une autre forme de piratage : celle du patrimoine symbolique de l'humanité, à commencer par les archétypes qui peuplent les grands récits. Ainsi, on retrouve continuellement les archétypes du héros (qui traverse des épreuves valorisantes pour finir par triompher) et de l'ennemi (représentant du mal et du chaos). Leur opposition constitue l'essentiel des affrontements. S'y greffent de multiples archétypes secondaires.

Le héros se décline selon des composantes susceptibles de rejoindre tous les publics : le héros hollywoodien (Hulk Hogan), le All American Boy (Shawn Michaels), le *marine* (John Cena), le Noir (The Rock), le Latino (Batista), le col bleu (« Stone Cold » Steve Austin), le macho (Macho Man)…

Quant à l'ennemi, il peut prendre la figure du traître ou du tricheur (Rick Flair), du Punk (CM Punk), du monstre sanguinaire (Abdulah the Butcher), de l'athlète olympique qui a mal tourné (Kurt Angle), du vampire (Vampiro), de la mort (The Undertaker)…

On y trouve même un lutteur affecté du syndrome de personnalité multiple (Mankind/Cactus Jack/Dude Love/ Mick Foley). Sous l'identité de Mankind, le lutteur est « une âme torturée qui vit dans la chambre des chaudières, parle à un rat, s'arrache les cheveux, s'automutile et porte un masque semblable à celui de Hannibal Lecter[29] ». Sous celle de Mick Foley, son véritable nom, il publie des contes pour enfants !

---

29. Luttemedia.com — L'encyclopédie de la lutte professionnelle, « Mick Foley » http://www.luttemedia.com/lutte/Mick_Foley#D. C3.A9but_et_l.27Undertaker (article consulté le 27 novembre 2011)

D'autres figures mythiques sont également mises à contribution à l'occasion de mises en scène particulières : Caïn et Abel (Kane), le Géant (Big Show, Khali), David contre Goliath, la Belle et la Bête, Cendrillon qui affronte une mégère… En fait, toutes les grandes figures mythiques se retrouvent dans l'arène.

Le choix des « méchants de service » s'alimente également à l'évolution de la politique nationale et des préjugés dominants : tantôt ce sont les Russes (Vladimir Kozlov) et les Iraniens (The Sheik), tantôt les Arabes fondamentalistes (Muhammad Hassan), tantôt les Britanniques (The British Bulldogs), tantôt les Canadiens (Rick Martel, Chris Benoit, les Rougeau)… D'autres figures populaires sont également utilisées : les motards (grossiers et baveux), les intellectuels (trouillards et prétentieux), les aristocrates (hautains et méprisants), les hommes d'affaires véreux (souvent des gérants), les *pimps*… ou même l'agent du fisc (I.R.S.).

Évidemment, plusieurs de ces « méchants » peuvent devenir des « bons » pratiquement du jour au lendemain, pour peu que les lignes de scénarisation exigent des retournements de situation.

Le cas des homosexuels est particulier. Les éléments caricaturaux liés aux préjugés à leur endroit sont repris, mais de manière plutôt discrète : davantage comme connotations pour discréditer un lutteur et le camper dans le camp des « méchants » que comme traits principaux : paillettes, maquillage, dandinements, parfums, miroirs… Rick Martel et GoldDust ont notamment eu recours à ces expédients pour construire leur personnage.

Plusieurs explications sont possibles. Il peut bien sûr s'agir, pour les organisateurs, d'une question de principes. Mais on ne peut pas exclure la crainte des poursuites. Une autre motivation tient probablement au souci des cotes d'écoute : comme on y présente déjà des hommes en collant ou en maillot qui se tripotent, la moindre insistance trop lourde pourrait heurter les préjugés d'une partie du public.

LES COMBATS ULTIMES

À cause de l'excès de ses mises en scène et de ses dramatisations outrancières de la violence, la lutte professionnelle s'affiche de plus en plus comme un «spectacle», ce qui laisse certains amateurs de «combats» sur leur faim, en manque de vraie violence. De violence plus crue. Plus franche. D'où leur intérêt pour un autre type de spectacle, qui fait plus vrai, où le combat n'est pas éclipsé par la mise en scène: les combats extrêmes, également appelés «combats ultimes». En anglais, on parle de *mixed martial arts*, ce qui paraît être une appellation plus juste.

Ces combats extrêmes sont dans la position paradoxale de se définir contre les spectacles de lutte de type hollywoodien, jugés trop artificiels, et en même temps d'en être le prolongement, en portant plus loin encore leur logique de transgression des limites dans la violence.

Une violence plus réelle

À la théâtralisation de plus en plus poussée des combats de lutte professionnelle de type WWE, qui vise à donner une représentation de la violence plutôt que la violence elle-même, les combats extrêmes nous ramènent à une violence plus directe, sans apprêt, plus crue.

Pour l'essentiel, il s'agit d'éliminer la scénarisation, l'aspect théâtral de la violence, pour ne garder que sa réalité la plus rude: la brutalité d'un combat entre deux hommes qui n'ont aucun équipement de protection.

C'est une forme de retour aux jeux du cirque: les coups, le sang et la douleur sont plus «réels». Il ne s'agit plus de chorégraphier une simulation de combat de rue, comme dans certains spectacles de la WWE, mais de présenter de véritables combats, où les victimes abandonnent pour cause de blessures, de K.O. ou d'incapacité à poursuivre le combat. Du théâtre, on passe au quasi-documentaire.

Comme le dit Georges St-Pierre, le champion mondial de la catégorie welter : « *It's a brutal sport.* »

Sauf que, paradoxalement, il s'agit d'un sport plus sécuritaire que plusieurs autres : ainsi, il n'y aurait jamais eu de décès à la suite d'un combat, ni même de blessures susceptibles de mettre fin à une carrière[30]. Les blessures ne sont pas rares, mais elles semblent être moins dangereuses que dans d'autres sports, notamment le football et le hockey…

Violence encadrée et athlètes préparés

Cette situation s'explique en bonne partie par l'encadrement des combats et la préparation des athlètes.

Les règles des combats extrêmes, tout en autorisant une plus grande violence, sont maintenant plus strictes : liste de coups désormais interdits, examen médical obligatoire avant les combats, pas question de combat à l'extérieur de l'arène, pas de tricherie ou d'utilisation d'objets pour blesser. Pour une infraction grave, la disqualification peut être à vie.

Mais surtout, les athlètes sont hyperentraînés.

Ce qu'il y a de plus extrême, dans les combats extrêmes, c'est probablement la préparation à laquelle se soumettent les participants aux combats. L'idée, comme le dit St-Pierre, c'est de faire un entraînement tellement dur que jamais un combat ne pourra être aussi exigeant.

---

30. Benoît Dutrizac, « Dutrizac reçoit Georges St-Pierre GSP », TQS, 20 novembre 2006. http://www.youtube.com/watch?v=HauQSfOrf10 (consulté le 6 décembre 2011)

Dans son cas à lui, cela veut dire s'entraîner à la boxe avec Alcine, à la lutte avec l'équipe olympique canadienne, au jiu-jitsu avec les meilleurs au monde, à la course avec des coureurs de 100 mètres… Cela veut également dire s'entraîner partout sur la planète pour ne pas être limité à un style d'entraînement.

Un exemple d'entraînement extrême : provoquer, par des coups répétés et bien dosés, des microfractures dans les tibias, de sorte qu'en guérissant l'os sera encore plus fort. Et plus susceptible de frapper avec force sans se briser.

Un entraînement extrême exige bien sûr une alimentation survoltée, notamment pour accélérer la récupération entre les combats. Pour citer une fois encore Georges St-Pierre : « Dans une Formule 1, on ne met pas de l'essence ordinaire. »

Une violence contrôlée

Pour filer la comparaison, une F1, ça ne se conduit pas sur des coups de tête. Ce qui frappe dans la description des combats extrêmes, c'est l'extrême contrôle des athlètes, autant avant que pendant le combat.

Avant le combat, il y a l'entraînement : il faut repousser les limites de la résistance à l'effort, apprendre à mieux tolérer la douleur. Il faut se préparer psychologiquement. Mais il faut aussi analyser l'adversaire pour établir sa stratégie.

Dans une vidéo, St-Pierre donne des exemples de ce type d'analyse. D'un de ses adversaires, il souligne qu'il est très flexible et que, par conséquent, ses côtes doivent être moins résistantes, ce qui en fait une cible. D'un autre, réputé lourd cogneur, il dit qu'il va chercher à couper l'alimentation sanguine dans ses épaules, pour atténuer la force de ses coups.

Pendant le combat, il s'agit de demeurer en contrôle, de ne pas être distrait par ses émotions. « Je ne me bats

pas avec ma haine, dit St-Pierre, je me bats mécanique[31]. »
La seule chose qu'un athlète doit craindre, selon lui, ce
n'est pas son adversaire : c'est de ne pas être à la hauteur
de ce qu'il est capable de faire à l'entraînement.

Et puis, il faut savoir quand abandonner. Si l'autre
maintient une prise qui peut te casser un membre ou te
blesser gravement, ça ne sert à rien de t'obstiner. En fait,
il s'agit d'une sorte de flirt avec la limite : résister autant
qu'on le peut, mais accepter d'abandonner avant qu'il se
produise quelque chose d'irréparable. En ce sens, les
blessures les plus graves sont souvent le résultat d'une
évaluation non rationnelle, par la victime, de la situation
dans laquelle elle se trouve.

Une violence paradoxale

La stratégie des combats extrêmes semble être de compenser le « spectaculaire », qui caractérise la lutte professionnelle, par une surenchère dans la violence réelle. Mais
de ramener cette transgression plus grande, en termes de
violence, à l'intérieur d'un cadre social plus conservateur,
en termes de règles. Comme si on voulait offrir à la fois
le spectacle du défoulement (de la violence) et du refoulement (obéir scrupuleusement aux règles).

Du contrôle de la représentation de la violence, on
passe au contrôle de la violence elle-même… pour pouvoir
la pousser plus loin sans danger excessif. Les spectacles
ne sont pas moins préparés, mais la préparation se déplace
de l'emballage (décor, effets spéciaux) aux participants
(casting, entraînement).

Cela dit, l'aspect « spectaculaire » n'est pas totalement
absent. Aujourd'hui, les présentations de combats extrêmes
tendent à récupérer une partie de la mise en scène flam-
boyante de la lutte professionnelle traditionnelle, y compris

---

31. Benoît Dutrisac, *op. cit.*

la part de temps accordé à des «divas» dont le gabarit n'a rien à voir avec la moyenne nationale des mensurations féminines.

De leur côté, les athlètes affichent souvent des surnoms comme Dean of Mean, Mind Freak, Mayhem, Rampage... Ils peuvent également se laisser aller à des déclarations fracassantes devant les micros.

Toutefois, malgré ces ressemblances, il reste entre les deux spectacles une différence fondamentale: la lutte professionnelle est largement théâtralisée et l'issue des combats est soigneusement programmée selon des *story lines*; dans les combats de *mixed martial arts*, l'issue des combats est incertaine et peut dépendre en dernière instance — particulièrement quand il s'agit d'opposants du plus haut niveau — de la préparation psychologique et stratégique des deux opposants.

Performance théâtrale et athlétique dans un cas, prouesse sportive multidisciplinaire et stratégique dans l'autre.

« VRAIE » VIOLENCE ET MISES EN JEU EXTRÊMES DU CORPS

Parallèlement à ces combats extrêmes, on voit émerger, dans l'univers du divertissement, d'autres types de spectacles dans lesquels l'accent est mis non pas sur le combat, mais sur l'affrontement spectaculaire du danger.

C'est ainsi qu'on voit des fil-de-féristes réapparaître dans le paysage, des grimpeurs escalader des gratte-ciel à mains nues, des skieurs ou des planchistes descendre des montagnes escarpées en dehors des pistes.

Il y a aussi le Parkour, sorte de course urbaine où les participants franchissent toutes sortes d'obstacles sans jamais s'arrêter, sautant d'un balcon à un mur pour rebondir vers un escalier avant de reprendre leur course.

Le Freerunning en est une version plus acrobatique. La scène d'ouverture du film *Casino Royale* (2006) en donne un exemple assez spectaculaire.

Le Red Bull Crashed Ice, version hivernale du roller derby, lance pour sa part des patineurs sur une pente glacée parsemée de «virages inclinés, de sauts, de bosses et de chutes vertigineuses», selon la description de l'organisation. Vitesse: 70 kilomètres/heure. On comprend pourquoi les médias les présentent souvent comme des patineurs extrêmes.

Les sports dits extrêmes possèdent aussi leurs propres championnats, les X-Games. Répartis en jeux d'été (Summer X-Games) et jeux d'hiver (Winter X-Games), ils ont lieu depuis 1994. Les gagnants se voient remettre des médailles (or, argent, bronze) comme aux Jeux olympiques.

Dans un registre plus quotidien, on peut mentionner toutes les vidéos de *jackass* sur YouTube.

Autre forme de spectacles extrêmes, ces manifs que l'on s'efforce de rendre toujours plus spectaculaires. Par exemple, ce membre de Fathers 4 Justice qui s'habille en Superman et qui escalade le pont Jacques-Cartier, bloquant la circulation pendant une douzaine d'heures pour dérouler une bannière proclamant: «Papa t'aime».

Autres exemples: les embarcations de Greenpeace qui se mettent en travers des baleiniers, quitte à courir le risque de se faire couler[32], les écologistes qui montent sur le toit du parlement afin de dérouler une banderole pour protester contre la position du Canada sur l'environnement...

---

32. Ce qui s'est produit quand le *Sea Shepherd* a été éperonné par un baleinier japonais. tsrinfo.ch, «Un baleinier japonais éperonne un bateau écologiste», mis à jour le 28 juin 2010 . http://www.tsr.ch/info/monde/1097419-un-baleinier-japonais-eperonne-un-bateau-ecologiste.html (consulté le 18 décembre 2011)

On pourrait sans doute faire un lien entre l'émergence de ces mises en jeu extrêmes du corps et la vogue de la téléréalité. Les spectateurs veulent de la violence plus vraie, plus réelle, de la violence en direct… à l'image de ce qu'on peut voir dans des films comme *Fight Club*.

Les personnages de ce film présentent par ailleurs un exemple particulèrement percutant d'un comportement sur lequel nous reviendrons dans la dernière partie de ce livre : la recherche d'intensité pour se sentir exister.

B

LE BIOTOPE
MÉDIATIQUE

LE CINÉMA :
IMAGE HALLUCINANTE/RÉALITÉ
HALLUCINÉE

L'industrie du cinéma est souvent décrite comme une usine à rêves, une machine à produire des hallucinations dans lesquelles on se laisse immerger avec plaisir.

Le but est de susciter une forme d'hypnose qui amène le spectateur à suspendre son esprit critique. À se laisser aspirer par l'univers projeté sur l'écran. À s'y laisser absorber au point de réagir comme s'il en faisait partie.

Bien sûr, il existe une frange de spectateurs qui aiment faire l'effort de se dégager du spectacle présenté à l'écran, qui aiment prendre du recul pour analyser la construction du film. Mais, pour un très grand nombre de consommateurs de cinéma, l'immersion demeure le principal critère d'appréciation. Pour la majorité des gens, un film doit être «prenant», que ce soit à cause du rythme de l'action, du caractère époustouflant des effets spéciaux ou de l'intensité émotive qu'il suscite. Et si les trois sont présents, c'est tant mieux.

Subjectivement, le spectacle devient alors réalité. Une réalité paradoxale. À la fois semblable au monde quotidien, mais plus prenante. Plus intense. Plus excessive… Un monde où la vie quotidienne se décline dans la démesure.

On associe facilement la démesure à l'industrie du cinéma : démesure des budgets, démesure du mode de vie des vedettes, démesure des salaires, démesure des scandales… Cette démesure se traduit notamment par une propension au gigantisme, par une recherche de l'impact ainsi que par différentes formes d'envahissement et de piratage.

LE GIGANTISME

La propension au gigantisme

Sur le plan financier, la loi du « toujours plus » semble être le principe de développement du milieu cinématographique : les cachets des stars augmentent sans cesse, les coûts de production atteignent de nouveaux sommets, les records de recettes pour le premier week-end sont régulièrement fracassés, les budgets de marketing explosent — et cela, non seulement à Hollywood, mais aussi dans les marchés moins importants, qui sont emportés par la vague ; l'ampleur de la démesure y est moindre, mais le même phénomène d'escalade financière y est partout manifeste.

On observe également cette tendance au gigantisme dans la taille des salles. Les cinémas de quartier ont été rayés de la carte. Les complexes cinématographiques, qui les ont fait disparaître, sont éliminés à leur tour par les mégacentres. En fait, c'est comme si le marché se scindait en deux : les mégacentres et le cinéma maison.

À l'intérieur des salles, la taille des écrans et l'intensité sonore obéissent à la même logique : toujours plus grand, toujours plus fort, toujours plus intense.

Tout est fait pour maximiser l'impact et noyer le spectateur dans l'intensité du film : son *surround* enveloppant, images 3-D qui lui donnent le sentiment que les objets sont projetés vers lui ou qu'il tombe dans l'écran[33], multiplication d'effets spéciaux, diminution de la durée des plans pour qu'ils «crépitent» et provoquent une forme d'hypnose…

On constate une évolution similaire dans le cinéma-maison. Dans certains cas, il accapare même une pièce complète pour accueillir un écran surdimensionné et une multiplicité d'enceintes acoustiques pour recréer un son *surround*. On trouve même des fauteuils spécialement conçus pour recréer l'atmosphère «cinéma», avec des supports spécialisés pour accueillir le maïs soufflé et les boissons gazeuses.

Les victimes du gigantisme

Cette propension au gigantisme a des effets majeurs sur ce qu'on appelle «les petits marchés». Comment survivre, si on n'est pas géant et qu'on n'arrive pas à suivre le rythme? Comment produire un film sans disposer d'un budget pharaonique… ou simplement décent?

Souvent, la solution passe par l'utilisation de techniques moins coûteuses, par le dégraissage des scénarios pour y enlever toute scène dont le prix de tournage est jugé excessif ainsi que par le recours à des valeurs réputées sûres: aventure, sexe et comédie — si possible, les trois à la fois.

Plus récemment, on a vu l'horreur s'imposer comme substitut de l'aventure, notamment dans le tandem horreur/sexualité (romance) qui est à la base de l'avalanche actuelle de romans, de films et de séries télé de vampires.

---

33. Paradoxalement, l'effet de ce matraquage est si puissant que certains réalisateurs 3-D ont récemment eu tendance à ralentir le rythme et à allonger les plans (Michael Bay, par exemple, dans *Transformers 3*) pour éviter les maux de tête aux spectateurs, l'œil humain étant incapable de supporter un tel bombardement de stimulations.

Un autre effet du gigantisme — et des contraintes financières qu'il impose —, c'est la barrière à l'entrée. C'est ainsi que les jeunes réalisateurs vont souvent devoir commencer par des courts-métrages à budget inexistant — ou une Web série réalisée avec des collaborateurs bénévoles — qu'ils vont diffuser sur Internet. Dans une deuxième étape, ils vont risquer un film d'auteur à diffusion confidentielle et budget réduit (souvent du *love money*), qui sera présenté dans des festivals spécialisés. Avec de la chance, une fois leurs preuves faites et l'industrie à peu près rassurée sur leur éventuelle rentabilité, ils pourront se lancer dans des projets plus ambitieux, avec plus de moyens… et avec l'objectif pas toujours avoué, mais structurellement imposé, d'en faire un succès commercial.

Plus généralement, ce qui n'est pas gigantesque est voué à vivoter dans les marges en attendant la chance éventuelle de risquer le saut dans la cour des grands.

Une conséquence de cette course au gigantisme, c'est l'exaspération de la bataille pour capturer l'auditoire. Plus les salles sont grandes, plus il faut de public pour les rentabiliser. Et, pour attirer ce plus large public, on gonfle les budgets de promotion, on augmente l'intensité du contenu.

LA RECHERCHE DE L'IMPACT

De plus en plus, le cinéma est soumis à la loi de l'impact maximum. Il faut que le spectateur soit stimulé, le plus souvent possible, et toujours un peu plus que la fois précédente.

Sexe et violence

Sur le plan des thèmes abordés, cette quête de l'impact prend la forme d'une surenchère dans la sexualité et la violence.

Pour ce qui est de la violence, il est assez facile de constater l'évolution qui s'est produite dans ce qu'il est légitime de montrer à l'écran. Nous sommes passés d'une économie du suspense, dont le ressort est la menace de montrer l'inmontrable, à une politique d'étalage de *gore*, où la règle est de s'appesantir longuement sur la description minutieuse de cet inmontrable.

Or, le *gore* génère lui-même, par nature, une autre forme d'emballement : l'inmontrable, une fois montré, ne l'est plus — ou l'est moins. La fois suivante, pour obtenir le même impact, il faut donc présenter un inmontrable pire encore, plus insupportable, lequel à son tour… Bref, il faut toujours plus de viande saignante, toujours plus de corps ravagés, toujours plus de tabous transgressés, ce qui mène ultimement aux viols d'enfants, aux décapitations et à des séances de cannibalisme.

À l'escalade dans la violence s'ajoute une escalade dans la sexualité. La nudité et les rapports sexuels, autrefois déstabilisants et provocateurs, sont maintenant des éléments ordinaires d'un film ; tout au plus précise-t-on parfois l'exigence qu'ils soient motivés par le scénario et la mise en scène[34].

Ce « toujours plus de sexe » a favorisé l'autonomisation de tout un secteur du cinéma : le film porno (y inclus ses dérivés sur vidéos et clips Internet). À cette étape, la sexualité y cannibalise carrément le cinéma.

Pour conserver son caractère provocateur, et par conséquent son impact, la sexualité elle-même doit se faire violente. Elle peut le faire symboliquement, en transgressant de nouveaux tabous (pédophilie, inceste, zoophilie,

---

34. Cette escalade est en partie limitée par la puissante Motion Picture Association of America (MPAA), qui cote les films de R (admission générale) à NC-17 (interdit aux 17 ans ou moins). Plus permissive en termes de violence au cours des 25 dernières années, cette organisation a cependant eu tendance à resserrer ses contraintes en matière de sexualité.

nécrophilie…) ; elle peut aussi le faire en incorporant une composante de violence physique (pratiques sado-maso, *gore*, *snuff*…).

La synthèse de cette escalade sexualité-violence est notamment incarnée par le personnage du tueur en série, dont les carnages ont habituellement comme arrière-fond une enfance misérable marquée de violences sexuelles et autres. Fait remarquable, ce personnage est souvent lui-même la proie d'un phénomène d'emballement, qui le pousse à raccourcir de plus en plus la période de temps entre chacun de ses crimes, comme si le plaisir et le soulagement que lui apporte chacun d'eux s'émoussaient progressivement, exigeant de ce fait d'être renouvelés de plus en plus souvent.

L'escalade dans l'impact

Qu'il s'agisse de sexualité ou de violence, cette logique de l'impact, pour se maintenir comme impact, paraît donc vouée à la surenchère.

Pourquoi en est-il ainsi ?

D'une part, il y a le fait que la répétition amène une certaine banalisation. D'autre part, on peut penser que le seuil de tolérance du public croît sensiblement au même rythme que la violence représentée, comme si les gens s'insensibilisaient progressivement pour se protéger contre l'augmentation de l'impact.

On se retrouve alors devant un phénomène de stimulation —> banalisation-émoussement —> surstimulation qui ressemble singulièrement à celui induit par la drogue. C'est comme si la valeur symbolique de la transgression s'affadissait du simple fait d'avoir été perpétrée, obligeant à aller toujours plus loin dans la transgression pour que celle-ci conserve sa force de provocation.

Chaque transgression devient ainsi la nouvelle limite à franchir. *Ad libitum.*

L'image survoltée

Dans cette logique de la maximisation de l'impact, on peut aussi augmenter l'intensité en travaillant l'image elle-même. Par exemple, en ayant recours à une utilisation de plus en plus poussée du gros plan.

Or, qu'est-ce qui distingue le gros plan du plan d'ensemble ? Le plan d'ensemble présente une situation globale, qui s'offre plus facilement à l'analyse, le sujet étant présenté dans son contexte. Le gros plan, pour sa part, élimine le contexte ; il enferme le spectateur dans le décodage de la réaction subjective du personnage montré (victime, témoin, héros...). Il n'est plus question de comprendre, mais de ressentir.

Historiquement, l'œuvre qui signe le mieux l'amorce de ce double triomphe — le gros plan et la narration centrée sur le héros — est probablement celle de Sergio Leone[35].

Par certains côtés, cette évolution représente le triomphe de la télé sur le cinéma : l'image télé, dont la taille des écrans éliminait d'office les plans d'ensemble, a progressivement imposé ses critères de lisibilité aux productions cinématographiques. Cette tendance pourrait se poursuivre malgré l'arrivée des écrans de télé géants, puisque le relais sera pris par les téléphones portables et les tablettes électroniques. Chose certaine, si le cinéma veut survivre, il devra s'adapter à tous les écrans. Il se peut qu'il le fasse en segmentant le marché selon la taille des écrans.

En plus de privilégier le gros plan, ces plateformes mobiles vont probablement favoriser les séquences de plus

---

35. Dans le domaine des informations télé, un équivalent serait le reporter de guerre qui s'efforce de présenter, en direct et en gros plan, le visage et le témoignage des victimes — si possible agonisantes.

en plus courtes, contribuant ainsi à enfermer davantage les productions vidéo dans l'instantané.

Par ailleurs, on peut voir dans la brutalité du montage, la distorsion des angles de prise de vue et le raccourcissement des plans d'autres stratégies qui ont pour effet d'accroître l'impact des productions visuelles. Les efforts pour tordre la trame narrative et déjouer les attentes des spectateurs vont dans le même sens[36].

À une époque antérieure, l'expressionnisme avait apporté une contribution similaire à cette escalade dans l'impact au moyen de contrastes violents de noir et blanc, de cadrages insolites et d'un montage plus rythmé qui bousculait les habitudes de l'époque.

L'utilisation du numérique permet de pousser plus loin ce travail sur l'image : insertion de personnages de BD ou de monstres dans des scènes réalistes, capture de mouvements pour donner vie à des personnages fictifs, *morphing*... Cela permet de mettre en scène des formes de violence qui seraient difficiles à représenter avec les moyens classiques. On peut penser au film *Matrix*, à *Avatar*, à *Tron* ou encore, dans un registre plus léger, à *Roger Rabbit*.

À terme, cette intégration du film traditionnel et des prouesses digitales mène à une forme de violence plus abstraite, qui vise le réel dans son ensemble. Ainsi, avec les décors de synthèse de *Star Wars* et la réutilisation des performances de comédiens décédés, c'est le référent réel de la représentation qui disparaît.

Le film d'immersion

L'arrivée du 3-D est le point culminant de cette tendance. Plus besoin de référent : la représentation se donne à res-

---

36. Tout ce travail sur l'image et sur le montage peut apparaître comme une transposition formelle de l'escalade dans la violence de ce qui est montré.

sentir comme une réalité immédiate[37]. L'utilisation d'holo-grammes et d'un équipement *permettant* de ressentir physiquement un monde virtuel, avec tous ses sens, constituent l'horizon vers lequel tend cette autonomisa-tion de la représentation. Un horizon où un film pourra se présenter comme une réalité alternative.

Aller au cinéma ou le faire venir chez soi paraîtra alors désuet. Le vrai choix sera de pénétrer ou non dans un film, d'y passer ou non une partie de sa vie.

La question est alors de savoir s'il s'agit encore de cinéma. Et si cette synthèse du cinéma et de jeux de réalité virtuelle n'est pas en train de donner naissance à un nou-veau média : celui des univers virtuels d'immersion.

A priori, le mariage ne semble pas évident : les jeux vidéo carburent à l'interactivité alors que le cinéma, jusqu'à maintenant, est un champion de l'immersion non interactive. Si l'hybridation se produisait, elle donnerait probablement lieu à deux médias englobants, les deux à base de réalité virtuelle et les deux fonctionnant à partir d'un principe contraire : un jeu total, où le joueur serait en interaction constante dans un univers virtuel ; et un film total, où l'immersion serait plus contemplative, où l'interaction n'influerait pas sur l'histoire et se limiterait à la perception multisensorielle du « décor » virtuel.

On pourrait objecter que la lecture permet depuis longtemps déjà cette immersion dans un univers imagi-naire. Que le lecteur de romans-feuilletons, qui lisait Dumas ou Ponson du Terrail — pour aller du meilleur au pire —, était déjà un adepte de ces évasions périodi-ques hors de la réalité. Qu'il annonçait le comportement

---

37. Cette évolution technique nourrit elle aussi un phénomène d'es-calade, chaque avancée faisant paraître la précédente désuète. Comme illustration, on peut citer cette remarque d'un critique décrétant mauvais un film réalisé avec « une technique 3-D qui date de deux ans » — autrement dit, la préhistoire !

migratoire des fans de Harry Potter, qui retournent à chaque film dans l'univers parallèle de leur héros préféré.

Il existe cependant une différence fondamentale entre l'univers imaginaire suggéré par la lecture et celui affiché par les univers cinématographiques et virtuels. Celui de la lecture est en grande partie élaboré par le lecteur lui-même, à partir des indices fournis par le texte. Au cinéma, et plus encore quand il s'agit d'univers 3-D et de réalité virtuelle, l'univers imaginaire est fourni en bloc et imposé de façon standardisée à tous les spectateurs.

Cette standardisation de l'univers cinématographique crée une impression d'universalité et favorise, pour le spectateur, le glissement de la fiction à la réalité.

Du comédien démembré au comédien de synthèse

Pour l'instant, et sans doute plus rapidement qu'on pense, on se dirige vers le comédien de synthèse : soit le comédien décédé dont on utilise l'image pour tourner de nouveaux films, soit le comédien qui n'existe pas et qui est créé pour répondre aux goûts du public en y incorporant un certain nombre de traits jugés désirables. Un comédien qui aura l'avantage de ne pas vieillir et de pouvoir se modifier progressivement pour correspondre à l'évolution du goût du public… On obtient alors une sorte d'eugénisme informatique.

Les acteurs à relais qui, à tour de rôle, ont joué Tarzan, Sherlock Holmes, Batman ou James Bond, sont probablement la préfiguration de cette prééminence du personnage sur le comédien.

Comme étape intermédiaire, avant l'arrivée du véritable comédien de synthèse, nous avons déjà le comédien semi-virtuel : celui dont la voix et le jeu, notamment pour ce qui est de l'expression du visage, peuvent être corrigés par ordinateur, une fois le film tourné. *Avatar* a marqué une étape importante dans cette utilisation de comédiens semi-virtuels — ce qui a accessoirement permis de faire l'économie des gros noms dans les rôles principaux.

Une telle virtualisation du comédien est amorcée depuis des années. Avec des moyens rudimentaires certes, mais qui concourent au même objectif : faire du comédien lui-même un outil infiniment transformable dans les mains du réalisateur. Un de ces principaux moyens, c'est ce qu'on pourrait appeler le comédien démembré.

Il y a tous ces acteurs, toutes ces actrices, dont le visage n'apparaîtra jamais dans un film même s'ils tournent régulièrement. Tous ces comédiens et ces comédiennes dont la carrière se limite à des gros plans de mains, de jambes, de torse, de dos, de fesses, de seins, de hanches, de pénis ou de chute de reins… parce que c'est la partie jugée cinématographiquement la plus intéressante de leur anatomie.

Inversement, il y a toutes ces stars dont la réputation est mondiale et dont les gros plans sur différentes parties de leur anatomie, dans les films, montrent en réalité des détails corporels appartenant à d'autres personnes. S'il est vrai que le corps parle, qui est alors le comédien ?

L'identité du comédien, au cinéma, n'a jamais été aussi problématique[38]. À terme, c'est l'existence même de comédiens en chair et en os qui risque de faire les frais de cette évolution.

Dans *Simone* (pour SIMulation ONE), Andrew Niccol prend précisément cette question comme sujet de son film : un réalisateur sur le déclin, abandonné par la star du film, la remplace à l'insu de tous par une comédienne virtuelle générée par un programme informatique. Celle-ci devient rapidement une grande star. Les problèmes commencent pour lui quand la police pense qu'il

---

38. Au théâtre, on a plutôt l'impression d'assister à une évolution inverse ; le décor et même le texte voient leur importance être relativisée au profit du jeu et du corps de l'acteur.

l'a assassinée et qu'ils exigent de la voir pour prouver qu'il ne l'a pas tuée. De la voir en chair et en os.

Le *star-system* lui-même risque d'être transformé de façon radicale par cette escalade dans la virtualisation. À terme, verrons-nous l'avènement d'un panthéon de comédiens purement virtuels, qu'il sera impossible de rencontrer en chair et en os? À l'émergence d'une armée de sosies des grands comédiens virtuels, dont le seul travail sera de les incarner ponctuellement dans diverses cérémonies ou activités de promotion?

La tendance est déjà amorcée. Le cas le plus connu est celui de Lara Croft, qui a été personnifiée par quantité de modèles depuis 1996, au point de détenir le record Guinness du personnage de fiction ayant eu le plus grand nombre de modèles humains officiels[39].

L'invasion cinématographique/la planète Hollywood

Sur le plan mondial, l'impérialisme conquérant du cinéma américain est la forme d'invasion la plus manifeste.

Dans de nombreux pays, on déplore son omniprésence ainsi que l'américanisation du cinéma local. Le seul cinéma national qui semble en mesure de résister à Hollywood, c'est celui de Bollywood. Autrement dit, son équivalent asiatique.

À la base de cette invasion planétaire, on peut déceler une stratégie explicite d'occupation du territoire — nommément des salles de cinéma. La stratégie de sortie standard est maintenant d'occuper le plus grand nombre de salles possible, dans le plus grand nombre de pays possible. Même les propriétaires de salles indépendantes des grandes chaînes, pour avoir accès aux superproductions les plus rentables, sont souvent obligés de maintenir le

---

39. Wikipédia, «Lara Croft» http://en.wikipedia.org/wiki/Lara_Croft#Model_portrayal (consulté le 9 décembre 2011)

film à l'écran pendant une période déterminée, peu importe qu'il y ait ou non un public suffisant pour le justifier. Le résultat, c'est qu'il y a de moins en moins de salles disponibles pour les productions nationales… ou pour du cinéma non hollywoodien.

Cette stratégie d'occupation maximale du territoire est liée à l'escalade des budgets. Plus le film est coûteux, plus il faut d'entrées pour le rentabiliser, ce qui exige une augmentation proportionnelle du nombre de salles occupées simultanément ainsi que du temps d'occupation de ces salles.

Cette bataille des salles se prolonge dans les vidéo-clubs, où les entreprises rivalisent entre elles pour offrir aux clients «des tonnes de copies». Détail intéressant : cette stratégie d'envahissement se justifie par le droit des consommateurs de tout voir tout de suite, sans délai. Ironiquement, la culture de la satisfaction instantanée, du droit de tout voir, justifie celle de l'envahissement tous azimuts, de la réduction de l'offre et de son uniformisation[40].

Cette occupation des écrans s'accompagne du gonflement des budgets de marketing et d'une multiplication croissante des produits dérivés : jouets, vêtements, gadgets, objets utilitaires à l'effigie des personnages… L'occupation de l'espace physique (les salles) et médiatique (le temps d'antenne) se double alors d'une occupation de l'espace symbolique (publicité, objets promotionnels).

Une des beautés de ce système, c'est que la vente d'objets promotionnels consiste en fait à faire payer la publicité par les clients, à les intégrer dans le processus publicitaire.

---

40. Cet impérialisme du cinéma américain se prolonge par celui des séries télévisées américaines, qui envahissent les chaînes télé des autres pays.

DU CINÉMA COMME ESTOMAC

Finalement, le stade ultime de l'envahissement, c'est l'exploitation : on ne se contente pas d'occuper le territoire, on assimile tout ce qui s'y trouve.

L'instrumentalisation de la musique

Le cinéma ne se nourrit pas seulement des obsessions humaines, mais aussi des autres formes d'art, qu'il utilise à ses propres fins. La victime la plus évidente de cette exploitation, c'est la musique. En effet, qui dit film dit trame musicale. Du moins, la plupart du temps. Au point qu'on signale comme un événement un film sans musique, comme ce fut le cas pour *Les Sept Jours du talion*.

Dans un premier cas de figure, la bande sonore est composée pour le film. Il est alors clair qu'elle est asservie aux besoins du film. Mais, de plus en plus, on voit des films dont la bande sonore est une compilation : parfois d'œuvres existantes, parfois d'œuvres composées pour la circonstance par des artistes renommés.

Dans ce deuxième cas de figure, les différentes vedettes recrutées voient leurs œuvres regroupées sur un CD ou sur un DVD en fonction d'un projet qui leur est extérieur. Quant à la raison pour laquelle elles ont été choisies, elle est très claire : servir les fins du film. Et pas seulement par la musique, mais aussi, souvent, par les noms des interprètes dont les médias souligneront la contribution.

Ce n'est pas par hasard que certains producteurs, surtout dans le cas de films à gros budget, confient la trame sonore de leur film à une ou plusieurs vedettes établies : en plus des raisons artistiques, on espère aller chercher une partie de leur public. À l'inverse, réaliser la trame sonore d'un film à succès peut lancer ou relancer une carrière. Ici encore, les stratégies d'utilisation réciproque sont non seulement possibles, mais monnaie courante.

Alors, qui utilise qui ?

Instrumentalisation de la musique par le cinéma pour nourrir l'atmosphère du film ?

Un bon exemple serait la trame sonore de *There Will Be Blood*, réalisée par Jonny Greenwood, le guitariste de Radiohead. L'utilisation des chansons populaires dans *C.R.A.Z.Y.*, le film de Jean-Marc Vallée, constitue un exemple encore plus remarquable : dans ce cas, on pourrait presque dire que les chansons constituent un personnage du film.

Instrumentalisation du cinéma par la musique pour se donner un support publicitaire en profitant de la visibilité du cinéma et de ses budgets de promotion ?

Ce serait le cas de jeunes musiciens qui se font connaître ou qui consolident leur réputation par la participation à la bande sonore d'un film. Le groupe Survivor en serait l'exemple classique, qui s'est vraiment fait connaître avec *Eye of the Tiger*, dans *Rocky III*. Des groupes établis peuvent aussi connaître un regain d'actualité en contribuant à la bande sonore d'un film : par exemple, AC/DC en reprenant certains de ses succès dans *Iron Man II*.

En réalité, ce qui se rencontre probablement le plus souvent, c'est une instrumentalisation réciproque, chaque média faisant profiter l'autre d'un public auquel il a moins accès… On pense à Céline Dion qui a fait la chanson thème du film *Titanic* : *My Heart Will Go On*. Ou encore à la contribution de Bono et U2 à la trame sonore de *Batman Forever*.

La voracité technique

Sur le plan technique, on peut remarquer que le cinéma s'approprie plusieurs techniques exploitées par des médias voisins : le gros plan privilégié par la télé ; la distorsion du cadrage de la BD ; la rapidité du montage et la distorsion des prises de vue du vidéoclip...

L'accaparement par Hollywood des talents mondiaux (comédiens, réalisateurs et techniciens) constitue le volet professionnel de cette cannibalisation.

Finalement, le phénomène du *remake* illustre une tendance à l'autocannibalisation. Non seulement refait-on les films du passé et reprend-on les héros du passé, mais le cinéma américain va souvent faire des *remakes* américains de films contemporains qui ont pour seul tort d'avoir été réalisés dans un autre pays. C'est tellement plus simple que de les traduire ! Rappelons pour mémoire : *Trois hommes et un couffin* (*Three Men and a Baby*), *La cage aux folles* (*The Birdcage*), *La totale* (*True Lies*), *Le dîner de cons* (*Dinner for Schmucks*).

L'histoire en phase terminale

On pourrait aussi soutenir que le cinéma est une synthèse de l'image et de l'écrit, dans la mesure où la succession des images est organisée par une syntaxe et où elle recrée une diachronie.

Cette influence de l'écrit était sans doute assez vraie aux premiers temps du cinéma ; mais le raccourcissement continu de la durée des plans, la distorsion des angles de caméra et le bouleversement du montage montrent bien que le cinéma est plus marqué par la logique de l'image (l'impact instantané) que par celle de l'écrit (une continuité qui se déroule). Il en acquiert une allure heurtée qui fait en sorte que les images donnent moins l'impression de s'enchaîner que de se chasser l'une l'autre. Toujours du nouveau ! Toujours du surprenant !

Le film apparaît ainsi, dans sa structure globale, de moins en moins comme un parcours discursif, comme une histoire, et de plus en plus comme un ensemble de données et d'impacts dont on doit ressentir la cohérence émotive.

Quant à l'histoire, on peut évidemment prendre plaisir à la recomposer. Mais, pour bien des spectateurs, cette reconstruction se limite à ce qui arrive dans l'immédiat au personnage central auquel on les amène à s'identifier. Beaucoup d'autres encore se dispensent du moindre effort de reconstruction et se contentent de ressentir l'effet des images et des situations. C'est un phénomène que l'on peut observer avec des films aussi différents que *Pulp Fiction* ou les derniers *James Bond*.

De fait, certains diraient aujourd'hui que le cinéma achève de dévorer l'histoire… et de la faire disparaître. Cette disparition emprunte deux voies : la banalisation et le surinvestissement.

À un des pôles, dans le cinéma à visée plus commerciale, il est rare que l'histoire disparaisse ; elle va plutôt demeurer dans un rôle accessoire. Par exemple, elle va fournir un canevas simple, qui sert de support, auquel on incorpore : soit des scènes spectaculaires et des effets spéciaux dans le cas des films d'action (films de gars) ; soit des scènes d'amour, d'échec amoureux et de rupture, pour ce qui est des drames sentimentaux (films de filles). Autrement dit, on ne garde de la trame narrative que ce qui est utile pour justifier un ou deux retournements. Techniquement, il s'agit d'une version simplifiée de la structure de scénario proposée par Sig Field.

À l'autre pôle, dans les productions à plus grande prétention artistique, la trame narrative n'est pas simplifiée, elle est au contraire tordue dans tous les sens, complexifiée, montée — au point où le spectateur doit se livrer à un véritable travail de reconstruction pour la retrouver… quand il y réussit.

Histoire anémiée et histoire surinvestie au point de demeurer introuvable, telles semblent les deux formes de la marginalisation progressive de l'histoire, malgré l'abondance de films qui se situent encore entre ces deux pôles.

PUB ET PORNO

Si le cinéma ne donne pas sa place en matière de voracité, il est néanmoins exposé à être lui-même utilisé.

Les publicistes furent parmi les premiers à harnacher le pouvoir de séduction du cinéma à leurs propres fins. Aujourd'hui encore, ils continuent de s'en servir, notamment sous la forme du vidéoclip, sorte de produit hybride qui sert à la fois à vendre de la musique, vendre des vedettes et se vendre lui-même comme produit autonome.

On pourrait même dire que tous les individus qui mettent sur Internet des vidéos d'eux-mêmes ne font que généraliser cette utilisation publicitaire de l'image animée.

Toutefois, avec le cinéma porno, c'est une forme très particulière de publicité qui se met en place : une industrie entière (celle de la représentation du sexe) se coule dans un média (le cinéma) pour mieux se vendre. Le message publicitaire et le produit annoncé deviennent indiscernables.

Et ce n'est pas seulement le cinéma qui est exploité par la porno — ni même d'abord le cinéma, de nos jours, — mais tous les médias qui en sont dérivés : vidéos, clips Internet… Peu importe le support pourvu que la sexualité s'étale ! Et qu'elle se vende !

On pourrait presque dire que le cinéma a fait naître cette industrie, tellement il l'a renouvelée. Au point qu'elle est devenue une industrie autonome, dont le statut — et la reconnaissance sociale — se rapproche de celui du cinéma plus officiel.

Un signe de ce rapprochement est la porosité entre le cinéma reconnu et le cinéma porno. Plusieurs vedettes du porno ont joué dans des films *mainstream*, même si c'était souvent dans un rôle lié à leur métier et à l'exploitation de leur apparence physique[41]. À l'inverse, des acteurs et des actrices acceptent maintenant de tourner des scènes que ne renieraient pas certains films porno *soft*... ou pas si *soft*.

En fait, on pourrait dire qu'il s'agit de convergence : comme si le cinéma intégrait progressivement l'utilisation de la sexualité qui est faite dans le porno (Il faut faire reculer la censure et les frontières de la pudibonderie ! Il faut avoir de l'impact !) à mesure que le porno instrumentalise le cinéma et ses dérivés pour élargir son marché.

Indice supplémentaire de convergence : le statut de vedette de plus en plus reconnu aux actrices et acteurs du porno. On leur consacre des émissions biographiques, on les interroge sur leur carrière, sur leur philosophie de la vie... Quant aux vedettes établies du cinéma, on retrouve de plus en plus leurs vidéos intimes sur le Net ! Certaines en font même une stratégie ouverte pour favoriser leur ascension professionnelle. Ainsi, Montana Fishburne a-t-elle décidé de jouer dans un film porno dans l'espoir que cela lui ouvre les portes d'Hollywood. Elle affirme s'inspirer du succès de Kim Kardashian, qui a vu sa carrière débloquer après être apparue dans une vidéo pornographique.

Ici encore, on retrouve la question : qui cannibalise qui ? S'agit-il d'une subversion du cinéma par le porno, pour le ravaler au rang de marchandise fantasmatique ? Ou d'une esthétisation du porno par le cinéma, histoire de le faire accéder à un certain statut artistique et social ?

Il paraît exister une sorte de continuum, qui va du film BCBG à composante érotique aux vidéos de pédophilie, en passant par la porno évocatrice (*light*), la porno

---

41. Wikipedia, « List of pornographic actors who appeared in mainstream films » http://en.wikipedia.org/wiki/List_of_pornographic_actors_who_appeared_in_mainstream_films (consulté le 18 décembre 2011)

explicite (*hard*) et la porno violente. À l'échelon le plus bas, il y aurait le *snuff*, dans lequel meurtre et sexualité se confondent.

Autrement dit, on a une échelle qui va de la reconnaissance artistique officielle au meurtre sexuel crapuleux. Et chacune des strates semble se renouveler en intégrant progressivement (et en banalisant) des éléments des strates inférieures.

Alors, par-delà la classification binaire entre films respectables et films de sexe, de quoi s'agit-il? D'une utilisation du cinéma par la porno? D'une récupération progressive de la porno par le cinéma? Ou de l'accomplissement ultime, par la porno, de certaines tendances fondamentales qui animent le cinéma: maximiser l'impact, marginaliser l'histoire et instrumentaliser les comédiens?

LA RADIO : LA PAROLE ENRAGÉE

Mc Luhan classait la radio dans les médias *hot*, capables de susciter une participation intense, de type tribal.

Pour alimenter la haine raciale, les nazis ont abondamment utilisé ce pouvoir contagieux de la radio. Ils ont aussi eu recours au pouvoir similaire de la parole enragée diffusée par un micro, au cours de manifestations monstres chorégraphiées de manière à induire un état de réceptivité proche de l'hypnose.

À une époque plus récente, lors du génocide du Rwanda, Radio des Mille Collines a largement utilisé le pouvoir mobilisateur de la radio pour diffuser ses appels au meurtre et inciter les foules à massacrer les Tutsis.

Plus près de nous, où les incitations au lynchage réel sont relayées par le lynchage médiatique, on a pu observer les effets destructeurs de ce qu'on appelle la « radio poubelle » (*trash radio*)… ou de ces émissions de télé qui sont en fait de la radio poubelle en vidéo, comme certaines émissions de Fox News.

Média traditionnellement réputé *cool*, la télévision peut ainsi devenir, à force d'interactivité, de harangues alarmistes, de rhétorique manichéenne, de gros plans, de direct et de victimes en pleurs… un médium dont l'effet est aussi *hot* que celui de la radio.

LA LOGIQUE DE L'AGRESSION

Insultes et langage cru

La radio poubelle, au cours des dernières années, s'est installée progressivement en renchérissant dans la crudité du langage et dans l'insulte.

De façon générale, le répertoire va des insultes générales (la «grosse vache» de Gilles Proulx, les «imbéciles refoulés» du doc Mailloux) aux moqueries sur le physique d'une personne (les «grosses boules» de telle ou telle animatrice), en passant par les insinuations sur le comportement intime de la personne visée («penses-tu qu'elle baise bien?... que c'est une mal baisée?... qu'elle couche avec le maire?»).

Dans la ville de Québec, à titre d'exemple, on est passé d'animateurs comme Saint-Georges Côté, qui se contentaient d'apostropher les «puissants» au nom du peuple, dans un langage châtié, à des animateurs plus virulents, comme André Arthur, puis à une génération plus agressive encore, dont l'exemple pourrait être Jeff Fillion.

Aux États-Unis, Howard Stern a développé tout un répertoire sexuel et scatologique d'insultes. Toujours aux États-Unis, plusieurs *preachers* excommunient à tout va, menacent des feux de l'enfer les auditeurs qui sont en désaccord avec eux et traitent les politiciens (et tous ceux qui critiquent leur émission) de dégénérés.

Cette escalade dans la crudité est liée à une escalade plus générale dans la provocation: ce ne sont pas seulement les normes du langage qui sont mises à mal, ce sont aussi celles d'une certaine morale, d'un certain consensus social sur ce qui se dit et ne se dit pas. Le doc Mailloux, au Québec, avec ses déclarations sur les Noirs, et Howard Stern, aux États-Unis, avec ses références sexuelles, illustrent bien ce type de provocation.

Les attaques contre les personnes et les groupes

La provocation mène tout naturellement à l'agression. Agression d'abord à l'endroit des femmes et des hommes publics, particulièrement des politiciens et des vedettes du spectacle. Le phénomène des têtes de Turc n'est pas nouveau ; on le rencontre non seulement à la radio (Fillion et Arthur aimaient bien taper sur le maire Lallier), mais aussi à la télé (on se rappellera *Piment fort*) et dans les magazines humoristiques (l'acharnement de *Croc* sur Drummondville). Aux États-Unis, on pense immédiatement à l'acharnement du réseau Fox sur les démocrates, et en particulier sur Obama et les deux Clinton.

L'agression prend également pour cible certaines catégories sociales. Ainsi, Fillion était réputé pour ses attaques contre les *baby-boomers*, les fonctionnaires, les syndicalistes et les péquistes... D'autres ont pour cibles privilégiées les jeunes, les travailleurs « gras dur » du secteur public, les politiciens — souvent tous confondus.

Agression aussi contre les auditeurs qui, lorsqu'ils appellent, risquent de se faire traiter d'insignifiants, de crétins, d'imbéciles... et de se faire raccrocher au nez par l'animateur pour les empêcher de répondre.

UNE RADIO EN GUERRE

La guerre des cotes d'écoute

Cette montée dans l'agression trouve une de ses sources dans une rivalité de nature économique : la guerre des cotes d'écoute.

Ainsi, à l'approche de la période des BBM, on voit les animateurs hausser le ton, devenir plus agressifs et chercher à provoquer des scandales. L'important n'est pas d'être agressif ou scandaleux, mais de l'être plus que les autres. Chaque pas dans l'escalade appelle alors chez la compétition une réponse plus forte. On reconnaît encore ici, en arrière-fond, la logique stimulation —> émoussement-banalisation —> surstimulation propre à la consommation de drogue.

Les stations de radio compétitionnent pour leur survie. Et, pour survivre, pour gagner des cotes d'écoute — ou simplement pour ne pas en perdre —, il faut une radio qui «fesse». Et comme tout le monde «fesse», il faut «fesser» plus fort pour se démarquer. De plus en plus fort.

C'est là un des avantages d'un système fondé sur la concurrence!

Ainsi peut s'expliquer le processus d'escalade au deuxième degré, pourrait-on dire, qui s'est instauré entre Fillion et Arthur, au cours des dernières années de leur règne.

L'extermination du silence

Qui dit guerre dit occupation du territoire. C'est exactement ce à quoi s'emploie la radio. Elle tend à occuper tout l'espace sonore.

Après avoir conquis les ascenseurs et les centres commerciaux, elle infiltre maintenant Internet, les ordinateurs et les téléphones portables.

La radio participe ainsi à une véritable campagne d'extermination du silence tout en contribuant à une hausse constante du taux de décibels, tant dans l'espace privé que dans l'espace public.

À la longue, cet envahissement crée une accoutumance. Beaucoup de gens sont désormais incapables de supporter le silence. Ce n'est plus le bruit ou la musique qui se détache sur fond de silence; c'est le silence qui se détache sur un fond continu de bruit/musique/commentaires.

Les médias constituent ainsi, pour bien des gens, la trame sonore ininterrompue qui accompagne le film de

leur quotidien. Les animateurs le disent d'ailleurs clairement : « Avec vous pour l'après-midi… », « On vous
accompagne jusqu'à… » Comme si les gens avaient besoin
d'un accompagnement continuel pour… pour quoi, au
fait ? Pour ne pas sentir leur isolement ? Pour ne pas être
seuls trop longtemps avec leurs pensées ?

Et si c'était plutôt parce que les médias sont en train
de devenir le véritable milieu d'appartenance sociale des
individus ? Parce que la vie qui ne baigne pas dans le
discours médiatique est désormais perçue comme moins
« vivante »[42] ?

Le walkman, le iPod et les appareils de type iPhone
ou BlackBerry, tous assortis d'écouteurs, représentent
pour l'instant le stade avancé de cette occupation du
territoire humain. Ils permettent aux médias de traquer
l'individu dans ses moindres déplacements et ils contribuent à ce que même l'espace intérieur ne soit jamais à
l'abri de l'envahissement sonore.

Dans la majorité des cas, cet envahissement n'est
évidemment pas vécu comme invasif. Au contraire, il est
bienvenu. Il permet à l'individu d'éprouver le moindre
instant de sa vie comme rempli, sans le moindre vide —
bref, d'avoir le sentiment de vivre au maximum.

On peut aussi objecter que, dans ces cas particuliers,
l'individu consommateur peut choisir le contenu. Que
c'est lui qui compose ses listes de lecture. Ce qui lui
permet de s'éprouver lui-même comme superefficace dans
la gestion de sa vie : au moindre temps mort, il comble le
vide en puisant dans son répertoire de podcasts ou ses
listes de musique, va faire un tour sur YouTube pour se

---

42. On peut aussi se demander si, de manière plus occulte, les médias
ne sont pas devenus le moyen de s'assurer que chacun reste à sa place,
à portée de médias… Ainsi pourrait se comprendre la boutade récurrente de Gérard D. Laflaque : « Bonsoir et restez là jusqu'à la semaine
prochaine ! »

tenir au courant des nouveautés les plus populaires, fait le relevé des tweets auxquels il est abonné… Un envahissement librement choisi sert ainsi à en contrer un autre, imposé celui-là. L'immersion médiatique de façon privée pour contrer l'invasion sonore de l'espace public.

L'argument n'est pas sans mérite. Toutefois, il demeure que ce n'est pas parce qu'il est possible de choisir ce qui nous envahit qu'on est moins envahi. Devenir un participant volontaire et actif d'une immersion continue dans un bain sonore ne rend pas cette immersion moins invasive. Il peut même devenir plus difficile de s'en libérer parce qu'elle est plus plaisante et qu'elle alimente une impression de liberté.

La démolition amusante

Cette économie de guerre (bataille des cotes d'écoute et occupation du territoire sonore) a par ailleurs provoqué une transformation du contenu. L'agressivité et l'imprécation ne suffisent pas : il faut aussi séduire pour atténuer l'agressivité, la désamorcer en quelque sorte, et laisser l'impression que ce n'est… que de la radio. Du divertissement, donc. Et non une entreprise de démolition.

C'est ainsi que le contenu informatif et les discussions cèdent la place à la musique, à l'humour, aux commentaires de vedettes invitées et, plus globalement, à l'*info-tainment*. À l'information amusante.

Pour adoucir encore plus l'emballage, on s'efforce d'associer des vedettes populaires à l'image de la station elle-même. Ça aide à faire passer l'agressivité. Après tout, une station aussi amusante ne peut pas être vraiment méchante ! C'est juste du *showbizz*.

LE LYNCHAGE MÉDIATIQUE

Il serait tentant de voir dans cette montée de l'agression, qui n'est d'ailleurs pas exclusive à la radio, uniquement un épiphénomène de la guerre des cotes d'écoute que se livrent les médias. Ou encore, de l'attribuer à des particularités propres à la population régionale desservie par certaines stations.

Mais cette explication, à elle seule, ne rend pas compte de l'ampleur du phénomène. Elle ne répond pas non plus à la question de savoir pourquoi les gens sont intéressés par ce genre de lynchage médiatique. Pourquoi aiment-ils voir des gens être pris à partie ? Voire, être démolis ?... Il doit bien y avoir, du côté du public, une certaine agressivité qui trouve là une occasion de se satisfaire.

Car il est assez évident que de telles émissions n'existeraient pas — ou du moins pas très longtemps — si elles n'avaient pas de public.

Ne peut-on pas établir un lien entre ce type particulier de lynchage médiatique et la pratique qui consiste à mettre en ligne sur Internet toutes sortes de vidéos qui ridiculisent des gens (amis, parents, profs, collègues…) ?

Ne peut-on pas également établir un lien avec des émissions comme *Drôles de vidéos*, qui reposent sur le même processus d'humiliation/ridiculisation, mais atténué par l'humour et par certaines normes d'acceptabilité — normes dont il est relativement facile de s'affranchir sur Internet, quitte à ce que la vidéo soit censurée après un certain temps ?

Ne peut-on pas aussi relier ce type d'émission aux manifestations d'ostracisme en milieu scolaire, qui poussent des jeunes au suicide ou à des représailles violentes ?

Toutes ces questions se ramènent à une seule : d'où peut bien venir l'attrait du lynchage médiatique et des différentes pratiques qui y sont associées ? D'où peut bien venir le goût pour cette agressivité, qui peut provoquer la destruction psychologique et sociale des individus visés — et qui, par contrecoup, peut déboucher sur des suicides et des explosions de violence?

À titre d'hypothèse, on peut se demander si cette montée dans l'agressivité médiatique ne croît pas à mesure que la confiance dans les institutions politiques et judiciaires décroît. Si elle n'est pas un indicateur inversé de la confiance des citoyens dans les institutions qui gouvernent leur société...

Autrement dit, est-ce que cette agressivité ne serait pas une sublimation médiatique de la tendance des gens à prendre la justice en main quand ils ont l'impression que les institutions qui devraient s'en occuper leur font défaut? Quand ils ont l'impression que les gens payés ou élus pour s'occuper des problèmes ne font rien.

Le coup de gueule par médias interposés serait alors une variante média des jeux du cirque. On sacrifie sur l'autel du ridicule ceux qui sont identifiés par une partie de la population aux causes du mal... ou des victimes de substitution.

Les animateurs de ces émissions seraient les fous du roi de notre époque. Des fous du roi qui auraient perdu leur sens de l'humour au profit d'une sorte d'agressivité hargneuse et jubilatoire.

Dans un registre plus folklorique, on pourrait aussi y voir une version médiatique (et organisée) des traditionnelles vitupérations de taverne, où des gens, le plus souvent sans pouvoir et agressifs, s'en prennent à des «ils» mal définis (amalgame de tous les gens susceptibles de détenir un quelconque pouvoir), qu'ils estiment responsables de tous les maux — avec, à la clé, la non moins traditionnelle conclusion : «Tous des pourris! Faudrait faire le ménage!»

LA TÉLÉ : L'UNIVERS TRANSFIGURÉ

La télévision, en diffusant des spectacles extrêmes, participe au phénomène d'escalade vers plus d'intensité qui caractérise la société. Elle y participe également par certaines des formes d'agressivité médiatique analogues à celles évoquées à propos de la radio. Mais elle connaît aussi, dans son propre fonctionnement, des phénomènes spécifiques d'emballement.

Plusieurs de ces phénomènes sont liés à la transfiguration de la réalité que produit la télé dans le but de la rendre plus intéressante, d'augmenter son impact — autrement dit, d'en faire un spectacle digne de ce nom.

LA QUÊTE DE L'INTENSITÉ

Par définition, pourrait-on dire, la télévision est vouée à certaines formes de surenchère par rapport au cinéma. Pénétrant dans l'intimité des gens, elle se pose dès l'origine comme un interlocuteur privé, et non comme un espace collectif de référence où se rencontrent — convergent — un certain nombre de regards étrangers les uns aux autres.

Le règne du direct : toujours plus vrai, toujours plus réel

L'intimité, c'est le lieu de la rencontre directe. Aussi n'est-il pas surprenant de voir ressurgir le direct. Au début, bien sûr, tout était en direct. Mais, ce qu'on voyait en direct, c'était l'univers de la télévision et ses spectacles :

les informations, les pièces de théâtre, les concerts, les émissions pour enfants, les premières séries… On voyait en direct, dans son foyer, ce qui se passait à la télé.

Pendant une certaine période de temps, la télé a tenté d'arranger les choses, de peaufiner ses spectacles, tout en conservant une illusion de direct: par exemple, avec les rires en boîte.

Au cours des dernières décennies s'est amorcé un retour au direct, mais pas à celui de l'univers de la télé: à celui de la réalité extérieure. La télé semble maintenant s'être donné le mandat de nous présenter la vie en direct. Comme le disait Yvon Deschamps: «Le monde ne veulent pas le savoir, ils veulent le voir!»

Désormais, on a les catastrophes en direct, la cour en direct, les poursuites et les arrestations en direct (qu'on pense à la saga O.J. Simpson), les conflits interpersonnels en direct (les émissions américaines où on réunit le mari, la femme et la maîtresse pour «discuter» de leurs relations!), la vie des colocataires en direct (*Loft Story*), la séduction en direct (*Bachelor*)…

Transposé sur Internet, le phénomène a donné naissance aux webcams, qui transmettent en direct la vie de leur propriétaire. Il y a aussi les blogues, où l'on peut voir, quasi en direct, se former la pensée de telle vedette, de tel journaliste… ou de tel inconnu.

C'est comme si tout ce qui ne voyait pas son existence confirmée par la télé n'était pas réel. Ou, du moins, n'avait pas le même degré de réalité. Cette situation est particulièrement vraie pour ceux qui gagnent leur vie à la télé ou au cinéma. Être trop longtemps sans apparaître à l'écran, c'est disparaître. Littéralement.

La popularité du direct, présenté comme plus vrai, plus réel, peut être considérée comme une réaction à la mise en spectacle inhérente aux médias. On peut y voir un désir de réalité, une réaction à la mise en scène, au formatage médiatique et à la rectitude politique à laquelle contraignent les stratégies de mise en images.

Cette vague du direct culmine dans les différentes formes de téléréalité. Cette dernière constitue une sorte de pornographie du réel, un retour grossi et déformé du refoulé principal de nos médias : la réalité.

Un aspect ironique de ce processus, c'est que le public, tout en exigeant que les hommes publics lui disent « les vraies affaires », se montre souvent impitoyable pour tout écart à la rectitude politique — rectitude qu'il dénonce par ailleurs allègrement !

Entre un mensonge et une vérité déplaisante, un homme politique n'hésitera pas longtemps : les porteurs de mauvaises nouvelles et de constats déplaisants ont rarement la cote. Surtout s'ils ont raison.

L'image triturée

À la télé comme au cinéma, la quête de l'intensité passe aussi par le travail sur l'image elle-même. Ne serait-ce qu'à cause de la taille de l'écran, la caméra de télé doit cadrer ses sujets en plus gros plan. C'est indispensable pour que le spectateur puisse discerner les détails et lire les expressions sur les visages. Et plus la caméra s'approche — autrement dit, plus elle utilise des gros plans —, plus forte est l'impression d'entrer dans l'intimité des personnages.

Dans ce domaine, ce qui distingue la télévision du cinéma, ce n'est pas le fait d'utiliser le gros plan, c'est le caractère systématique de cette utilisation. Et la quasi-disparition des plans éloignés.

Un autre effet du gros plan est de présenter de façon plus impitoyable le rendu des traits physiques, particulière-ment sur les télés HD. Ce qui est beau est encore plus beau ; ce qui est laid, encore plus laid. On peut se demander si, au niveau perceptif, cela ne transforme pas toute émission en western, avec un affrontement entre beaux et laids qui se substitue au duel entre les bons et les méchants.

Le gros plan n'est cependant pas la seule technique qui favorise l'implication émotive du spectateur ; le montage de plus en plus nerveux des émissions y contribue également.

La durée moyenne des plans diminue, les scènes elles-mêmes raccourcissent, la caméra abandonne sa stabilité, les changements de lieu et de points de vue se multiplient... Globalement, c'est l'esthétique heurtée du vidéoclip qui est en train de s'imposer à l'ensemble de la télé, y compris les mouvements anarchiques de la caméra, les angles de prise de vue insolites et les déformations par effets de lentille. C'est comme si la caméra rêvait d'être partout à la fois, dans un crépitement de plans, de jeux de caméras et d'effets spéciaux.

Le résultat de cet exercice, c'est l'induction d'une fascination, d'un état proche de l'hypnose qui garde le téléspectateur rivé à l'écran.

Une des applications controversées de ces recettes à base de manipulation de la perception, ce sont les émissions pour très jeunes enfants, qui réussissent à les garder rivés à l'écran, complètement fascinés. Le fait qu'ils manifestent plus tard des déficits dans le développement de leur capacité d'attention volontaire n'est sans doute pas étranger à cette situation. Il n'ont pas eu à apprendre à « fixer » leur attention, la télé la captait pour eux[43].

---

43. Sur ce sujet, on peut lire la synthèse des résultats de plus de 4 000 études scientifiques effectuée par le neuropsychologue Michel Desmurget. Un de ses conclusion principales, c'est que la télévision est une forme d'(in)activité qui handicape le développement intellectuel, favorise l'obésité et diverses dépendances comme le tabagisme ou l'alcoolisme, et rend plus vulnérables à certaines maladies télés que l'Alzheimer. Et plus l'écoute de la télé a lieu jeune, plus l'écoute est longue, plus les effets sont importants. Michel Desmurget, *TV Lobotomie. La vérité scientifique sur les effets de la télévision*, Paris, Max Millo éditions, 2011, 318 p.

Le *cliffhanger*

À cause de la situation particulière de la télé, qui doit retenir l'attention pendant les pauses publicitaires qui saucissonnent les émissions, le *cliffhanger* y connaît une application quasi-universelle. Cette fois, c'est la curiosité et l'inquiétude du spectateur qui sont ciblées : on lui laisse appréhender les pires catastrophes, puis on passe à la pub. Vieille recette du feuilleton.

Le cinéma connaissait déjà, lui aussi, le *cliffhanger* comme générateur de suspense, par exemple à la fin d'une séquence, avant de passer à une autre ligne narrative, mais la télé en fait une application systématique. Désormais, tout est annoncé à l'avance. Au début des informations, on énumère les grands titres ; et avant chaque pause, on répète ceux qui sont à venir. Au début des émissions du matin, on annonce les invités les plus percutants ; à la fin, on annonce ceux du lendemain ou de la semaine suivante. À la fin d'un épisode de télésérie, on montre des extraits accrocheurs de l'épisode suivant. Pendant le générique d'une émission, on amorce le compte à rebours des secondes avant le début de la suivante. Avant le début d'une saison, les principales chaînes montent un spectacle pour annoncer les émissions à venir. Certaines émissions font même l'objet d'une annonce plusieurs mois à l'avance, comme pour la sortie des nouveaux films.

La violence en spectacle

Toute cette fabrication ininterrompue d'attentes, toute cette chasse au désir du spectateur par le biais d'un formatage axé sur l'intensité, font en sorte que l'expérience télévisuelle est de plus en plus vécue sur le mode du suspense. Et qu'est-ce qui peut mieux alimenter le suspense que la menace de la violence ?

La violence est en effet une des expériences les plus susceptibles de provoquer un intense sentiment de participation émotive chez les téléspectateurs. La télé l'utilise de plus en plus : on peut mentionner l'augmentation de la violence verbale dans les émissions pour jeunes (*Watatatow*), les meurtres dans les séries policières, la violence psychologique dans les téléromans, les mises à mort symboliques dans des émissions comme *Survivor*, *Loft Story*... Ces émissions sont en quelque sorte des exercices de combat extrême, mais dans la vie quotidienne. Et pour renforcer l'impact émotif de cette violence, on incite à l'occasion le public à y participer en votant pour choisir qui éliminer.

Dans un domaine moins « symbolique », on a cette émission italienne qui a annoncé à une mère, dans le cadre d'une émission de grande écoute, en direct et en primeur, que sa fille de 15 ans disparue avait été assassinée. On venait de trouver son corps[44].

Toujours dans ce registre réaliste, on peut mentionner la diligence des médias à filmer en direct les catastrophes (et leurs victimes) et les demandes du public pour que l'exécution des criminels soit télédiffusée.

La transgression des tabous

Dans toute société, une forme particulière de violence résulte de la transgression des tabous. Il n'y a donc pas de surprise à voir la télé présenter des séries qui ont pour thème spécifique la transgression de certains tabous. D'abord, ceux liés à la sexualité : émissions de « démonstration Tupperware » sur le sexe, entrevues à caractère biographique de vedettes porno, la vie intime des homo-

---

44. Il s'agit de l'émission *Chi l'ha visto* du 7 octobre 2010, présentée sur une chaîne publique. Philippe Ridet, « Les dérapages de la "télé-douleur" italienne », *Le Monde*, 14 octobre 2010. bin/ACHATS/ARCHIVES/archives.cgi ?ID=e77a69829d9d8dd8e89e94f2b748ddd 6ec095e77613aaebd (consulté le 27 novembre 2011)

sexuelles (*L World*), la laideur et l'obsession de la beauté (*Nip/Tuck*)…

Et puis, il y a le tabou ultime : la mort. On découvre les arcanes d'une entreprise de pompes funèbres (*Six Feet Under*). Les séries médicales (*ER, House*) et les séries policières axées sur la médecine légiste (*CSI, Bones*) dévoilent les secrets du fonctionnement (et du dysfonctionnement) de l'organisme humain.

Il ne s'agit pas de condamner cette transgression des tabous au nom d'une quelconque morale ni de l'approuver à cause de son pouvoir libérateur, mais simplement de souligner son utilisation comme moyen d'escalade dans une logique de l'impact croissant, conformément à ce qu'exige la guerre des cotes d'écoute.

Au cœur de cette escalade dans la transgression, on retrouve une fois encore la logique de la drogue : stimulation —> émoussement-banalisation —> surstimulation. Le spectacle de ce qui ne devrait pas être vu fascine, mais, une fois qu'il est dévoilé, son pouvoir de fascination diminue. D'où la nécessité de dévoiler un secret plus intime encore. De transgresser un tabou plus profond.

Quels tabous reste-t-il à transgresser ?… Le meurtre ? Les films de *snuff* s'en occupent déjà. L'inceste ? Les réseaux de pédophiles et leurs échanges de vidéos s'intéressent sérieusement à la question, et depuis longtemps. Le cannibalisme ? Cela fait déjà partie de l'actualité télévisée. Il y a même des gens qui placent des annonces sur Internet pour offrir, le plus sérieusement du monde, d'être mangés.

De toute façon, pour le grand public, il y a maintenant une version esthétisée du cannibalisme : on appelle ça des films de vampires. C'est tellement romantique… C'est même devenu un des principaux créneaux de la *chick lit* (littérature de fille) et de la *chick TV*.

La disparition de la vie privée

Un des tabous les plus profonds qui demeure, c'est peut-être celui du droit à exister comme individu. Du droit à une vie privée. À l'abri du regard public.

Ce tabou-là aussi est attaqué. Mais faut-il s'en surprendre? En y pensant bien, avec la transgression de tous les tabous, c'est la frontière entre la vie publique et la vie privée qui est progressivement grugée. Quand le corps n'a plus de secrets, pourquoi l'individu en conserverait-il?

Rien ne doit échapper au regard public. Les personnalités politiques et les vedettes ont été les premières à en faire les frais: les paparazzi traquent leur intimité au téléobjectif; les *bloopers* prolifèrent; les médias se sont acharnés à connaître tous les détails de l'utilisation particulière que Clinton faisait de ses cigares…

Maintenant, c'est au tour de l'individu ordinaire de subir le même traitement, notamment sous le couvert de l'humour, par exemple comme victime d'enregistrements pirates diffusés sur Internet.

À LA CONQUÊTE DES TÉLÉSPECTATEURS

La télé partout

Ayant pour vocation de capter un nombre toujours croissant de regards, une quantité perpétuellement en hausse de «temps de cerveau», la télé se doit d'être omniprésente. Il est désormais rare, dans le monde occidental, de rencontrer une maison où il n'y a pas de télé. La règle tend plutôt à devenir: une télé par pièce ou par personne vivant dans la maison.

Cet envahissement se propage aux ordinateurs, qui permettent de consulter les banques d'émissions que maintiennent les principales chaînes. Propagation aussi aux portables, iPod, iPad et autres instruments nomades, qui permettent de les regarder en direct ou sous forme de podcasts.

L'arrivée de l'écran mixte (télé/ordinateur/cinéma) ne change pas fondamentalement les choses. Il s'agit simplement d'une entente entre envahisseurs pour partager le même territoire. Ce partage peut même fonctionner en simultané : la télé est ouverte dans une fenêtre, un texte en cours de rédaction l'est dans une autre, Facebook est ouvert dans une troisième, des fenêtres surgissantes annoncent différents scoops…

La figure ultime de cet envahissement est actuellement représentée par le iPhone, qui permet à tous les médias de rejoindre chaque individu, où qu'il soit. C'est, de façon à peine allégorique, la figure à venir de l'individu « branché », qui transporte avec lui sa connexion à la télé, à la radio, au téléphone, à la musique… bref, sa connexion au monde par médias interposés.

Et, pour cet individu branché, qui veut avoir un accès en direct à ce qui se fait dans l'ensemble des médias, il y a YouTube : une sorte de *best of* en temps réel et en constante évolution, où ne survit que ce qu'il y a de plus percutant.

La télé pour chacun

Dans son effort pour capter les regards, la télé se heurte aujourd'hui à l'hétérogénéité du public. À une époque où chacun a pour principal objectif de faire la promotion de son unicité — et croit que sa valeur personnelle est liée à cette unicité —, espérer faire recette en présentant la même chose à tout le monde n'apparaît pas spontanément comme la solution gagnante.

La télé a pris acte du problème. Elle s'est spécialisée. Au lieu d'offrir à l'individu une programmation suffisamment diversifiée pour rejoindre une bonne partie de ses intérêts, elle cible les intérêts eux-mêmes — un ou quelques-uns à la fois —, et elle segmente son public selon ces différents intérêts fédérateurs. C'est ce qui a amené la prolifération de chaînes spécialisées, chacune étant formatée pour rallier un public spécifique.

Cette évolution a été favorisée par la télé satellite et par Internet, qui permettent une délocalisation plus grande encore de l'auditoire. Et donc de regrouper dans un même auditoire des gens qu'il aurait été illusoire de vouloir réunir sur une base géographique. On peut ainsi rentabiliser des chaînes qui n'auraient eu aucun avenir dans un milieu géographique restreint[45].

D'une appartenance à des médias locaux, ancrés dans une réalité géographique et un tissu social particulier, on passe à une appartenance virtuelle à des médias délocalisés. Cela contribue à relâcher encore plus l'enracinement social de l'individu dans sa communauté de proximité. À une communauté géographique réelle, se substitue progressivement un répertoire de communautés virtuelles.

Les chaînes généralistes font évidemment les frais de cette spécialisation. Leur principale chance de survie réside peut-être dans une forme particulière de spécialisation : présenter ce qui pourrait être vu comme le *greatest hits* des différents types d'émissions (meilleures séries policières, meilleures comédies, meilleurs jeux questionnaires, meilleurs séries historiques, meilleures émissions de téléréalité, etc).

La télé dans toutes les conversations

Cet envahissement de la télé ne se limite pas à l'espace extérieur. L'espace mental le subit également. De plus en plus, les gens parlent de ce qu'ils ont vu à la télé. Et ils en parlent comme si les personnages mis en scène étaient réels. Ainsi, dans les journaux, on publie régulièrement

---

45. Les chaînes de radio ont connu une évolution similaire avec l'avènement de la radio satellite.

des articles sur le comportement et sur l'avenir probable de personnages de téléromans. Des spéculations sur des catastrophes appréhendées… dans des séries télé. C'est en quelque sorte la reprise, à plus grande échelle à cause du développement des médias, de ce qui se passait déjà au temps des feuilletons dans les journaux.

En se fiant aux titres et aux sous-titres (ce qui est la seule chose à laquelle bien des lecteurs s'attardent), on pourrait croire qu'il s'agit de drames ou de bonheurs réels… Un tel va-t-il tromper une telle? Vont-ils s'épouser? Vont-ils survivre à la mort de leur enfant?… L'entreprise va-t-elle être ruinée? Le village va-t-il être détruit?

Au Québec, cet envahissement est soutenu par des publications spécialisées — par exemple, *TV Hebdo Téléromans* — qui alimentent les rumeurs et nourrissent les discussions ou spéculations des spectateurs sur l'avenir des personnages. Cette pratique se vérifie aussi bien avec les téléromans plus intimistes (*La vie la vie, Rumeurs, La galère*) qu'avec des séries comme *Lost, Alias* ou *Sex in the City*.

Un phénomène similaire est observable pour les films de série tels que ceux consacrés à Harry Potter ou à James Bond.

On peut se demander si les médias, par ce moyen, ne fournissent pas aux spectateurs, de plus en plus isolés dans leur vie individuelle, un minimum de sujets susceptibles d'alimenter les conversations et de recréer une certaine forme de socialité.

Faute de partager un univers réel, on partage différents univers de fiction.

TOUT VOIR, TOUT MONTRER…

La prolifération des caméras

À la prolifération envahissante des télés correspond celle des caméras. Au «diffuser partout» de la télé correspond un « tout capter » des caméras. Car la télé se nourrit de tout. De tout ce qui se passe réellement… ou de tout ce qui pourrait se passer. Partout.

Assujettir la vie — au sens double de l'expression « en faire un sujet » : sujet d'étude et sujet obéissant — exige un regard panoptique. Par principe, rien ne doit lui échapper. Le fantasme secret de la télé, c'est d'être l'œil total. Et on peut se demander si le fantasme du téléspectateur, ce n'est pas d'être le voyeur total.

Le ratissage des intérêts humains

Cette voracité télévisuelle se concentre en bonne partie sur l'inventaire des situations humaines. Ainsi, le téléroman québécois effectue un ratissage minutieux des situations personnelles ou interpersonnelles, particulièrement de celles pouvant susciter des épisodes de crise. Il s'intéresse aussi aux différentes époques et aux différents milieux professionnels et sociaux.

Les téléséries, souvent des traductions américaines, s'intéressent plutôt aux différents milieux où s'exerce le pouvoir : on ne compte plus les séries sur les policiers, les avocats, les espions, les médecins, les financiers ou les politiciens.

On peut d'ailleurs observer une certaine escalade dans la spécialisation. Par exemple, les séries ne portent plus sur la médecine en général : ce sera la médecine d'urgence avec *ER*, la médecine des cas étranges avec *House*, la chirurgie esthétique avec *Nip/Tuck*, le rôle d'une infirmière en chef avec *Hawthorne*… Les séries policières font de même : on y retrouve les affaires classées (*Cold Case*), les cas de disparition (*48 Hours*), les victimes de crimes sexuels (*Special Unit Victims*)…

La tendance télévisuelle à la pénétration de tous les milieux, qui n'est pas sans rappeler le projet balzacien, se double d'un appel à la participation des téléspectateurs.

Cette participation est requise sous différentes formes : comme public, pour mettre en valeur les invités dans les talk-shows ; comme participant, pour poser des questions ou apporter des témoignages lors de débats ; ou encore comme auditeur, pour alimenter les tribunes téléphoniques… On leur demande également de réagir au contenu des émissions en envoyant des fax ou des courriels.

À terme, cette tendance débouche sur la téléréalité, où c'est la (supposée) vie quotidienne des gens, transmise en direct, qui nourrit la télé.

Quoi de plus logique, alors, que la télé finisse par cannibaliser le téléspectateur ?

Le cannibalisme de participation

Le public est en effet convié à être un participant actif de ce voyeurisme planétaire. Chaque individu muni d'une caméra est invité à envoyer à la télé ce qu'il a filmé et qui est susceptible d'intéresser les télévoyeurs. Et si ses contributions ne sont pas retenues, il pourra toujours les rendre disponibles sur Internet.

Cette prolifération de la téléphagie privée se redouble d'une multiplication des réseaux publics de captation d'images. On imaginait le réseau d'espionnage de Big Brother comme un système répressif, dictatorial, lugubre et centralisé ; il a aujourd'hui les traits d'un rhizome épanouissant, divertissant et décentralisé, auquel tout le monde participe allègrement. YouTube, Facebook et les autres réseaux du genre en sont la figure emblématique.

Le panoptique de Bentham a muté. Les surveillants qui cherchaient à épier les secrets les plus intimes des prisonniers ont cédé la place à une cohorte d'individus qui cherchent avidement des regards à qui exposer les secrets de leur intimité.

La standardisation de l'imaginaire

Un des effets de cette mondialisation, c'est l'uniformisa-tion planétaire de la fiction audiovisuelle. Prenant appui sur différentes séries d'études, Marina D'Amato a analysé les émissions pour enfants et les jeux vidéo dans diffé-rentes parties du monde. Elle en conclut que, « depuis les années 1970, ce sont sensiblement les mêmes héros, les mêmes valeurs et les mêmes mythes qui animent le monde fantastique des enfants et des jeunes du monde entier[46] ».

Les recherches récentes prouveraient en effet que « la téléfantaisie uniformise les écrans devant lesquels sont assis des enfants et des adolescents de cultures, d'ethnies, de races, de religions et d'idéologies différentes[47] ».

Et cela, autant dans les pays arabes que dans les pays occidentaux et orientaux.

Cette conquête du spectateur ne se déroule pas seule-ment sur le plan des cotes d'écoute : comme n'importe quel conquérant, la télé transforme les pays qu'elle a conquis. Et ce pays, c'est le paysage intérieur des indi-vidus. Notamment, leur imaginaire.

Que proposent donc ces fictions mondialisées aux enfants et aux jeunes dont l'imaginaire est en train de se former ?

D'une part, le passé, le futur et le milieu social y sont peu représentés : les événements se situent dans le présent, dans un contexte limité, découpé en microhistoires de vie quotidienne. La part du merveilleux, de la science-fiction, de même que les références à des époques antérieures, tendent à se réduire au profit de la mise en scène de la vie ordinaire, notamment de situations *intimes* « qui se jouent dans l'ici-maintenant[48] ».

---

46. Marina D'Amato, *Téléfantaisie, La mondialisation de l'imaginaire*, Québec, PUL, 2009, p. 31.

47. *Ibid.*, p. 31.

48. *Ibid.*, p. 15-16.

Cette restriction de l'imaginaire opère également sur le plan social et idéologique. Ainsi, les fragments de vie quotidienne, qui constituent la part la plus importante des émissions, reflètent pour la plupart des situations de classe moyenne. Quant à l'idéologie, elle est axée sur un «individualisme de plus en plus marqué qui, en passant du narcissisme à l'hédonisme, devient de plus en plus cynique[49]».

C'est comme si on assistait à l'émergence d'un imaginaire unique et multimédia, où s'amalgament des héros, des mythes, des religions et des idéologies de toutes provenances. D'un imaginaire où sont proposés «des contenus globaux où l'image prend le pas sur la parole et lui ôte son sens; où le temps et l'espace sont ceux des civilisations prélittéraires et tribales; où la publicité — et son univers de jouets — a réifié le monde de la fantaisie pour le mettre en vente[50]».

Un autre aspect de l'idéologie véhiculée par cet imaginaire mondialisé, c'est une forme de conformisme naïf un peu béat: les héros ne meurent pas, répètent les mêmes tâches sans se révolter et luttent pour le bien tel que le conçoit la morale dominante des classes moyennes.

Bien sûr, il apparaît souhaitable qu'il existe un terrain d'entente entre des gens de milieux et de cultures différentes. Mais si le prix à payer est ce type de standardisation culturelle, cela n'augure rien de très enthousiasmant.

Par ailleurs, cette standardisation de l'imaginaire se double d'une autre forme de réduction: sa réification. De plus en plus, l'imaginaire, ce sont des jouets (des figurines et leurs accessoires, des jeux vidéo, des vêtements et des déguisements...). Autrement dit, l'imaginaire, c'est du déjà imaginé et ça s'achète. Quant aux émissions pour les jeunes, elles se réduisent fréquemment à une fonction

---

49. *Ibid.*, p. 33.
50. *Ibid.*, p. 34-35.

publicitaire: pour les commanditaires, leur justification tient au nombre de jouets qu'elles font acheter[51].

DU RÉEL COMME CHAIR À MÉDIAS

L'obsession du réel

Un effet surprenant de ce «tout télévisuel», c'est l'effet jogging, comme l'appelle Régis Debray.

Il s'agit d'une sorte d'adaptation du retour du refoulé au domaine des pratiques sociales liées à la technologie. Exemple: le développement des moyens de transport a pour conséquence que nous avons de moins en moins à marcher. Résultat: non pas une atrophie des jambes, comme le prédisaient joyeusement certains futurologues, mais la pratique envahissante du jogging, en réaction, pour contrer l'effet technologique.

Ainsi, à force de pousser de plus en plus loin la mise en spectacle de la vie, il se développe une exigence de «réalité».

Par exemple, il y a toutes ces miss météo des différentes chaînes télé que l'on expose aux intempéries pour qu'elles nous commentent «en direct» le temps qu'il fait et la fureur intermittente des éléments. Ça fait tellement plus «réel»!

La version *hard* de cette forme de météo, ce seraient les présentateurs de CNN, seuls dans les villes évacuées, commentant en direct l'arrivée imminente de l'ouragan Irene.

On voit aussi des comédiens effectuer des prestations émouvantes en abandonnant (du moins en théorie) leur masque de comédien dans des émissions comme *Entrée des artistes* ou *On prend toujours un train*. De la même manière, on les voit accorder des entrevues éblouissantes

---

51. *Ibid.*, p. 114-115.

de naturel dans *Les grandes entrevues, Viens voir les comédiens* ou *Inside the Actors Studio*. À coups d'anecdotes bien choisies, de révélations et d'aveux touchants, ils tissent le portrait télévisuel de « la personne réelle » derrière le comédien…

Il est ironique de voir qu'une telle course à la participation, au réel, à l'authentique et à l'intensité se présente sur le mode de la représentation, de la simulation, de la mise en scène et du formatage médiatique. Et il est plus ironique encore de voir les médias, notamment la télé, utiliser cette aspiration pour pousser encore plus loin la mise en scène et la scénarisation de la vie, dans le but de produire un meilleur « effet » d'authenticité et d'intimité !

Une grande partie de l'attrait de la téléréalité pourrait s'expliquer de cette façon : par une tentative d'aller, à travers la télé, au-delà de la télé. En fait, cette quête toujours plus poussée du réel contribue paradoxalement à le faire disparaître. N'existe que le réel médiatisé, lui seul étant digne d'intérêt.

Le biotope médiatique

Dans cette course à la médiatisation de tout, les médias ne sont plus seuls. Désormais, l'utilisation des caméras intégrées aux portables permet de privatiser — et de généraliser — l'envahissement télévisuel : chacun peut désormais filmer n'importe qui, souvent à son insu, et rendre le résultat accessible à tous sur Internet. Un exemple percutant en est fourni par ces élèves qui filment des profs, qu'ils ont piégés, pour ensuite diffuser les enregistrements sur Internet. Ou par ces autres qui mettent en ligne, en temps réel, tel élève en train de se faire tabasser par d'autres, ou telle jeune en train de se faire violer dans une « tournante ».

Le lynchage dans sa version médiatique *cool*, ludique, participative…

Il est désormais impossible d'échapper aux médias, tant aux anciens qu'aux nouveaux. Ils constituent le nouveau biotope de l'être humain, à la fois le milieu à l'intérieur duquel évoluent les individus et le filtre qui s'interpose entre l'individu et la réalité. Il n'est guère possible, à moins d'efforts soutenus, de s'en isoler, d'échapper à la toile qu'ils tissent autour de nos vies, ne serait-ce que pour un court laps de temps.

Ces médias, qui servent de support à la majorité des spectacles, sont dominés par la même logique de l'intensification et ils témoignent d'un phénomène similaire de montée aux extrêmes.

C

LES ARTS
À LA POURSUITE
DE L'EXCÈS

LA MUSIQUE :
L'INTENSITÉ SANS LIMITES

Au cours du XXe siècle, c'est en devenant des spectacles que les arts ont accompli leur migration vers l'univers médiatique.

Dans le cas de la musique, l'importance de la mise en spectacle relève de l'évidence. La musique dite populaire fonctionne désormais aux campagnes de publicité, aux tournées mondiales et au culte des vedettes. Dans la musique dite classique, on assiste à la starisation des grands ténors, des divas et des instrumentistes, à la média-tisation des chefs d'orchestre et au rehaussement techno-logique de la mise en scène.

Assimiler la musique à un spectacle peut néanmoins heurter certaines sensibilités. Mais c'est précisément l'ori-ginalité de notre époque audiovisuelle et médiatique de transformer tout ce qui compte en spectacle.

On dit parfois que le blues a donné une âme à la musique nord-américaine, que le jazz lui a donné la liberté d'expression et que le rock lui a donné la révolte. Du point de vue du succès populaire, la transition majeure (après celle de la radio) s'est effectuée lorsque la musique s'est dotée d'une image : ce fut principalement le travail du rock, puis de la pop.

L'élaboration scénique de plus en plus élaborée des spectacles et les vidéoclips ont permis à la musique de faire la transition vers les écrans. De s'intégrer à part entière au monde du spectacle.

Cette évolution a produit une dichotomie dans l'univers musical. Désormais, il y a la musique qu'on écoute et la musique qu'on regarde. Le langage de la rue est clair : alors qu'on va « écouter » un concert de musique classique, on va « voir » un show rock.

L'opéra pourrait apparaître comme le lointain ancêtre de cette mise en spectacle de la musique. Cela pourrait expliquer son effort récent pour intégrer les nouvelles technologies et redevenir le spectacle global qu'il était.

Plus tard, la comédie musicale et le spectacle de cabaret ont pris le relais, intégrant à leur manière la narration et la mise en scène théâtrale.

Parallèlement à cette mise en spectacle croissante de la musique, on a été témoin de phénomènes de montée aux extrêmes similaires à ceux observés dans d'autres formes de spectacles ainsi que dans les médias : escalade dans l'outrance, explosion de la présence musicale dans la vie publique et privée, hybridation de la musique à l'intérieur d'un grand spectacle global.

L'ESCALADE DANS L'OUTRANCE

La musique torturée

La musique adoucit les mœurs, disait-on. Pourtant, la grande affaire de la musique occidentale, depuis au moins un siècle, c'est l'outrance.

Le phénomène est d'abord sensible dans la musique elle-même. On assiste à la montée des décibels, particulièrement dans le rock, à la distorsion des sons (guitare de Hendrix, sax de Coltrane…), aux voix écorchées du rock métal. Cette volonté de distorsion se retrouve aussi bien dans le refus du son « propre », que l'on constate autant dans certaines formes de jazz que dans le punk, le grunge, le métal et le rock « industriel ».

On assiste également à une mise à mal de la mélodie : free jazz, musique atonale, « mur de guitare » du rock métal... De façon plus discrète, le rock plus classique et le techno contribuent aussi à cette entreprise en déplaçant l'accent de la mélodie à la rythmique. Du côté du rap et du slam, c'est la voix qui impose son rythme, reléguant la mélodie à un rôle de soutien ou la faisant même disparaître.

L'agression verbale

Dans la chanson de type rock/pop, la transgression des tabous et l'agression verbale jalonnent l'histoire du dernier demi-siècle : *Sex Machine* de James Brown, *Let It Bleed* des Rolling Stones, *Lick My Decalls Off, Baby* de Captain Beefheart... On peut aussi mentionner les fantasmes incestueux de Jim Morrison, les provocations des Sex Pistols et de Zappa, les règlements de compte d'Eminem avec sa mère, le langage sexuel de plus en explicite du rock et du rap ou les incitations au meurtre de certains rappeurs américains : Trick-Trick, dans l'album *The Vilain*, appelle à tuer les homosexuels ; Ice-T & Body Count, dans *Cop Killer*, s'en prennent plutôt aux policiers.

On trouve un phénomène similaire dans la chanson francophone. Cela va des premières audaces de Brel (*Les bourgeois*) et Brassens (*Le gorille*), aux provocations de Nique ta mère (N.T.M.) et aux déclarations d'autres rappeurs français interprétées comme des appels au meurtre (DAR, Youssoupha, Orelsan, Sniper), en passant par les imprécations de Léo Ferré (*Il n'y a plus rien*, *Je suis un chien*...) et par la *Marseillaise* reggae de Gainsbourg.

Dans le cas d'Abdul X, l'appel au meurtre ne prête guère à équivoque. Dans un clip, on voit le rappeur, une arme à la main, déclarer : « Toutes les banlieues de Paname brûlent la police... Si tu en vises un, tue-le, ne le rate pas... Mets-lui une balle dans sa race... Brûle la police 9192 Brûle la police 9394 Brûle la police[52]... »

Au Québec, *L'Osti d'show* et le joual assumé de Charlebois-Forestier ont constitué une étape marquante. Plus récemment les dénonciations des Colocs (*La rue principale*), de Loco Locass (*Libérez-nous des libéraux*) de même que les chansons d'une ironie acide de Mononc' Serge (*Canada is not my country*) ont poursuivi dans la même veine.

Il ne s'agit évidemment pas de mettre en cause ou non la justification de ces dénonciations, mais de constater une persistance de cette pratique. Par ailleurs, alors que les attaques de Charlebois ne visaient d'abord que la bienséance linguistique et certaines normes morales (en matière de drogue et de sexe), les attaques actuelles ont acquis, en même temps qu'une virulence accrue, un contenu plus social et plus politique, pouvant viser directement des groupes et des personnes.

La mise en spectacle de la musique participe d'une logique similaire : violence des costumes et des mises en scène, destruction d'instruments sur scène, langage ordurier, bombes lumineuses, destruction de symboles (drapeaux...), simulation d'actes sexuels, éléments pyrotechniques, simulation de mises à mort...

Des vedettes déjantées

On retrouve le même type d'outrance dans le comportement privé des vedettes. C'est tout un style de vie axé sur le sexe, l'alcool et la drogue qui s'affiche comme une agression de l'ordre établi. Il est désormais banal d'apprendre qu'un artiste est en désintox... ou qu'il a rechuté.

---

52. Abdul X, « Tirer sur les keufs », *Daily motion*. http://www.dailymotion.com/video/xefpn3_tirer-sur-les-keufs-clip-entier_music (consulté le 27 novembre 2011)

Plus globalement, il y a là quelque chose comme l'affirmation que les règles usuelles de la vie en société ne s'appliquent pas à eux. En fait, c'est comme si, avant d'être des musiciens ou des comédiens, ils étaient d'abord des vedettes et qu'ils devaient par conséquent adopter un style de vie déjanté… ou en donner l'apparence. Comme les stars du cinéma ou de la mode.

Il y a longtemps que les musiciens sont associés, comme les autres vedettes, à une certaine marginalité : tournées, vie de bars, relations tumultueuses… Les exemples sont nombreux. Le musicien de jazz qui meurt rongé par l'alcool ou dont la santé est ravagée par l'héroïne (Miles Davis). La mort par overdose des grandes vedettes du rock : Janis Joplin, Jim Morrison, Jimi Hendrix… Le suicide de Brian Jones et de Kurt Kobain. Les déboires et la mort d'Amy Winehouse. Ou encore, sur un plan plus local, les difficultés d'Éric Lapointe.

Ce qui, au milieu du siècle dernier, était un comportement plus ou moins réservé aux stars du cinéma semble devenir la norme pour tout aspirant à la célébrité. On assiste à une sorte de banalisation de l'incivilité et de la délinquance.

Arrestations, poursuites judiciaires, batailles publiques pour la garde des enfants après un divorce, cures de désintoxication réussies ou ratées, séjours en prison… tout cela peut désormais s'intégrer sans problème au parcours professionnel d'une vedette. Tout comme les agressions sur des fans, sur des journalistes ou sur des inconnus dans des bars. Cela fait partie du comportement attendu. Il suffit de ne pas exagérer. De ne pas en faire trop.

La sexualité (Jim Morrison, Madonna), l'homosexualité (Queen, Elton John) et l'androgynie (David Bowie) deviennent des moyens de transgresser toujours davantage les normes de la morale dominante. Tout comme les poursuites pour agression et les accusations de meurtre faites à l'endroit de certains rappeurs. Ou encore, dans un registre plus *soft*, les imprécations iconoclastes de Marilyn Manson.

Un contre-exemple : des vedettes exemplaires

Les seules vedettes qui semblent échapper à cette quasi-exigence de délinquance pour maintenir leur statut — elles semblent plutôt soumises à l'exigence de la rectitude politique —, ce sont les vedettes de la politique.

Pour elles, et particulièrement aux États-Unis, le simple fait de tromper sa femme ou son mari peut prendre des proportions nationales, briser des carrières… S'il fallait appliquer les mêmes critères à l'ensemble de la population, on se demande jusqu'où monterait le taux de chômage!

À ces vedettes de la politique condamnées au respect de la morale puritaine dans leur vie privée, particulièrement en matière de vie sexuelle, on peut ajouter un certain nombre de sportifs de haut niveau qui semblent avoir pour rôle social d'incarner une image de « monsieur propre ». Pour ceux-là, les aventures extraconjugales peuvent se traduire non seulement par des divorces coûteux, mais aussi par des pertes de contrats publicitaires, les commanditaires craignant d'indisposer leur clientèle.

Tiger Woods est probablement la victime la plus largement médiatisée, et la plus financièrement punie, de cette attente présumée du public. Il serait intéressant de se demander si la situation aurait été la même s'il avait été blanc. Ou simplement une vedette rock. Est-ce que l'exigence de perfection n'était pas plus forte du simple fait qu'il avait déjà le handicap, dans l'opinion publique, d'être un Noir[53]?

---

53. Malgré qu'il soit en réalité métis (ses origines sont afro-américaines, asiatiques, amérindiennes et européennes), tous les Américains le considèrent comme un Noir. Son cas est semblable à celui de Obama, qui est également métis et qui est pourtant considéré comme le « *first black president* ».

Des comportements extrêmes
qui préservent l'ordre établi

Il est facile de jouer les moralistes et de réprouver le comportement délinquant que l'on rencontre souvent chez des vedettes. D'exiger de leur part une plus grande maturité, un meilleur sens des responsabilités. Mais ont-elles le choix ?

Dans un monde où l'existence publique — pour ne pas dire l'existence tout court — passe par l'existence médiatique, dans un monde où les médias s'intéressent en priorité à tout ce qui est excessif, est-ce que le scandale n'est pas la meilleure (ou même la seule) façon d'exister ?

On pourrait aussi se demander si cette délinquance affichée, dont les vedettes elles-mêmes sont souvent les principales victimes, ne remplit pas une fonction sociale de plus en plus nécessaire.

Dans un monde où la rigidité des encadrements sert de plus en plus de prétexte à faire accepter l'irrationalité des exploitations et de la destruction de la nature, il est peut-être indispensable que le public trouve chez ces vedettes le spectacle de ses propres révoltes refoulées. Qu'il y trouve un écho à son désir d'envoyer promener tout cet encadrement étouffant — ce qui ne peut que faire l'affaire de tous les pouvoirs : plus la population a la possibilité de consommer sa propre révolte sous forme de spectacle, plus elle est susceptible d'accepter de ne pas la vivre. Et plus elle peut prendre son mal en patience, comme on dit !

L'EXPLOSION MUSICALE

L'importance croissante de la musique dans la vie sociale ne tient pas seulement à la place qu'y occupent les spectacles et l'industrie de la musique. Elle tient à une véritable omniprésence de la musique.

La musique prolifère.

La musique partout

Une des expressions du changement de paradigme qu'a constitué le passage d'un monde de l'écrit à un monde de l'audiovisuel, c'est la pénétration de la musique dans toutes les dimensions de la vie publique et privée.

Au quotidien, la musique se retrouve dans les ascenseurs, dans les salles d'attente, dans les taxis, les autobus, dans les téléphones lorsqu'on est mis en attente... La musique se joint ainsi aux autres médias dans leur campagne conjointe d'extermination du silence.

L'occupation musicale de la société passe également par la multitude de produits dérivés inspirés de l'univers du spectacle musical: revues, entrevues de vedettes, photos de vedettes, sites Web, vêtements, jeux vidéo...

La productivité est un autre domaine par où la musique s'infiltre dans la vie sociale. Sous la forme de Muzak, elle contribue à modeler le comportement des producteurs et des consommateurs.

Prenant un visage humanitaire, la musique s'infiltre également dans la vie sociale par le biais des téléthons et des spectacles pour venir en aide aux causes humanitaires. Le spectacle de la musique met en scène celui de la solidarité et de la générosité.

Live Aid et *We Are the World* sont les titres phares de ces spectacles de solidarité qui accompagnent désormais les catastrophes naturelles ou d'origine humaine qui jalonnent l'actualité. Une mise en scène remplie d'émotions, de larmes et de générosité à laquelle les journalistes télé et les artistes se prêtent volontiers.

Il faut bien constater que ces spectacles, indépendamment des bonnes intentions des artistes, contribuent à en faire les symboles de la bonne conscience morale de leur époque, ce qui n'est jamais mauvais pour une carrière.

Un tel constat n'exclut en rien une réelle générosité de la part des artistes. Ni que ces initiatives procèdent d'une véritable conscience sociale. Ni même qu'elles puissent contribuer réellement à aider ceux au profit desquelles elles sont organisées… Il n'en demeure pas moins que les actions individuelles sont toujours recadrées dans un ensemble qui échappe aux intentions de ceux qui les ont faites. Et que, au net, ces spectacles musicaux ont un effet plus durable sur le plan musical que social.

We Are the World fait aujourd'hui partie de l'histoire de la musique populaire et, parmi tous ceux qui connaissent cette chanson, peu se rappellent la cause précise pour laquelle elle a été enregistrée. Pour ce qui est du Québec, le souvenir le plus durable de cette chanson est probablement l'interprétation ahurissante qu'en a donnée André-Philippe Gagnon en interprétant à lui seul toutes les voix.

Évidemment, il arrive que certains artistes aient réellement des intérêts relevant de leur plan de carrière ; il ne faut pas être naïf. Il peut aussi leur arriver d'avoir des arrière-pensées «missionnaires». On pense à John Travolta, débarquant en Haïti au volant de son Boeing 707 personnel rempli de six tonnes de provisions alimentaires… et d'une quinzaine de scientologues.

La musique de toutes les façons

La prolifération musicale est favorisée par la recherche incessante de nouveaux styles, de nouvelles têtes d'affiche, de nouvelles vedettes, de nouveaux groupes. Elle l'est également par la multiplication des chaînes musicales et par les nouveaux moyens de diffusion liés à Internet.

À l'intérieur du champ musical lui-même, on a vu la musique occidentale intégrer toutes sortes d'instruments ou de rythmes venus de différentes cultures : reggae, raï, zouk, musique indienne…

Un autre phénomène a accéléré cette explosion musicale, un phénomène plus ancien et qui passe souvent inaperçu : l'évolution technologique qu'ont connue les instruments et, plus généralement, les moyens de créer de la musique.

La première vague est la vague électrique, qui a commencé par apporter les guitares électriques, les wah wah, les premiers instruments de distorsion du son ainsi que les synthétiseurs. Le répertoire des sonorités susceptibles d'être utilisées a alors explosé.

La deuxième vague, ce fut la révolution numérique : on pouvait désormais reproduire à peu près n'importe quel son à partir d'ordinateurs ou d'instruments habilement trafiqués. Désormais, les sonorités de n'importe quel instrument sont à la portée de qui sait utiliser un logiciel. Plus besoin de passer par la longue maîtrise technique de l'instrument.

Il faut aussi mentionner l'avènement de logiciels qui mettent à la portée du grand public des techniques qui n'étaient accessibles, il n'y a pas si longtemps encore, qu'aux studios professionnels. Par exemple, les techniques d'enregistrement et le montage. On est loin des enregistreuses huit pistes sur lesquelles les Beatles ont produit leurs succès. Maintenant, les logiciels de montage sur micro-ordinateurs mettent à la portée de n'importe qui un nombre virtuellement illimité de pistes.

Une des conséquences de cette démocratisation technologique — pouvoir utiliser les sonorités d'un instrument sans savoir en jouer et disposer de possibilités de montage dont ne rêvaient même pas les plus grands studios d'autrefois —, c'est l'explosion de la création musicale. Explosion à laquelle Internet vient offrir un débouché.

Désormais, tout le monde peut être musicien. Et tout le monde peut diffuser ses productions sur Internet dans l'espoir de s'y faire remarquer.

À cet éclatement de la production correspond l'atomisation de la consommation. L'arrivée du iPod, conjuguée à l'éclatement de l'offre en genres et sous-genres, a eu comme effet d'émietter les publics, chacun se construisant son propre palmarès. De ce fait, il sera sans doute de plus en plus difficile d'étiqueter les générations, comme on pouvait le faire autrefois, en faisant référence à ce que « tout le monde écoutait ».

LA MUSIQUE QU'ON REGARDE

Il est difficile de dire si l'industrie du spectacle a absorbé la musique ou si la musique a intégré tous les éléments de l'industrie du spectacle. Ce qui apparaît cependant avec évidence, c'est que les performances musicales doivent désormais être spectaculaires.

L'œil doit être satisfait autant que l'oreille, ne serait-ce que sous la forme minimale de la performance du musicien. Dans le cas contraire, la musique devient fond sonore, accompagnement : on l'écoute en faisant autre chose.

La musique spectacle

De plus en plus, la musique est mise en scène. Les vidéoclips deviennent pour elle une nécessité. Les musiciens et les chanteurs n'ont presque pas le choix d'être des vedettes s'ils veulent que leur musique existe.

Pour beaucoup de groupes qui n'ont que peu ou pas accès aux médias traditionnels, la présence sur Internet est une condition de survie. Les vidéos mises en ligne sur leur propre site, sur YouTube ou sur leur page Facebook, de même que leurs messages sur Twitter, sont une façon de se lancer, de sortir de l'anonymat. Et de se frayer éventuellement une voie jusque dans les médias officiels. Une fois largement connus, ils vont souvent continuer d'être présents sur les réseaux sociaux pour entretenir le contact avec leurs fans et conserver leur popularité.

Seules exceptions : les prestations de groupes underground qui s'opposent à la commercialisation et à la médiatisation de leur musique. On pourrait y ajouter certains concerts de jazz, où c'est souvent la « présence » et la performance physique des musiciens qui assure une certaine fascination chez le public.

Un phénomène semblable peut être observé dans la musique classique, particulièrement avec certains chefs ou certains virtuoses.

Le spectacle global

Cette intrication du spectacle et de la musique fait partie d'un phénomène plus large d'intégration des médias. Sous la pression de l'exigence spectaculaire, les spectacles tendent à devenir globaux, à inclure des éléments de musique, de théâtre, de danse et d'arts visuels, peu importe la composante sur laquelle l'accent est mis. Après le jazz fusion, c'est le spectacle fusion, dans lequel on s'efforce d'inclure jusqu'aux spectateurs en les faisant participer.

Les premières prestations largement théâtralisées de Genesis, les spectacles à grand déploiement de Madonna ou de Peter Gabriel, de même que les opéras mis en scène par Robert Lepage illustrent cette tendance du spectacle à devenir global.

Le cirque, dans la version qu'en a élaborée le Cirque du Soleil, en constitue peut-être la forme la plus achevée.

L'artiste doit aussi s'incorporer au spectacle. Parmi les points marquants de cette évolution, on peut mentionner le personnage de Ziggy Stardust, incarné par David Bowie, de même que les déguisements de Marylin Manson et de Lady Gaga.

Avec Johnny Rotten, des Sex Pistols, le style de vie s'associe au style musical pour définir le musicien. L'exemple absolu de l'asservissement du musicien à l'image que véhicule un style musical, c'est très probablement Sid

Vicious. Dans son cas, on peut même dire que le musicien est carrément cannibalisé par le «personnage». Il faut en effet voir Sid Vicious peiner à jouer les lignes de base les plus élémentaires, dans certains enregistrements des spectacles, alors que c'est lui qui, pour le public, incarne le mieux cette musique.

Pour ce qui est du public, qui se met lui-même en scène pour s'intégrer lui aussi au spectacle, de bons exemples sont la Kiss Army et les Monsters de Lady Gaga[54].

L'artiste éternel

Cette mise en spectacle a pour effet de faire accéder certains chanteurs et musiciens à une relative éternité. Aujourd'hui, on ne compte plus les imitations d'Elvis, mais aussi des Beatles, de Johnny Cash, de Yes, de Genesis… Leurs œuvres sont reprises par des imitateurs qui s'efforcent de recréer la totalité de leurs spectacles, vedette comprise.

On ne se contente plus de chanter les «immortelles» de tel ou tel artiste, c'est lui-même qu'on tente d'immortaliser en lui redonnant vie sur scène.

C'est ainsi qu'en musique, comme dans d'autres formes d'expression artistique, l'œuvre tend à s'effacer devant le créateur.

---

54. Ce phénomène n'est pas sans rappeler les déguisements des fans qui participent aux conventions de science-fiction et s'habillent comme des personnages de films, de séries ou de jeux connus — parfois au point d'en devenir de presque parfaits sosies.

LES ARTS PLASTIQUES :
UNE ESTHÉTIQUE
DE LA TRANSGRESSION[55]

Comme tous les médias, et comme les différentes formes de spectacle, l'évolution des pratiques artistiques et des usages sociaux de l'art a été marquée par des phénomènes de montée aux extrêmes, particulièrement sous la forme de la transgression.

LA TRANSGRESSION COMME MODE D'ÊTRE

Le scandale comme affirmation artistique

L'art actuel, quelles que soient les démarches envisagées, se veut hors normes, transgression de limites, remise en question des règles et des tabous. En un mot : provocation. Ne peut pas avoir le statut d'œuvre d'art ce qui ne provoque pas, ce qui ne trouble pas, ce qui ne dérange pas... « *I am* un immense provocateur », disait Ferré. Il rejoignait en cela les déclarations de Tzara, au début du siècle, quand le dadaïsme privilégiait le scandale comme moyen d'action.

L'histoire moderne des arts plastiques est rythmée par les scandales et les révolutions, les derniers en liste faisant

---

55. Ce chapitre est la version remaniée et augmentée d'un article précédemment paru dans la revue *Alibis* : Jean-Jacques Pelletier, « Monstres, artistes, capitalistes :... même combat ? », *Alibis*, n° 19, mai 2006, p. 85-109.

immanquablement paraître anodins ceux qui les ont précédés. Les avant-gardes d'aujourd'hui sont la conformité de demain. Et celles d'avant-hier font déjà figure d'un encroûtement à rejeter.

Qu'on pense aux premiers impressionnistes, qu'on traitait de barbares et de sauvages, et dont les copies actuelles ont sombré depuis longtemps dans le *cute* et l'ordinaire de la décoration des chambres d'enfants. Et si l'exposition d'un tableau entièrement blanc a pu provoquer le grand public, cette audace paraît aujourd'hui assez banale, plutôt «in-signifiante» et somme toute très académique. Surtout si on la compare à des œuvres récentes.

On peut penser à la *Pietà*, une sculpture de Paul Fryer qui représente un Christ de cire attaché sur une chaise de souffrance, œuvre exposée à la cathédrale de Gap. Ou à *Immersion (Piss Christ)*, d'Andres Serrano, une photo d'un crucifix immergé dans un bain d'urine et de sang. À *La Nona Ora*, une installation de Maurizio Cattelan qui représente, grandeur nature, le pape Jean-Paul II, écroulé par terre et entouré d'éclats de verre après avoir été écrasé par un météorite[56]. Ou encore aux pratiques actuelles de l'art organique et de la plastination.

Que l'art se veuille provocateur — et soit perçu comme tel — est maintenant de l'ordre du truisme. Toutefois, ce qui est moins souligné, quoique tout aussi facilement observable, c'est que la provocation, pour se maintenir, doit nécessairement s'inscrire dans une logique d'escalade.

La contestation systématique des styles et des œuvres du passé a amené les arts plastiques à maintenir des processus d'escalade sur plusieurs fronts. On peut facilement en distinguer trois, qui ne sont pas sans lien : une escalade

---

56. Bernard Géniès, «Chemins de croix», *Le Nouvel Observateur*, 21-27 avril 2011, p. 48-50.

sur le plan formel, qui mène à l'élimination de la représentation, de l'œuvre et de l'art ; une escalade sur le plan social, liée à la transgression des tabous ; une escalade commerciale, liée à la marchandisation de l'art.

L'élimination de la représentation

L'histoire des arts plastiques, aux XIXᵉ et XXᵉ siècles, peut se lire comme celle de leur affranchissement de la représentation. Les artistes concentrent une grande partie de leurs attaques contre ce qui avait mis des siècles à émerger à travers l'évolution de la peinture occidentale : le réalisme figuratif. Ils entreprennent une dé-figuration du représenté.

En peinture, cette dé-figuration a notamment pris la double forme de la mise à mal de la représentation (l'expressionnisme) et de sa négation pure et simple (l'abstraction, l'art conceptuel).

La première voie est celle de la déformation. Qu'on pense à Matisse, Munch, Toulouse-Lautrec, Baselitz, Dix, Modigliani ou Bacon, pour ne nommer que ceux-là ; on ne compte plus les façons dont les peintres ont mis à mal la représentation du réel, et particulièrement celle de l'être humain.

Chez d'autres, il s'agit moins de torturer les formes de la réalité que de les faire se dissoudre les unes dans les autres, dans des jeux de brouillard, de couleurs et de lumière. Turner et Monet sont sans doute les exemples les plus connus de cette approche. Avec Seurat et le pointillisme, c'est l'unité de la représentation qui est montrée comme une simplification d'une réalité constituée d'un poudroiement de perceptions granulaires.

Une approche plus radicale, et c'est la deuxième voie, consiste à ignorer d'emblée la représentation. Ce sera la voie choisie par les peintres dits abstraits, de Kandinsky à Pollack.

Des artistes comme Picasso et Klee pourraient représenter une voie intermédiaire où, sans abolir tout à fait la représentation, celle-ci n'a plus de rapport avec le réalisme : l'artiste ne retient du réel que des formes schématiques qui, bien que faisant référence à des objets de la réalité, ont d'abord une fonction plastique dans l'ensemble de l'œuvre.

Opérant lui aussi aux limites de la représentation, Francis Bacon insiste pour que ses tableaux soient encadrés et mis sous verre, de manière à bien souligner leur caractère artificiel, composé.

Un principe unifie ces différentes approches. Pour tous ces peintres, la peinture est d'abord — et plusieurs diront exclusivement — une question de formes, de couleurs, de lumière et de textures. Plutôt que de « représenter » un sujet, ils s'efforcent de rendre sensibles les relations que les éléments matériels (surface, couleurs, lignes, volumes) tissent entre eux.

Parallèlement à cette évolution, la notion de maîtrise (dans les techniques de représentation) perd de l'importance au profit de la nouveauté : l'essentiel n'est plus de faire une œuvre qui démontre une maîtrise technique, mais de faire « différent ». De faire plus provocant.

De façon prévisible, une partie du public, habitué à reconnaître les sujets représentés et à apprécier la virtuosité, a réagi fortement : « Ça ne veut plus rien dire… Ce n'est pas de l'art… N'importe quel enfant pourrait faire ça. »

L'élimination de l'œuvre

Parallèlement au travail de sape de la représentation, on assiste à une évolution semblable à l'intérieur même du travail artistique. La cible est l'œuvre elle-même.

Toute une série de conventions structurantes est prise d'assaut. Le réalisme des couleurs ainsi que la distinction fond/sujet sont parmi les premières cibles. On attaque également les distinctions cadre/tableau, œuvre d'art/ objet industriel… ou même artiste/œuvre. Dans tous les domaines, il s'agit de faire éclater les cadres.

Les matériaux vulgaires

Au cours de sa période figurative, la peinture s'était heurtée à certains tabous dont elle s'est affranchie : la nudité, la laideur, l'intérieur du corps humain, l'horreur… La poursuite de l'exploration des matériaux prend le relais.

La distinction entre matériaux nobles (dignes d'entrer dans la composition d'une œuvre) et matériaux vulgaires est mise à mal : on assiste notamment au remplacement de la toile et de la peinture à l'huile par le masonite et l'acrylique. On incorpore aux œuvres des objets du monde quotidien : tessons de vaisselle, bouts de tissu, fermetures éclair, plumes d'oiseau, bouts de ficelle…

Plus aucun matériau n'est jugé digne ou indigne. Des artistes utilisent des matériaux biologiques : la robe de chair de Jana Sterbak, le requin coupé en deux et conservé dans le formol de Damien Hirst… Même les excréments sont promus au rang de matériau artistique. On pense à Ben Vautier, qui expose un peu de son urine dans un verre.

On pense aussi à *Merda d'Artista*, de Piero Manzoni. L'artiste a mis ses excréments en conserve, en mai 1961 ; sur le marché de l'art, chacune des 90 boîtes de 30 grammes a maintenant une valeur d'environ 30 500 euros !

La cannibalisation de l'artiste

Jusque-là, on reste malgré tout dans un registre assez conservateur. La transgression est plus inquiétante quand il s'agit d'élargir la notion de matériau pour y inclure le corps humain.

Certains artistes estiment qu'ils doivent s'impliquer dans leur création. La multiplication des performances en témoigne. D'autres poussent cette implication plus loin, prenant au pied de la lettre le vieil adage selon lequel ils doivent souffrir pour réaliser leurs œuvres.

Dans *Hurler*, Ben Vautier hurle jusqu'à perdre la voix. Dans *Se taper la tête contre le mur*, il se frappe la tête jusqu'à se blesser. Il s'oblige également à vivre pendant deux semaines, exposé au regard des gens, dans la vitrine de la galerie One, à Londres[57].

Plusieurs autres artistes ont réalisé des performances impliquant l'exposition à la douleur. À titres d'exemple, Gina Pané s'est coupée la peau des sourcils de manière à faire couler des larmes de sang de ses yeux (*Psyché*, 1974).

Chris Burden s'est fait clouer au toit d'une Volkswagen ; les rugissements du moteur sont alors censés exprimer la souffrance du crucifié (*Trans-fixed*, 1974). Il s'est également fait enfermer pendant cinq jours dans un casier de consigne à bagages (Five *Days Locker Piece*, 1971). Parmi ses autres performances, on peut mentionner qu'il s'est fait tirer une balle dans un bras par un ami (*Shoot*, 1971), qu'il est resté couché 22 jours dans un lit sans manger ni communiquer (*Bed Piece*, 1972) et qu'il a respiré l'eau d'un lavabo jusqu'à s'évanouir (*Velvet Water*, 1972)[58].

David Therrien est probablement un des représentants les plus spectaculaires de cette tendance : il a conçu diverses machines auxquelles l'artiste-performeur s'attache et qui soumettent son corps à des mouvements aléatoires,

57. Mik-Art, « Biographie de l'artiste Benjamin Vautier (Ben) ». http://www.peintremik-art.com/2009/09/10/biographie-de-l-artiste-ben-vautier/ (consulté le 27 novembre 2011)

58. Jacques Rouveyrol, « Le XXᵉ siècle, Chapitre 46 : Body Art et performance » (in) Martine Panafieu, *Histoire de l'art 3ᵉ année*, 2009. http://elccarignanhistoiredelart3emeannee.blogspot.com/2009/08/48eme-cours-body-art-et-performance.html

à des flashs de lumière aveuglants et à des décharges électriques.

Dans les œuvres de Therrien, le corps humain, bien que soumis à des traitements douloureux et dangereux, demeure un corps sujet, susceptible de souffrir et de mourir. D'autres artistes, on l'a mentionné, en font carrément un matériau.

Les corps nus et agglutinés du photographe Spencer Tunick franchissent une première étape dans l'objectivation du corps humain comme matériau. Contrairement à la photo de portrait, ou même aux scènes de rue, l'individualité et l'expression des personnes n'a plus guère d'importance : c'est leur masse collective qui importe, le fait que chacun des corps contribue à cet effet de masse. À la rigueur, l'originalité de chacun, dans la mesure où elle est perceptible, n'a de sens que par la diversité qu'elle permet de manifester par sa relation avec les autres.

Dans certaines œuvres de Mark Prent, c'est d'un simulacre de corps humain qu'il s'agit. Par contre, *Self-Portrait*, de Damien Hirst, est sculpté dans un bloc congelé de son propre sang.

Avec les corps plastinés de Von Hagens, parfois présentés comme œuvres d'art, parfois présentés comme matériel pédagogique, c'est l'ensemble du corps humain qui devient une œuvre.

Les opérations de déconstruction/reconstruction auxquelles Orlan a soumis son propre corps pour le remodeler, le transformer en œuvre d'art, constituent une synthèse de ces différentes démarches.

Il en est de même pour Stelarc, de son vrai nom Stelios Arcadiou. Après avoir procédé à des suspensions, où son corps était suspendu au plafond par des fils munis d'hameçons qui lui transperçaient la peau, il a entrepris de se faire pousser une oreille dans le bras gauche (*Ear on Arm*, 2009). Il a également imaginé des « expositions » semblables à celles de Therrien, où son corps était à la merci des machines auxquelles il était attaché. On pourrait aussi mentionner le *body hacktivism* de Lukas Zpira et de Ron Athey[59].

Dans le cas particulier des artistes de la chair, c'est également la distinction œuvre/artiste qui est remise en cause. Ils poussent à un nouveau degré de profondeur, pourrait-on dire, l'injonction de Duchamp faite à l'artiste de devenir sa propre œuvre.

On peut d'ailleurs se demander si cette tendance à l'incarnation n'est pas née en réaction au conceptualisme et aux différentes tentatives de déconstruction de l'œuvre. Comme si, après une logique de la transgression de toutes les normes, on passait à une logique de la réinsertion de l'œuvre dans le monde, et que l'œuvre, pour retrouver sa matérialité, devait prendre la voie d'une incarnation extrême[60].

Cette utilisation du corps humain pose par ailleurs une question fondamentale : le corps peut-il être un matériau artistique ? Autrement dit, peut-il être utilisé comme moyen au profit de fins autres que les siennes ? Si oui, au nom de quoi peut-on s'opposer à son utilisation pour des

---

59. Voir tous ces articles de Marie Lechner : « Self Sévices », *Next/ Libération*, 12 octobre 2007. http://next.liberation.fr/next/0101112734-self-sevices (consulté le 18 décembre 2011) ; « Le corps hacké de Zpira », *Écrans.fr.* http://www.ecrans.fr/Le-corps-hacke-de-Zpira,2306.html (consulté le 27 novembre 2011) ; « Le corps contaminé de Ron Athey », *Écrans.fr.* 12 octobre 2007. http://www.ecrans.fr/Le-corps-contamine-de-Ron-Athey,2311.html (consulté le 27 novembre 2011) ; « Le corps amplifié de Stelarc », *Écrans.fr.* 12 octobre 2007. http://www.ecrans.fr/Le-corps-amplifie-de-Stelarc,2308.html (consulté le 27 novembre 2011) ; « Body art : Le corps en suspens », *Écrans.fr.* 12 octobre 2007. http://www.ecrans.fr/Body-art-Le-corps-en-suspens,2312.html (consulté le 27 novembre 2011)

60. Une question similaire pourrait se poser quant à l'apparition de l'autofiction dans la littérature française, après la période du Nouveau Roman.

fins autres qu'artistiques? Faut-il opérer une sélection dans les fins? Certaines fins justifieraient-elles les moyens, mais pas d'autres? Sacrifier un organe à des fins artistiques serait bien, mais le vendre pour de l'argent ne le serait pas?

On pourrait objecter que le «sacrifice» artistique est volontaire alors que la vente d'organe résulterait du besoin et de la pauvreté. Ce qui reste à démontrer, dans cet argument, c'est l'aspect volontaire du sacrifice artistique: pour certains individus, les contraintes nées du besoin de reconnaissance, du besoin de se démarquer dans un milieu où le statut est vécu sous la loi de la rareté et de la compétition, peuvent être tout aussi impérieuses que les contraintes biologiques. La survie psychologique et professionnelle n'est pas moins exigeante que la survie physique.

L'autocannibalisation de l'art

L'art lui-même n'échappe pas à cette volonté d'assimiler tout le réel à un matériau. À l'intérieur même du domaine pictural, on voit les œuvres du passé devenir un gigantesque réservoir de matière première à la disposition des nouveaux artistes. Ils peuvent les soumettre à différents processus de transformation ou même les incorporer, en tout ou en partie, à de nouvelles œuvres[61]. Le cas minimal serait la Joconde à moustaches que Duchamp a affublée des initiales: L.H.O.O.Q... Une telle démarche n'est pas sans ressemblance avec la pratique du remix ou des réinterprétations «créatives» que l'on retrouve en musique. On peut penser à la *Marseillaise* reggae de Gainsbourg ou au *Minuit chrétien* rock métal de BARF.

Les œuvres réalisées au moyen de médiums mixtes, qui intègrent l'utilisation de différentes techniques ou de nouvelles technologies, procèdent d'une démarche

---

61. Un phénomène similaire est observable dans le domaine de la mode.

similaire d'élargissement de la palette des moyens et matériaux à la disposition de l'artiste.

Ce brouillage des frontières entre les médiums et les techniques n'est pas sans similitude avec l'intégration d'éléments hétérogènes aux peintures, laquelle amène souvent les œuvres à envahir la troisième dimension et à travailler la frontière entre la peinture et la sculpture.

L'œuvre en série

Sur un autre front, c'est l'unicité de l'œuvre d'art qui est mise à mal par les techniques de reproduction. Dans un premier temps, on tente de contenir la prolifération en numérotant les œuvres et en brisant la pierre qui a servi à faire la lithographie ou en détruisant le négatif du tirage photographique. Mais les hôtels sont maintenant pleins de sérigraphies où on peut lire des numérotations du type : 458/999!

Par ailleurs, avec les œuvres numériques, la reproduction à l'identique est théoriquement possible à l'infini. C'est alors la distinction entre l'original et la copie qui est en cause. Il en est de même pour certains modèles de tapisserie ou de tissu conçus par ordinateur : lequel des tissus produits est l'œuvre originale? Existe-t-il seulement une œuvre originale? Est-ce que cet original serait un programme informatique?

L'œuvre dématérialisée

Ces deux derniers exemples participent d'une autre forme de combat contre l'œuvre; cette fois, c'est sa matérialité qui est attaquée. Cette attaque peut se dérouler sur trois plans : d'une part, il y a la voie de la virtualisation de l'œuvre, qui se réduit à un programme informatique.

Il y a aussi la voie de l'éphémère, où le matériau, par sa nature, est voué à la disparition. Qu'on pense aux sculptures de glace ou de sable, à l'utilisation de matériaux biologiques ou encore — cas extrême — à ces sculptures de fumée... Le feu d'artifice serait le lointain précurseur de ces œuvres vouées dès le départ à la disparition.

Et puis, il y a la voie du conceptualisme, où le matériau, pour avoir le moindre sens, a besoin d'une explication, connue implicitement ou articulée explicitement. Prenons deux exemples : le carré blanc sur fond blanc, de Malevich, qui ne peut avoir de sens que par référence à l'histoire de la peinture et qui est l'aboutissement ultime de toutes les épurations et de l'élimination de toutes les grandes dichotomies... Deuxième exemple : le fil tendu entre deux gratte-ciel, à New York, qui permettait à Christo de dire : « J'ai capturé cet espace. »

Il y a un paradoxe lié à l'attaque contre la matérialité de l'œuvre : d'une part, elle heurte de front une des caractéristiques qui lui est traditionnellement associée — une certaine « immortalité » —, alors que, d'autre part, elle lui accorde une éternité virtuelle.

À la limite, cette tendance culmine dans l'artiste qui ne produit rien, qui se contente « d'être » artiste et dont l'être se nourrit de toutes les œuvres refusées qu'il n'a pas amenées à l'existence[62]... Avantage marginal de cette dernière démarche : échapper par avance à toute critique !

L'autodestruction comme moteur

Finalement, c'est la définition même de l'art qui est mise en cause dans cette évolution.

La dissolution de la frontière entre les esquisses et l'œuvre reconnue avait déjà mis en question le statut de l'œuvre d'art. Avec la décision de Duchamp d'exposer un urinoir, avec la pratique de Dali de reconnaître et de signer des faux, leur conférant ainsi le statut d'œuvres

---

62. Ce qui en fait une espèce apparentée à la faune *people* du style Paris Hilton, dont la principale réalisation est d'être ce qu'elle est... ou plutôt, d'avoir comme être le spectacle qu'elle donne d'elle-même.

authentiques, l'œuvre ne reposait plus que sur une décision arbitraire, celle de l'artiste de dire ou non : « Ceci est une œuvre. »

Est donc une œuvre d'art ce que le créateur reconnaît comme tel. Ce geste « créateur » sera repris par Ben (Benjamin Vautier). Comme il le dira lui-même : « Je signe tout ce qui m'entoure. Les objets, les filles, n'importe quel caillou sur la plage[63]. » Plus tard, il signera des vérités objectives (« Un et un font deux »), puis des vérités subjectives (« Je veux la gloire », « Je veux que vous me regardiez »)[64]. Dans *Choisir au hasard*, l'artiste choisit au hasard un mot dans un dictionnaire et le déclare œuvre d'art[65].

Un tel geste déplace le centre d'intérêt de l'œuvre vers l'auteur[66]. Un exemple particulièrement clair de l'éclipse de l'œuvre au profit de la mise en scène de l'artiste est cette autre performance réalisée par Ben, au Théâtre artistique de Nice, intitulée : *Regardez-moi cela suffit*. L'artiste s'explique sur ses motivations : « Un jour on m'avait demandé une pièce de théâtre et je me suis dit : "Je fais une pièce de théâtre, pourquoi ? Pour qu'on me regarde. Donc, pas la peine de faire quelque chose, je vous demande directement de me regarder." Et je me suis montré pendant deux heures avec un panneau [où il était écrit :] "Regardez-moi cela suffit"[67]. »

---

63. Wikibooks, « Art contemporain — Ben Vautier ». http://fr.wikibooks.org/wiki/Art_contemporain/Ben_Vautier (consulté le 18 décembre 2011)

64. Ben Vautier, « Entrevue avec Irmeline Lebeer » 1973. http://www.ben-vautier.com/1997/autres3.html (consulté le 8 décembre 2011)

65. Ben Vautier, *Ben « Gestes »*, Zurich, Bischoberger, 1973. http://www.documentsdartistes.org/artistes/vautier/repro11.html (consulté le 27 novembre 2011)

66. Cette prééminence de l'auteur sur l'œuvre se retrouve aussi dans l'évolution du roman français. Ce point sera abordé dans le prochain chapitre.

67. Ben Vautier, « Entrevue avec Irmeline Lebeer » 1973. http://www.ben-vautier.com/1997/autres3.html (consulté le 8 décembre 2011)

L'artiste a plus tard repris cette performance dans un film muet en noir et blanc de 6 minutes 48 secondes : assis sur une chaise sur la promenade des Anglais de Nice, il tient dans les mains un panneau sur lequel est écrit : « Regardez-moi cela suffit »[68].

En dehors de cet arbitraire du créateur, le seul critère pour reconnaître une œuvre d'art semble être son pouvoir de provocation. Et si elle le perd, elle cesse d'être de l'art pour sombrer dans le cimetière des « beaux vestiges ».

Symptomatique de cette évolution est le destin de la notion de beauté. Après avoir été liée à l'évocation d'un autre monde (représentation symbolique) puis à l'harmonie de la représentation (représentation réaliste), elle est maintenant, aux yeux de l'art actuel, un domaine aux frontières mal définies que constituent le *cute*, le décoratif et le ringard.

Le beau est désormais archéologique. C'est un résidu. Un espace de sédimentation où se retrouvent momifiées, neutralisées, les œuvres qui ont perdu leur pouvoir de provocation et que les foules sont prêtes à récupérer pour décorer leurs intérieurs. Quand une œuvre cesse d'être provocante et que ses excès sont récupérés par la culture populaire — autrement dit, quand elle perd sa « nouveauté » et son potentiel de scandale — elle est prête à tomber dans le domaine douillet du beau.

C'est comme si, en dehors de ses excès et de ses provocations, l'art n'existait plus.

Destruction de la représentation, destruction des grandes classifications qui animaient le travail artistique, destruction des tabous, destruction de l'art lui-même, voilà donc, semble-t-il, l'essentiel du travail créateur de l'activité artistique… Faut-il se surprendre que l'art soit structurellement autodestructeur ?

---

68. Electronic Arts Intermix 1971-2011, « Regardez-moi cela suffit — Ben Vautier ». *http://www.eai.org/title.htm?id=14559* (consulté le 18 décembre 2011)

Quelle est, en effet, la donnée de base de toute démarche artistique ? Ne pas refaire ce qui a déjà été fait.

L'art, semble-t-il, ne vit que de sa propre disparition continuelle. C'est peut-être ce qui explique certaines positions extrêmes des dadaïstes et des surréalistes, qui incitaient à brûler les musées pour libérer l'art. Position préfigurée par les conquérants espagnols, qui ont pratiquement rayé de la carte la culture maya pour libérer l'esprit des indigènes des superstitions anciennes — position reprise il y a peu de temps par les talibans, qui avaient entrepris un programme de « nettoyage » artistique pour libérer le peuple des vieilles croyances.

La logique militaire de l'art

Ce caractère destructeur, souvent revendiqué par les artistes (il faut détruire l'ordre ancien, il faut créer un monde nouveau), explique peut-être le caractère militaire du vocabulaire artistique, à commencer par cette curieuse notion d'avant-garde, dont le rôle est d'explorer les nouveaux territoires à conquérir et de préparer la destruction des anciennes formes d'organisation qui y règnent, de manière à favoriser l'établissement d'une nouvelle occupation.

Baudelaire avait déjà souligné cette étrange propension de l'art moderne à se réfléchir en termes militaires. « Les poètes de combat. Les littérateurs d'avant-garde. Ces habitudes de métaphores militaires dénotent des esprits, non pas militants, mais faits pour la discipline, c'est-à-dire pour la conformité, des esprits nés domestiques[69]. »

Serait-ce pour cette raison qu'aux œuvres ont succédé des interventions ? Qu'on « s'attaque » à la toile ? Qu'on veut « occuper » ou « capturer » un espace ? Qu'on juge les

---

69. Charles Baudelaire, *Mon cœur mis à nu*, *Œuvres complètes*, T. I, coll. « La Pléiade », Paris, Gallimard, 1974, p. 690-691.

œuvres à leur «impact»? Et que le critère d'appréciation ultime peut s'exprimer par ces quelques mots qu'on entend à l'occasion dans les expositions: «Ça fesse»?

Comme si l'art ne pouvait exister que dans l'agression… Là est peut-être le secret de son entente, si surprenante à première vue, mais si répandue pourtant, avec le capitalisme.

L'ART ASSERVI

Un des paradoxes les plus intéressants, c'est que la démarche de libération artistique, qui a conduit à l'affranchissement des œuvres de la représentation réaliste, s'est accompagnée d'une intégration massive des œuvres dans le circuit économique: à la fois comme investissement, comme objet de consommation et comme véhicule idéologique.

L'art investissement

Désormais, les œuvres sont des investissements. Et, comme tout produit financier, celui-ci a donné naissance à un marché. Un marché structuré et fort lucratif par ailleurs, pour qui sait déceler les valeurs montantes… ou manipuler le marché au profit des œuvres dont il désire faire monter la valeur.

Malgré la crise, le prix des œuvres continue d'atteindre des records: 68 millions de dollars pour un Modigliani; 63 millions pour un Warhol. À New York, en seulement deux fins de semaine, les trois principales maisons d'enchères ont vendu pour 1,28 milliard[70]. Sur les sites d'enchères en ligne, le nombre de transactions financières impliquant des œuvres d'art se multiplie.

---

70. Harry Bellet, «1,2 milliard de ventes d'art en dix jours à New York», *Le Monde*, 13 novembre 2010, p. 24.

Il est paradoxal de voir le prix des œuvres atteindre de tels sommets au moment où les artistes remettent en cause la distinction entre l'art et le non-art. Mais au fond, c'est la même logique : à l'arbitraire de l'artiste, qui prétend décider ce qui est de l'art et ce qui n'en est pas, se substitue celui du marché. C'est lui qui décide des œuvres auxquelles il accorde un prix, donc une valeur, et de celles qui ne valent rien, parce qu'il ne s'y intéresse pas.

On pourrait dire que les capitalistes ont pris Duchamp au mot. Que ce sont eux, désormais, en tant qu'acheteurs, qui décident ce qui est une œuvre inestimable, ce qui n'est qu'une croûte… et ce qui fait partie de l'entre-deux défini par ces deux pôles.

L'art de consommation

En même temps que les artistes et les spécialistes du milieu argumentent sur la disparition de l'art, les produits artistiques tendent à envahir toute une série de domaines. Cet envahissement se manifeste autant sur le versant de la production que sur celui de la consommation.

Côté production, il y a bien sûr l'augmentation marquée du nombre d'artistes visuels et plastiques. Il y a aussi la multiplication des programmes scolaires dans ces domaines. Il y a également tous les gens qui, sans prétendre au statut d'artiste reconnu, font qui de la peinture, qui de l'aquarelle, qui de la photo, qui de la sculpture leur passe-temps… On peut même se demander si ces artistes ne sont pas ceux qui ont le mieux compris le message fondamental de l'art moderne : l'artiste n'est plus au service de l'œuvre, c'est l'œuvre qui est à son service.

Il est quand même ironique que toutes ces « évolutions » formelles en arrivent à réduire l'œuvre à sa fonction d'expression : aux uns et aux autres, elle sert à exprimer leur individualité. La principale différence tient au fait que certains prétendent donner à cette individualité un statut « artistique » en occultant (complexifiant) la lisibilité de l'œuvre, tandis que le commun des mortels accorde encore de l'importance à sa valeur représentative et expressive.

Côté consommation, l'art est maintenant partout, dans des versions appropriées à tous les niveaux de richesse. Les hôtels et les bureaux corporatifs ont leur touche artistique, les édifices ont leur «un pour cent» consacré à un projet artistique, les conférenciers reçoivent des œuvres d'art en cadeau (ou un livre d'art, pour ceux dont le statut est moins élevé) et les pays s'échangent des œuvres d'art à l'occasion des cérémonies officielles et des visites protocolaires.

Les gens ont également des œuvres d'art chez eux, soit sous la forme élémentaire du poster de la vedette de cinéma ou de l'affiche de jeu vidéo, soit sous la forme d'affiches reproduisant des œuvres connues, soit sous la forme d'œuvres produites en série, mais ayant un statut artistique minimal (sérigraphie, lithographie), soit encore sous la forme plus recherchée, mais tout de même accessible, de peintures d'artistes plus ou moins cotés, le prix de base étant établi par une cote au pouce carré attribuée par le marché et corrigée par des experts (conservateurs, galeristes, critiques, etc.).

Une nouvelle forme de prolifération d'œuvres artistiques s'annonce par le biais des nouvelles technologies. Le temps est proche où la multiplication des écrans plats grand format permettra de s'acheter un répertoire de reproductions d'œuvres d'art qui décoreront les résidences en changeant l'œuvre affichée selon un rythme programmable. On pourra alors avoir sur ses murs, telle semaine, l'art des nabis; la semaine suivante, une sélection de l'*op art*; la semaine d'après, une compilation de Rembrandt[71]...

---

71. Un prototype de ce produit existe depuis 10 ans dans la résidence de Bill Gates. Il s'agit évidemment d'une installation privée. Ce qui reste à développer, c'est un système de distribution public et organisé permettant aux individus de se créer leurs propres répertoires artistiques. Une sorte de iTunes de la peinture.

Évidemment, il y aura aussi la version *random*. On peut même prévoir l'apparition d'artistes qui se spécialiseront dans des montages, tout comme les DJ et les VJ l'ont fait pour la musique et les vidéoclips.

On assiste également à une prolifération des supports : reproduction d'Escher, de Dali et de Picasso sur les t-shirts ; bijoux qui reproduisent les motifs centraux des toiles de Lemieux ou de Miro ; carré de soie reproduisant un Mondrian... Le support le plus nouveau de l'œuvre d'art est le corps humain lui-même : on assiste à la multiplication des tatouages, des piercings, de la scarification, des implants...

Prolifération des œuvres et de leurs reproductions, envahissement de tous les milieux, telles semblent être les façons dont les arts plastiques ont entrepris la conquête de l'ensemble des surfaces, au moment même où on remet l'existence de l'art en question.

C'est peut-être ce constat qui pousse certains artistes à faire ce qu'on pourrait appeler du *trash* : ils veulent créer des œuvres qu'ils espèrent non récupérables.

L'art militant

La dénonciation de l'inhumanité

Au cours des deux derniers siècles, l'art occidental s'est fait un devoir de dénoncer régulièrement l'inhumanité de l'être humain. D'une part, les artistes ont souvent pris personnellement position sur des injustices sociales (l'affaire Callas, l'affaire Dreyfus, *Live Aid*...) ; d'autre part, ils n'ont pas hésité à témoigner de cette inhumanité dans leurs œuvres, comme l'illustrent *Les Fusillades du 3 mai* de Goya, *Guernica* de Picasso et les œuvres des photographes de guerre.

Selon cette interprétation, les artistes seraient des détecteurs d'inhumanité. Ils sentiraient à l'avance les formes montantes de déshumanisation et ils les mettraient en scène... à la fois pour les rendre visibles, pour en témoigner et pour les exorciser.

L'art serait donc une révolte et une protestation contre l'inhumanité de l'homme. Il serait animé par une intention louable et il fonctionnerait sur le modèle de la caricature prophétique. Il rendrait manifestes les menaces qui pèsent sur l'humanité de l'être humain.

La promotion de l'inhumanité

On peut toutefois se demander si, par-delà ces nombreuses dénonciations, le legs le plus important de l'art occidental n'est pas la promotion d'une certaine forme d'inhumanité.

De façon plus globale, toute l'histoire de l'art du dernier siècle peut être interprétée comme l'histoire de la mise à mal et de la disparition de la représentation humaine : dé-figuration de l'être humain par la peinture et la sculpture, distorsion de la voix par le rock (notamment le rock métal), désarticulation des corps et mécanisation des gestes par la danse...

On objectera que cette dé-figuration à l'œuvre dans l'évolution des arts plastiques n'est pas l'essentiel : qu'il s'agit d'abord de conquérir l'autonomie de l'art et de libérer les surfaces des contraintes de la représentation. Qu'il s'agit de rendre ces surfaces disponibles au libre jeu des éléments picturaux.

C'est vrai.

Il n'empêche que cette libération a également produit, dans son déroulement, une histoire qui raconte la disparition des privilèges autrefois accordés à la figure, et plus particulièrement à la figure humaine... jusqu'à sa disparition finale et à sa récupération à titre de matériau. Autonomie de l'art et ravalement de la figure humaine au statut de matériau esthétique semblent aller de pair.

Complicité ou dénonciation du meurtre de l'être humain? C'est là toute l'ambiguïté de l'œuvre de Gil Vicente intitulée *Enemies*. L'œuvre est constituée de neuf autoportraits grand format dans lesquels l'artiste se représente en train d'exécuter (couteau sur la gorge, révolver sur la tempe) plusieurs leaders mondiaux: G.W. Bush, Benoît XVI, Ahmadinejad, Lula, Ariel Sharon, Élisabeth II, Kofi Annan…

Pour l'artiste, c'est une dénonciation de la violence et des crimes dont ces leaders sont responsables. « Comme ils tuent tant de monde, il vaudrait peut-être mieux les tuer eux, tu comprends? Pourquoi les gens au pouvoir ou ceux des classes aisées ne meurent pas[72]? »

Pour l'Ordre des avocats du Brésil, c'est au contraire une « incitation à la violence » et un « appel » au crime. C'est pourquoi ils ont demandé que l'œuvre soit exclue de la Biennale de São Paolo.

La question reste posée: s'agit-il d'un simple « témoignage »? Faut-il plutôt y voir une forme acceptable de fascination complice, qui s'offre en plus le luxe de la bonne conscience?

L'art comme mithridatisation

Cette question nous amène à regarder du côté de l'effet. Pourrait-on envisager les œuvres comme des dispositifs de dédramatisation?

À force de mettre en scène différentes formes d'inhumanité, à force d'ébranler les classifications qui sont à la base des représentations sociales, l'art jouerait-il un rôle

---

72. Gil Vicente (cité dans) Pauline L., «Art, violence et controverse à la Biennale de São Paulo», *Ennemies de Gil Vicente, Blogger (d'après)* AFP/Marc Burleigh. http://ethiqueetpolitiquegilvicente.blogspot. com/p/lexposition-de-la-serie-ennemies-la.html (consulté le 27 novembre 2011) Plusieurs autres sources relatives à Gil Vicente sont disponibles sur ce blogue.

de propédeutique? Comme toute bonne avant-garde, préparerait-il le terrain aux formes de déshumanisation qu'il annonce, notamment en les banalisant, en augmentant notre seuil de tolérance à l'horreur et au non-sens par la mise en scène des formes d'inhumanité pires que celles qui sont dominantes? Bref, en étant toujours en avance d'une ou deux étapes dans la déshumanisation qui vient?

L'art serait-il une façon de rendre représentable, dans une première étape, en le stigmatisant et le dénonçant, ce qui sera ensuite accepté? Comme ces extraterrestres qui sont passés de monstres et objets d'horreur, dans les premiers films de SF, au gentil E.T. ou comme le *Terminator*, qui passe de machine de destruction, dans le premier film de la série, à un être qui s'humanise dans le second, au point de sacrifier sa vie pour sauver le mode de vie américain — et accessoirement l'humanité.

Après de tels films, ou après *RoboCop*, comment ne pas aimer les cyborgs?

Cette approche conduit à une nouvelle question, qui est celle de l'intérêt: à qui cela peut-il bien profiter que l'art ait une fonction mithridatisante? Que l'art soit une fabrique de monstruosités auxquelles on finit par s'habituer?

Cette question amène à constater une curieuse série de coïncidences entre les fondements de la démarche artistique et ceux du capitalisme.

L'ART, CHAMPION DU CAPITALISME

D'inquiétantes parentés

On retrouve dans l'art et le capitalisme la même exaltation de l'individualité triomphante. Alors que l'art se fantasme sous la forme de créateurs solitaires, affranchis des valeurs du troupeau héritées du passé, le capitalisme rêve

d'individus isolés, affranchis des liens collectifs, calculateurs égoïstes et rationnels de leurs intérêts.

Bien sûr, les artistes travaillent « pour » les autres. Mais
« seuls », pour les autres. Ou, souvent, en petits groupes
éclairés — pour la vaste majorité qui est (soyons généreux)
dans la pénombre.

Alors que les artistes nous habituent à l'éphémère (*ready-
made, happenings*, œuvres périssables, installations temporaires), les capitalistes pratiquent l'obsolescence planifiée
des produits ; ils développent des stratégies de marketing
pour nous convaincre de leur usure symbolique préma-
turée : à peine mis en marché, les produits ne sont plus à la
mode, ne sont plus *in* — ou, en termes plus académiques,
ils ne sont plus des marqueurs sociaux de distinction.

Alors que les artistes parlent d'avant-garde, de nouveauté, de rejet des formes anciennes, les capitalistes
utilisent la mode pour dévaloriser la marchandise qui
vient d'être achetée et stimuler la consommation. Ven-
deurs à perpétuité de « nouveauté », ils dénoncent comme
« rigidité », comme fixation passéiste, l'enracinement des
gens dans leur milieu, leur famille, leurs traditions locales.
Ils dénoncent tous les régionalismes, à l'exception de ceux
qui peuvent être mis en marché sous la forme du tourisme
ou du folklore.

Alors que les capitalistes rêvent d'appartenance au
marché mondial sur la base de la dissolution des cultures
locales, les artistes s'attaquent aux catégories jugées obso-
lètes sur lesquelles sont fondées les représentations qui
servent de base à ces appartenances locales.

Alors que le capitalisme veut consommer les individus
comme « ressources » dans la chaîne de production, les
artistes utilisent le corps humain comme matériau dans
leurs œuvres.

Alors que le capitalisme veut nous faire oublier l'histoire et nous enfermer dans la jouissance de l'instant,

jouissance à laquelle on accède par la consommation immédiate de produits jetables après usage, les artistes nous entraînent à nous détacher du passé, à valoriser l'éphémère et les œuvres instantanées, sans passé ni avenir.

Ainsi voit-on le rôle du musée subir un glissement : de lieu de conservation, de gardien de la mémoire et de la durée, il devient progressivement un lieu d'expérimentation, un serviteur de la mode artistique dominante. Il faut que les musées soient « actuels » !

Alors, qu'en est-il de l'activité artistique par rapport aux formes particulières d'inhumanité induites par le capitalisme triomphant ? S'agit-il de dénonciation ou de propagande ? La question est-elle destinée à demeurer indécidable, comme celle du rapport de Warhol et du pop art à la consommation ? Caricature ou complicité objective ?

Par ailleurs, la plus grande originalité que manifestent les arts plastiques, en régime de capitalisme triomphant, suffit-elle à les distinguer structurellement des œuvres ennuyeuses produites sous le régime du socialisme triomphant ? Ne pourrait-on pas soutenir qu'il s'agit de deux formes de dénégation ? La première ferait l'effort de distraire le regard pour éviter qu'il s'attarde sur les malheurs et les injustices. L'autre se contenterait de l'endormir avec de pieuses platitudes…

Les arts plastiques auraient-ils secrètement partie liée avec le régime économique dont ils prétendent s'affranchir et qu'ils affirment critiquer ?

L'élitisme

Un indice nous est peut-être fourni par la parenté structurelle entre le fonctionnement de plus en plus élitiste de la classe économique dominante, que certains appellent l'hyperbourgeoisie, et le modèle de l'individu d'exception qui a cours dans le monde des arts — individu ou petit groupe d'individus —, occupé à créer le futur pendant que le monde ordinaire est occupé au travail quotidien de la reproduction des conditions de vie.

Et si les individus ordinaires ne comprennent pas, il n'y a pas à s'inquiéter : leur incompréhension les disqualifie par avance. S'ils réagissent, s'ils s'indignent, s'ils sont révoltés par certaines œuvres, c'est qu'ils n'ont pas les moyens intellectuels et idéologiques d'y avoir accès. Leur critique est un aveu d'incompétence, de déqualification. Il est normal qu'ils ne soient pas à la hauteur des individus d'exception. Comme il est normal que les capitalistes et autres « développeurs » écartent du revers de la main les manifestations des petits actionnaires et les protestations des citoyens : ils ne comprennent pas, ils n'ont pas les moyens de comprendre, ils sont voués par définition au non-savoir et aux combats d'arrière-garde.

Partout, les mécanismes d'autoprotection et d'auto-justification des élites se ressemblent. Art et capitalisme s'entendent pour produire des versions adaptées à leurs besoins de la république platonicienne.

La gratuité

Un deuxième indice tient peut-être à cette réflexion qui voit dans la gratuité un luxe de riche. La gratuité, c'est bien, mais encore faut-il avoir les moyens de se la payer ! Ces œuvres d'art « gratuites », affranchies de toute utilité, qui peut se les offrir sinon les plus riches ? La gratuité serait-elle le luxe ultime des hyperriches ?

C'est Breton qui définissait l'acte surréaliste par excellence comme étant l'acte gratuit et qui, pour illustrer son propos, évoquait le fait de prendre un révolver, de descendre dans la rue et de « tirer au hasard, tant qu'on peut, dans la foule[73]. » Si c'est le cas, il y a actuellement beau-

---

73. André Breton, *Second manifeste du surréalisme, Œuvres complètes*, T. I, coll. « La Pléiade », Paris, Gallimard, 2008, p. 782.

coup de surréalistes sur la planète. Des surréalistes qui, dans bien des cas, ont troqué le révolver contre la kalachnikov, la ceinture d'explosifs ou le camion piégé.

On objectera que le terroriste terrorise au nom d'une Cause abstraite : sa religion. À cela, on peut répondre que l'acte surréaliste était, lui aussi, accompli au nom d'une Cause abstraite, bien que la définition de cette cause demeurait dans le flou : Art véritable, rejet de toute Cause, gratuité érigée en absolu...

Par ailleurs, on peut voir dans le saccage de l'environnement et les systèmes d'exploitation que sont les ateliers de travail illégaux (*sweat shops*) une des formes généralisées du projet de Breton : ces systèmes permettent en effet, année après année, de tuer de façon arbitraire et imprévisible des milliers de personnes. Plus précisément : de tuer de façon prévisible des gens dont l'identité est imprévisible. Quel magnifique acte gratuit !

Ici encore, même mécanisme : cause érigée en absolu (la liberté d'entreprise, le profit) et victimes choisies au hasard... Vraiment, le surréalisme ne s'est jamais porté aussi bien !

Sur la complicité objective de l'art avec le capitalisme, il est évidemment impossible de conclure après une évocation aussi rapide de leurs convergences. Il n'en demeure pas moins qu'on peut observer, dans les deux domaines, des similitudes de fonctionnement qui s'apparentent à des phénomènes d'emballement.

Que l'on vende de la provocation qui méprise l'univers de la consommation ou que l'on vende des produits de consommation à coups de provocation publicitaire, il semble qu'on devienne dans les deux cas prisonnier d'une logique d'escalade.

La provocation, pour se maintenir, doit en effet s'inscrire dans la logique du toujours plus, car la répétition l'émousse. Comme s'émousse l'attrait de l'objet nouveau, plus performant, qui a une image plus *in*. Comme s'émousse l'excitation provoquée par la drogue. Il faut alors une dose plus forte, une provocation plus poussée…

Il faut aller plus loin dans la transgression. Tout l'art, toute la consommation semblent être pris dans cette logique de stimulation —> émoussement des sensations - sentiment de manque —> surstimulation —> nouvel émoussement…

L'art comme drogue alternative pour lutter contre la drogue qu'est la consommation? L'art comme méthadone? Comme moindre mal?

DÉCONSTRUIRE LE ROMAN :
LE NARCISSISME EXTRÊME[74]

On pourrait croire que la littérature, à cause du caractère plus stable du mot écrit, et à cause du processus linéaire de décodage qu'implique la lecture, serait un terrain moins propice aux emballements et autres phénomènes de montée aux extrêmes. Que les réactions y seraient plus distanciées, plus mesurées. Et pourtant…

Les comportements et phénomènes extrêmes sont plus évidents quand ils impliquent des corps souffrants, des individus humiliés, des délits spectaculaires, des prouesses technologiques ou des agressions verbales.

La littérature a néanmoins connu, au XXᵉ siècle, sa propre montée aux extrêmes. Ainsi, dans les chaumières littéraires de France, c'était l'euphorie : il ne s'agissait de rien de moins que de saboter le roman, de manipuler les règles d'écriture pour détruire « l'histoire racontée ». L'entreprise a occupé une grande partie du siècle.

Cette montée esthétique aux extrêmes n'est pas en elle-même très spectaculaire. Quand c'est l'évolution des formes artistiques qui se radicalise, et que cette évolution n'est assortie d'aucun comportement délinquant excessif, le phénomène échappe facilement au radar des médias.

---

74. Ce chapitre est la version largement remaniée d'un article précédemment paru dans la revue *Alibis* : Jean-Jacques Pelletier, « Enquête sur le polar — 2. Le polar à l'ère du soupçon », *Alibis*, nº 30, printemps 2009, p. 99-124.

Surtout quand les formes artistiques en question sont des formes littéraires, même pas susceptibles de procurer de bonnes images. Et pourtant, le sol a tremblé dans la littérature française au cours du xxe siècle.

LE SUICIDE ASSISTÉ DU ROMAN

Au xxe siècle, l'évolution du roman français, dans sa partie la plus reconnue par l'institution littéraire — disons, pour faire court, de Gide au Nouveau Roman —, peut se résumer à une entreprise de démolition : on met en pièces la structure romanesque en s'attaquant aux règles fondamentales de son fonctionnement.

Les quatre principaux moyens employés sont : le striptease du roman, le sabotage du narrateur, l'élimination des personnages et la disparition de l'histoire…

Sabotage, élimination, disparition… On se croirait en pleine affaire criminelle. C'est comme si, dans la structure même de son évolution, le roman était devenu policier ! Cela mérite enquête.

Pour instruire cette affaire, on invoquera le témoignage de certains des écrivains les plus réputés du siècle dernier, français pour la plupart.

Le striptease du roman

Premier témoin appelé à la barre : André Gide. Sous sa gouverne, le roman entreprend de se démystifier, de rendre visibles les ficelles de la narration.

Making of avant la lettre, quasi-ancêtre littéraire de la téléréalité, le roman entreprend, sous la plume de Gide, de révéler ses dessous — en termes plus académiques, de « se montrer se faisant ». Bref : de divulguer les trucs du métier qui sont garants de son efficacité. De montrer comment fonctionne la mécanique romanesque, comment l'auteur procède pour manipuler le lecteur.

Avec *Paludes* et *Les faux-monnayeurs* commence en effet ce que l'on pourrait appeler le striptease du roman. L'histoire racontée se fait plus discrète. C'est maintenant la construction de la mécanique romanesque qui prend le devant de la scène. Au programme : le travail de fabrication du roman, la genèse de l'œuvre et l'insondable mystère du «désir de roman» de l'auteur.

Bien sûr, l'entreprise n'est pas totalement nouvelle. Il y avait déjà eu Diderot, et son narrateur qui interpelle le lecteur pour lui souligner l'arbitraire de ses décisions.

Il y avait eu Cervantes, qui contestait en les parodiant les formes romanesques alors dominantes du roman de chevalerie.

Il y avait même eu, au début du XIIIe siècle, Raoul de Houdenc. Dans *Méraugis de Portlesguez*, l'auteur mettait en scène un narrateur qui avoue au lecteur son ignorance, se fait contester par un second narrateur et s'amuse à prendre des métaphores au pied de la lettre[75].

En fait, il semble qu'il y ait eu, dès l'origine du roman, des éléments d'antiroman dans le roman[76]. Par contre, ces éléments étaient habituellement liés à une forme de parodie.

Toutefois, avec la période qui va de Gide au Nouveau Roman — toujours pour faire court —, cet effort paraît se généraliser. Et, surtout, il devient sérieux. Au point même de servir de ligne de partage entre ce qui est «littéraire» et ce qui ne l'est pas ; entre les écrivains et les simples «écrivants» de Barthes.

Objectif avoué : ne plus être «mimétique». Détruire l'illusion de réalité produite par le roman. Dévoiler les

---

75. Isabelle Arseneau, «Méraugis de Portlesguez ou l'art de railler et de faire dérailler la mécanique du roman», *Études françaises*, vol. 47, n° 2, 2011, p. 21-37. On peut trouver le roman sur Internet à : http://books.google.ca/books/about/Méraugis_de_Portlesguez.html?id=r-M-AAAAYAAJ&redir_esc=y

76. Voir notamment : Ugo Dionne et Francis Gingras (dir.), «De l'usage des vieux romans», *Études françaises*, vol. 42, n° 1, 2006.

techniques et les choix arbitraires sur lesquels repose cette illusion. Libérer le lecteur. L'empêcher de s'évader. Faire en sorte qu'il ne puisse plus « embarquer » dans l'histoire. Rendre impossible toute identification aux personnages. Refouler le lecteur dans le réel. Page après page. Ligne après ligne. Lui rappeler sans cesse que le roman est un roman. Qu'il ne faut pas prendre la représentation pour la réalité.

Tout au long du siècle, plusieurs des écrivains réputés les plus « littéraires » s'efforceront d'achever le travail entrepris par Gide. De pousser toujours plus loin cette démolition.

L'entreprise va culminer avec le Nouveau Roman, dont les visées de rééducation du lecteur ne sont pas sans rappeler les intentions similaires des extrêmes gauches politiques que célébraient sans nuances plusieurs intellectuels de l'époque. Avec, à la clé, le même a priori : les gens sont naïfs et crédules, on va les éclairer. On va les guérir de leurs sottes illusions. On va désenchanter le roman.

Saboter le narrateur

Le narrateur constitue le deuxième point d'attaque de cette entreprise de démolition. Puisque c'est sur ses épaules que repose le récit, on va saboter son travail, on va le neutraliser.

Dans le roman classique, le narrateur se fait oublier. Il s'efface pour ne pas s'interposer entre le lecteur et l'histoire, pour lui laisser l'impression qu'il en est témoin en temps réel, qu'elle se déroule sous ses yeux

Les néoromanciers veulent briser cette naïveté. Ils veulent détruire la relation naïve que le lecteur entretient avec l'histoire qu'on lui raconte. Pour cela, ils s'efforcent de rendre le narrateur visible. Plus sa présence est insistante, plus elle accapare l'attention, moins il sera facile pour le lecteur de s'abandonner à l'illusion réaliste.

Ce sabotage du narrateur a fait lui aussi l'objet d'un processus d'escalade.

Deuxième témoin appelé à la barre : Proust. Avec lui, les choses commencent doucement. Il ouvre les hostilités sur deux fronts : le je et le passé composé… D'accord, le je et le passé composé, on a déjà vu plus révolutionnaire. Et pourtant…

Proust commence *À la recherche du temps perdu* au « je ». Il marque ainsi que ce n'est pas une histoire qui se déroule d'elle-même devant les yeux du lecteur, mais que c'est quelqu'un qui raconte. Quelqu'un qui manifeste ouvertement sa prise de parole.

Deuxièmement, ce quelqu'un parle au passé composé — c'est-à-dire du point de vue de celui qui connaît déjà la fin de l'histoire qu'il raconte — au lieu d'utiliser le passé simple, un temps qui laisse au lecteur l'illusion que l'histoire racontée se déroule en temps réel et que le dénouement est encore en suspens.

Évidemment, Proust ne détruit pas la narration. On peut même facilement prétendre qu'il l'enrichit. Mais, en jouant sur l'ambiguïté entre narrateur et auteur, roman et récit, il introduit une tension dans la structure romanesque que d'autres vont pousser à la limite.

Une stratégie différente consiste à multiplier les narrateurs et à leur attribuer chacun leur propre version de l'histoire, parfois partielle, parfois en contradiction avec celle des autres. On trouve notamment cette technique dans *Le quatuor d'Alexandrie*, de Lawrence Durrel.

Pour obtenir un effet similaire, l'auteur peut également, de manière épisodique, faire irruption dans le roman. Substituer sa voix à celle du narrateur. De cette manière, le lecteur ne sait plus toujours qui parle ; ni quelle créance il doit accorder à ce qu'on lui raconte.

Ici encore, le but n'est pas nécessairement de détruire la narration, mais de l'enrichir et de montrer, sinon sa partialité, du moins son caractère partiel.

Et puis, il y a la méthode Céline. Avec lui, on quitte l'interpellation épisodique, facilement repérable. Au début, la voix de l'auteur se cantonne dans le prologue. Elle explique les conditions dans lesquelles est écrit le roman. Puis, d'œuvre en œuvre, elle intervient en cours de narration. De plus en plus massivement. Au point, dans certains textes, de finir par occuper toute la place. De dévorer le roman tout entier. Le lecteur doit alors se rendre à l'évidence : ce n'est pas d'abord une histoire qu'on lui raconte ; c'est surtout une voix qui l'interpelle et le prend à partie.

Supprimer l'histoire

Le troisième point d'attaque est l'histoire elle-même. Comme le lecteur est en mal d'illusion romanesque, comme il s'attend à ce qu'on lui raconte une histoire, on va tout faire pour que l'histoire disparaisse sous ses yeux.

Ici encore, Gide a fait un travail de pionnier. D'abord en intervenant comme auteur dans le récit, faisant état de ses doutes et de ses réactions. Puis par la mise en abyme, qui effectue un court-circuit entre l'univers raconté et celui de la réalité.

Mais tout ça pourrait encore passer pour un jeu, pour une façon de rendre la narration plus intéressante. D'autres iront plus loin.

Nouveau témoin : Breton. Le pape du surréalisme lui-même.

Détruire, dit-il. D'autres s'en souviendront… Sa position est l'une des plus radicales. Et des plus claires : le roman est mis à l'Index. Raconter une histoire est dépassé. Pire : incurablement bourgeois. Aucune procédure d'appel n'est recevable. Comme tout le monde sait, les édits pontificaux ne se discutent pas… La voie du Nouveau Roman est tracée.

Bien sûr, la plupart des néoromanciers n'avaient pas le privilège de l'excommunication que s'était octroyé le pape du surréalisme. En conséquence, ils ont adopté une voie plus discrète : non pas éliminer l'histoire, mais la saboter. Par un minutieux travail de sape. En rendre la lecture moins « naturelle ». En faire une longue exaspération pour lecteur en attente de fiction réaliste.

Certains bousculent la chronologie, un peu à la manière du montage au cinéma. D'autres amorcent des histoires pour les interrompre brusquement, de manière à heurter la conviction des lecteurs que le roman mène quelque part. D'autres encore, comme Claude Simon, étouffent l'histoire sous une accumulation envahissante de descriptions.

Une autre méthode consiste à remplacer la chronologie, comme principe d'organisation, par des règles de construction arbitraires. Par exemple, l'auteur peut composer son œuvre à partir de séries. Proust lui-même utilise le procédé dans le début de la *Recherche* : la série des réveils, la série des chambres…

Le champion toutes catégories de la construction romanesque à partir de critères hétérogènes, c'est James Joyce. Dans *Ulysse*, chaque chapitre est associé à un épisode des aventures d'Ulysse, à un organe du corps humain, à une couleur, à un art… L'intention qui préside à l'utilisation de telles règles, c'est de montrer que le déroulement de la narration résulte de choix arbitraires de l'auteur — et non pas d'une nécessité interne de l'histoire qui tiendrait aux événements racontés.

Georges Perec, quant à lui, transpose dans l'écriture même l'arbitraire de cette méthode : dans *La disparition*, il fait le choix d'écrire tout le roman sans employer la lettre la plus utilisée de la langue française : le « e ».

Sous une forme ludique, Vian sabote lui aussi la lecture « naturelle ». Soit il prend les métaphores au pied de la lettre (quelqu'un qu'on plante là prend racine), soit il introduit, dans une histoire qui se présente comme réaliste, des éléments totalement étrangers au monde réel : le pianocktail, le nénuphar qui pousse dans le poumon de Chloé, les enfants de chœur armés d'une mitrailleuse à hosties en embuscade dans un autobus...

Chez Vian, l'intention semble toutefois différente : il s'agit moins de saboter l'histoire que de la faire échapper à la réalité quotidienne pour faire accéder le lecteur à un univers plus poétique.

Liquider les personnages

Sans narrateur pour le guider, sans trame narrative facilement repérable, le lecteur peut toujours trouver un point d'ancrage dans les personnages qu'il rencontre de façon récurrente. En bonne logique, les néoromanciers se sont donc efforcés de les faire disparaître, eux aussi. C'est le quatrième point d'attaque.

Cette liquidation des personnages peut prendre de nombreuses formes : l'auteur peut les multiplier sans qu'il y ait de personnage principal ; il peut aussi les rendre contradictoires, limiter l'information à leur sujet, ou même les réduire à de simples pronoms.

Nathalie Sarraute, pour sa part, privilégie un autre mode d'élimination : elle substitue aux personnages des tropismes, sortes de réactions élémentaires fugaces qui affleurent à peine à la conscience.

Quant à ceux qu'on pourrait appeler les romanciers de l'absurde et de la perte du sens — de Kafka à Sartre, en passant par Camus, Malraux et Bernanos, pour ne nommer que ceux-là —, ils adoptent une approche différente. Ils préservent l'histoire, mais ils vident les personnages de leur « psychologie » au profit des interrogations métaphysiques qui les obsèdent : pourquoi la souffrance ? pourquoi le mal ? quel est le but de l'existence humaine ?

Au lieu de s'intéresser d'abord au personnage lui-même, dans la singularité de sa biographie, ils l'universalisent en se concentrant sur ses angoisses (Kafka, *Le terrier*, *Le procès*), sur sa réflexion philosophique (Sartre, *Les chemins de la liberté*), sur ses problèmes moraux et métaphysiques (Bernanos, *Journal d'un curé de campagne* ; Camus, *La peste* ; Malraux, *La condition humaine*), ou sur son sentiment de l'absurde (Camus, *L'étranger* ; Sartre, *La nausée*).

Chez certains auteurs, comme Kafka, le corps même du personnage peut devenir le théâtre de ces interrogations. Elles ne sont plus posées, elles sont vécues par les personnages, soit à travers l'errance (*Le château*), soit dans leur corps même (*La colonie pénitentiaire*, *La métamorphose*).

À divers degrés, ils passent du statut de personnage à celui de porte-parole — soit de l'auteur, soit de différents points de vue moraux et philosophiques sur le monde, soit même d'idéologies.

Enfin, il y a Beckett. De *Murphy* à *L'innommable*, en passant par *Molloy* et *Malone meurt*, les héros de Beckett incarnent physiquement les étapes et les facettes de cette érosion du personnage.

Murphy s'enferme dans sa chambre. La vie de Molloy tourne autour de son corps, dont les morceaux connaissent tour à tour des problèmes, quand ils n'ont pas déjà disparu. Malone a pour principale activité d'attendre la mort et de meubler son attente en inventant des fragments d'histoire. Quant à l'Innommable, il a perdu une grande part de ses sensations et de sa mobilité, une partie de sa forme humaine a disparu et il ne connaît que deux activités : attendre et pleurer… Pleurer est d'ailleurs un terme excessif : il serait plus juste de dire que des larmes coulent. Comme s'il s'agissait d'un simple processus, qui se perpétue par la force de l'inertie, plutôt que d'une activité.

Tout compte fait, dans le cas de Beckett, il est sans doute plus pertinent de parler de liquéfaction — de décomposition, de désagrégation — plutôt que de liquidation des personnages.

La purification du roman

Au terme de cette aventure formelle, ce qui reste, c'est un roman sans narrateur, sans personnages, sans « histoire ». Un roman pur. Purifié.

Fait notable, cette quête de « pureté » romanesque a été contemporaine d'une entreprise de purification d'une tout autre nature — raciale et ethnique, celle-là — qui a eu cours dans la société européenne au milieu du siècle dernier.

Les purificateurs ont toujours des motifs. Quels étaient donc ceux des purificateurs du roman ?

Souvent, pour justifier leur attaque contre le personnage — et contre l'ensemble de la structure narrative —, ils invoquent comme repoussoir le roman classique du XIXᵉ siècle. Ils allèguent son insupportable prétention à rendre compte de la réalité psychologique des êtres, à expliquer rationnellement leur conduite.

Étrangement, pour lutter contre la simplification rationaliste des personnages, ils ont choisi de les faire disparaître. Pour protester contre la simplification que constitue toute mise en récit, d'éliminer la narration.

Une autre voie était pourtant possible : la complexification. Complexifier les personnages, mettre en scène leur irrationalité et leurs incohérences, montrer leur difficulté à se comprendre eux-mêmes et à se faire comprendre.

Autrement dit, faire voir à quel point ils sont irréductibles à une explication[77].

De façon similaire, il aurait été possible de densifier l'histoire : multiplier les intervenants et les lieux d'intervention, complexifier les interactions, articuler le local au mondial…

C'est d'ailleurs la voie qu'a choisie une grande partie de la littérature — souvent réputée moins « littéraire », il est vrai, mais souvent plus informée scientifiquement et plus soucieuse de rejoindre un grand public — qu'on appelle parfois populaire, parfois paralittéraire.

Le roman « littéraire », de son côté, a préféré la voie de la déconstruction formelle. Pour quelle raison avoir fait ce choix ? Seulement pour contester le roman psychologique ?

Il faut reconnaître aux auteurs des motivations proprement esthétiques. Ainsi, Nathalie Sarraute et Alain Robbe-Grillet partent du constat que le roman n'est pas de taille à lutter contre le cinéma du point de vue d'un strict réalisme. Pour survivre, il doit se rabattre sur sa spécificité : l'écriture.

Céline prend acte que les impressionnistes ont réagi à la photographie en mettant l'accent sur l'émotion ; pour réagir à la concurrence du cinéma (et de l'ensemble des médias), il entend faire la même chose.

En ce sens, la montée aux extrêmes peut aussi se comprendre par un souci d'individualité, d'unicité appliqué

---

77. Il faut reconnaître que c'est ce que font, jusqu'à un certain point, Camus et Nathalie Sarraute, le premier avec le personnage de Meursault, la seconde avec le recours aux tropismes. Ils s'efforcent de rendre manifeste l'irréductibilité d'un individu à une explication. Dans *La nausée*, Sartre étend à l'ensemble du réel, et à chacun de ses éléments, cette impossibilité de dégager un sens. Mais, dans le cas de ces auteurs, il s'agit moins de faire voir une complexité qui échappe à une explication que de simplement montrer une absence d'explication et de sens.

aux formes d'expression elles-mêmes. Comme une stratégie de distinction au sens premier du terme.

On peut aussi chercher le véritable motif de cette «déconstruction» du côté de ses effets. Peut-être faut-il s'intéresser à ce que les avancées formelles épargnent. À ce qu'elles mettent en valeur… Bref, trouver à qui profite le crime.

L'ÉPIPHANIE DE L'AUTEUR :
LE MONUMENT AU MILIEU DES DÉCOMBRES

Une fois l'histoire, le narrateur et les personnages évacués, que reste-t-il ?

L'auteur.

C'est la figure centrale qui émerge des ruines de la fiction. L'auteur libre-entrepreneur de son œuvre. Libre de faire ce qu'il veut. L'auteur dont l'arbitraire des décisions s'étale partout. Là est probablement un des secrets de la longue équipée formelle du roman.

De l'œuvre à l'auteur

L'auteur.

Voilà le nouveau personnage privilégié par l'écrivain. Autrefois moyen de l'œuvre, il devient ce que le travail de l'œuvre doit manifester. L'accent s'est déplacé. D'une littérature d'œuvres, on passe à une littérature d'auteurs.

Ce qui est alors demandé au lecteur, sous couvert de refus de la facilité, c'est de s'intéresser à l'auteur : d'explorer longuement et avec patience son travail de construction. Ou plutôt, de déconstruction. Le maître mot est : intéressez-vous à moi ! Directement à moi. Et pas par le détour d'une histoire. Intéressez-vous à mon travail d'écriture. À ma façon de me jouer des lecteurs et de leurs attentes… Prenez plaisir à voir comment je vous piège, comment je déçois vos attentes de lecteur !

Pour lire, pour lire de la vraie littérature s'entend, il faut désormais être critique. C'est sans doute pourquoi, hormis une brochette d'intellectuels, d'universitaires et d'élites cooptées — autrement dit de critiques reconnus, en voie de reconnaissance ou putatifs —, le public n'a pas vraiment suivi.

Devant le constat d'impasse auquel aboutit la démarche de «déconstruction» du roman, qui visait à saboter l'illusion représentative, s'amorce alors un retour à la fiction. Mais sur quoi écrire, s'il n'y a plus d'histoire, plus de narrateur ni de personnages?

Sur soi, bien sûr.

L'autofictif

C'est alors que l'autofiction s'est mise à prospérer. Le titre d'un livre de Christine Angot explique clairement le projet: *Sujet Angot*. En termes clairs: «Ça parle de moi.» Mais avec, en plus, une certaine auréole de scientificité, comme si ce sujet était un sujet d'étude.

Désormais, l'auteur ne se révèle plus simplement par la forme de son roman. Ou par le choix de ses thèmes. Il devient à la fois sujet et objet de son écriture, même quand il se donne les apparences de la prise de distance en utilisant le narrateur objectif. Le sujet de la fiction, ça reste l'auteur.

Sujet écrivant, objet d'écriture. Et, par la suite, objet d'analyse. De spéculation sur la part de vérité et la part de fiction qu'il y a dans son œuvre…

Le lire, c'est se vouer à penser à lui. L'escalade formelle se double d'une surenchère dans le narcissisme.

Prédécesseure de cette autofiction, il y eut l'autobiographie romancée, qui joue sur la frontière entre les genres; c'est la voie qu'a empruntée un des principaux représentants du Nouveau Roman, Robbe-Grillet, quand il a amorcé un retour à la fiction. Dans *Les mots,* Sartre, qui approuvait les visées idéologiques du Nouveau Roman, romance et falsifie sa propre enfance pour la faire correspondre à ses théories... et à ses fantasmes inavoués.

Le champion toutes catégories de ces biographies romancées, c'est Carlos Castaneda. Dans son cas, il devient non seulement difficile de distinguer entre le réel et la fiction, mais l'œuvre acquiert un tel poids qu'elle finit par restructurer la vie réelle de l'auteur. On a l'impression d'assister à un phénomène d'autoengendrement de l'auteur par l'imaginaire.

L'étape suivante, c'est la biofiction. L'auteur s'empare de la vie des autres pour la mettre au service de son propre imaginaire, de ses propres idées, convictions ou parti pris idéologique. Plusieurs des livres de Sartre consacrés à des écrivains illustrent ce type de détournement, où la vie du biographé devient un simple matériau, infiniment interprétable et falsifiable, au service du biographe. On pense à son *Baudelaire*, à son *Saint Genet comédien et martyr*, à son *Flaubert*...

Retour à la fiction, donc. Mais à une fiction investie par un certain narcissisme. Robbe-Grillet l'avouait d'ailleurs candidement: « Je n'ai jamais parlé que de moi. »

Étrange destin qui conduit à se mettre en scène, soi-même et son activité, pour dénoncer les artifices de la mise en scène; à se représenter pour éliminer la représentation; à se mimer soi-même pour ne pas mimer la réalité.

On pourrait alléguer que l'autofiction n'est qu'une façon littéraire de souligner, comme Robbe-Grillet le fait, que toute perspective narrative est subjective.

Par ailleurs, puiser dans sa propre vie pour alimenter sa création n'est pas une nouveauté. Simone de Beauvoir, notamment dans *L'invitée* et *Les mandarins*, utilisait déjà sa propre vie et celle de Sartre comme matériau narratif, de même que celle de leurs amis et de leurs connaissances. La part de fiction demeurait cependant importante et les situations largement transposées. Il s'agissait moins de mettre en scène des personnes que des points de vue philosophiques[78].

Avec Christine Angot, on franchit une nouvelle étape. La transposition est de plus en plus transparente. Comme si la fiction se calquait de plus en plus étroitement sur la réalité. On a presque l'impression d'assister à un portrait en direct. Portrait-charge, bien souvent. On a alors le sentiment d'être confronté à un éditorial qui se donne l'alibi de la création artistique.

Impossible de lire *Le marché des amants* et, surtout, *Les petits*, sans se demander s'il s'agit d'un règlement de compte avec Élise Bidoit, l'ex-conjointe de son nouveau compagnon. Impossible de ne pas savoir que, dans *L'inceste*, elle parle de son père. Au point qu'elle-même se demandera plus tard si elle n'a pas précipité sa mort[79].

Quel est alors l'effet de la fiction ? Montrer la relativité subjective de la réalité ou la manipuler en imposant une interprétation que le lecteur pourra croire réaliste ? Roman ou règlement de compte par auteure interposée ?

Finalement, ce qui dérange le plus, dans le cas Angot, ce n'est peut-être pas tant le narcissisme que le vampirisme dont il se double. Il ne s'agit plus seulement de la vie du sujet Angot, mais aussi de celle de tous les autres qui sont asservis au regard d'Angot.

---

78. Ce qui n'a pas empêché certaines personnes de se reconnaître dans les personnages mis en scène dans les romans de Simone de Beauvoir et de s'estimer victimes de son entreprise littéraire. Bianca Lamblin a notamment publié *Mémoires d'une jeune fille dérangée* pour répondre à la publication des écrits posthumes de Simone de Beauvoir. La version anglaise du livre porte un titre plus explicite sur le traitement qu'elle estime avoir subi : *A Disgraceful Affair*.

79. Anne Crignon, « Angot : la vie des autres », *Le Nouvel Observateur*, 10 février 2011, p. 56.

Cela pose la question des limites du droit à la création vis-à-vis du droit à la vie privée.

Portrait du littéraire en ultralibéral

Il est tentant de voir dans cette posture littéraire une pose narcissique tout à fait en accord avec l'individualisme sans frein qu'exige la logique du marché.

Pour fonctionner, l'illusion réaliste et le roman mimétique exigent que l'auteur s'efface, qu'il occulte les traces de ses choix et de son travail ; c'est ce qui permettait au lecteur d'avoir l'illusion d'une communication directe, en temps réel, avec l'histoire racontée.

Or, un tel effacement de l'individu est très peu dans l'air du temps, marqué tout au long du siècle par la montée d'un individualisme conquérant dans tous les domaines.

On peut se demander si plusieurs romanciers dits «littéraires» n'ont pas, souvent sous couvert de pourfendre la bourgeoisie et les attentes bourgeoises des lecteurs, mené un combat d'arrière-garde et attaqué des formes sociales déjà sur le déclin. Et si, ce faisant, ils n'ont pas défendu avec acharnement (et de façon inconsciente) les intérêts de la nouvelle forme sociale montante : l'ultralibéralisme, qui fonctionne à l'ultraindividualisme.

On peut se demander s'ils n'ont pas participé à la promotion de cet individualisme triomphant, dont le projet ultime est de réaliser une atomisation sociale décrétée indispensable au fonctionnement du marché généralisé cher aux ultralibéraux : un marché économique, mais aussi un marché social et culturel avec, à la clé, une démocratie conçue comme un marché des libertés.

Pour approfondir ce sujet, c'est toute la question des avant-gardes artistiques qu'il faudrait examiner. C'est le rapport entre l'élitisme artistique et les élites économiques qu'il faudrait interroger — le rapport entre la volonté de repousser les limites en art et celle d'échapper à toute limite morale et politique dans l'organisation économique de la société.

Pour l'instant, contentons-nous de prendre acte de cette épiphanie de l'auteur et de la montée concomitante de l'individualisme dont elle paraît témoigner. Contentons-nous de constater que le phénomène de montée aux extrêmes, même circonscrit au plan formel, débouche sur une forme extrême d'individualisme.

Sauf que les choses en restent rarement au plan formel. En même temps que la frange réputée la plus littéraire de la littérature se réfugiait dans l'atmosphère raréfiée du métaroman, la littérature dans son ensemble était la proie d'un véritable processus inflationniste.

Cette explosion semble en bonne partie fondée sur un des acquis de l'expérimentation littéraire : la primauté de l'auteur.

L'ACHARNEMENT À PUBLIER : LE DROIT UNIVERSEL AU NARCISSISME

Si écrire, c'est écrire sur soi, et si c'est au public de s'adapter à l'écriture des auteurs, tout le monde peut être écrivain. Or, c'est exactement ce qui semble se passer.

De façon paradoxale, c'est au moment où l'audiovisuel achève de supplanter l'écriture comme média dominant que la littérature connaît sa plus grande diffusion. Jamais autant de livres n'ont été publiés[80]. Jamais autant d'auteurs n'ont écrit.

---

80. Ce phénomène n'est sans doute pas étranger au fait que les coûts de production de la littérature n'ont jamais été aussi bas quand on les compare à ceux des autres moyens d'expression artistique.

La multiplication des auteurs

Au Québec, le nombre des romanciers qui réussissent à vivre de leur plume se compte probablement sur les doigts d'une main ; on peut y ajouter une petite poignée de scénaristes. En France, une enquête récente estimait à 200 le nombre d'auteurs qui vivaient au-dessus du seuil de pauvreté.

Et pourtant, le nombre d'auteurs, réels et en attente de publication, ne cesse d'augmenter. Il y a d'abord les écrivains professionnels qui, sans nécessairement vivre de leur plume, consacrent à l'écriture une part significative de leur vie. Il y a aussi tous les aspirants-écrivains, tous ceux qui ont chez eux des manuscrits, qu'ils travaillent et retravaillent dans l'espoir d'être un jour publiés. Et puis, il y a tous ceux qui publient leurs œuvres sur Internet.

En fait, il est aujourd'hui difficile de rencontrer quelqu'un qui ne soit pas persuadé de porter en lui un livre, qui ne se perçoive pas comme un auteur potentiel. « J'ai toutes les idées de mon livre dans ma tête : il reste seulement à l'écrire… »

C'est ainsi que des écrivains se font offrir des « collaborations » : « Je vous donne mes idées, vous les écrivez, on partage les droits d'auteur… » Il ne reste qu'à l'écrire ! Une affaire de rien !

Et puis, il y a les blogues. Chacun y expose en continu l'évolution de ses pensées. Chacun rappelle son existence au reste de l'univers sur Twitter. Et chacun écrit sa bio en continu sur Facebook Avec la collaboration de tous ceux qui veulent bien y ajouter : soit en y apparaissant à titre d'ami, soit en enrichissant le mur d'accueil du propriétaire de la page. L'autobiographie devient alors, paradoxalement, une sorte d'œuvre collective.

On parlait autrefois de commettre un livre. Il y avait là l'expression d'un risque. L'entreprise n'allait pas de soi. Aujourd'hui, la publication est largement vue comme une sorte de droit, associé au droit à l'expression (et accessoi-rement à celui de faire une «passe» d'argent). D'ailleurs, souvent, on n'écrit plus un livre: on le dicte, quitte à ce qu'un collaborateur (s'il est nommé) ou un nègre (si son existence est dissimulée) se charge de le mettre en forme, de le rendre lisible.

Pour ceux qui ont atteint une certaine célébrité, dans quelque domaine que ce soit, l'écriture d'un ou de plu-sieurs livres, en fin de carrière, fait partie d'une sorte d'évidence. C'est comme si on se fondait sur le raisonne-ment implicite suivant: être célèbre implique qu'on a quelque chose à dire, et donc le droit — certains diraient: le devoir — de l'écrire. L'autobiographie et le livre de souvenirs deviennent alors une stratégie pour demeurer dans les médias, pour «apporter des retouches» à son image publique.

Ce droit à l'expression ne se manifeste pas seulement chez les vedettes politiques, médiatiques et sportives. Même à l'université, on voit désormais les thèses de créa-tion littéraire terminer leurs jours dans le catalogue des maisons d'édition sous la rubrique romans. Auparavant, on publiait des romans d'apprentissage; maintenant, on édite des apprentissages de roman.

D'où la déferlante des œuvres… Et ce n'est pas un mince paradoxe que de voir cette explosion des auteurs et des œuvres survenir au moment même où les tirages diminuent (à l'exception des quelques œuvres qui accè-dent au rang de best-sellers). C'est comme si le besoin de laisser des traces écrites, de manifester sa présence sur papier, se moquait de la difficulté grandissante d'établir un contact avec un public de lecteurs.

Dans certains cas, l'auteur en arrive même à voir son personnage public comme l'œuvre principale qu'il doit créer. Comme si être reconnu auteur était plus important qu'écrire.

Cette volonté de publier et d'être reconnu comme auteur illustre bien la mutation qui s'est produite dans l'individualisme occidental.

Devenu néolibéral, l'individu libre-entrepreneur de lui-même doit se mettre en valeur et donner la meilleure représentation qu'il peut donner de lui-même. Il est son propre capital. Sa vie est son œuvre. Elle est une histoire qu'il doit scénariser et raconter le mieux possible. Comme « auteur » de lui-même, il est responsable de ce qu'il en fait. Il y va de son être. Parce que son être tend à se réduire à sa représentation.

Pour réaliser son œuvre (sa biographie), il doit faire un usage stratégique de lui-même ; autrement dit, optimiser l'usage de ses ressources en adoptant les attitudes les plus appropriées, en se mettant efficacement en scène et en racontant le mieux possible son histoire. Bref, il doit « performer sa vie », comme le dit Christian Salmon. Il doit se faire fructifier lui-même, comme capital humain, de manière à augmenter sa valeur ; ou, du moins, à empêcher qu'elle se déprécie[81].

C'est ce type d'obsession que traduisent le désir d'être *winner* et la peur d'être *loser*. Et c'est essentiellement ce que mettent en scène les émissions de téléréalité : le combat de chacun contre tous pour augmenter son capital d'appréciation.

La multiplication des œuvres

Prenons le cas du roman. Le rythme actuel de publication excède désormais la capacité de lecture du lecteur moyen… et du lecteur tout court. Personne ne peut lire deux, trois ou quatre romans par jour… à vie.

---

81. Sur l'individu néolibéral libre-entrepreneur de lui-même et contraint de faire fructifier sa propre valeur par des stratégies narratives, voir : Christian Salmon, *op. cit.*, p. 130-136.

Et cela, c'est sans parler de ce qui nous vient des autres pays. Car, au déluge de papier d'origine autochtone s'ajoute maintenant, mondialisation oblige, le raz de marée des traductions.

La Bible et *Le petit livre rouge* de Mao avaient montré la voie. Ce phénomène de best-seller international est maintenant observable à l'extérieur des milieux religieux : la mise en marché planétaire des *Harry Potter* et la présence du même groupe de romans dans tous les aéroports de la planète en sont de bons exemples[82]. Ils constituent l'aspect le plus visible de cette prolifération de best-sellers qu'on empile dans les librairies et dont la persistance sur les rayons se paie d'une rotation plus rapide des autres livres — ou de leur incapacité à y accéder.

C'est là un autre des paradoxes liés à cette prolifération des œuvres : plus il se publie de livres, plus leur durée de vie diminue. Les lois de la distribution font que le temps de présence moyen d'un livre, sur les tablettes des librairies parisiennes, n'est plus que de quelques semaines.

En fait, une librairie se divise maintenant en trois parties : il y a les best-sellers, qui occupent le devant de la scène ; il y a le fonds, constitué des classiques ; et il y a ce qu'on pourrait appeler le manège, où se succèdent, de plus en plus rapidement, les nouveautés du moment... On pourrait y ajouter la cave, où reposent les caisses des envois d'office, qui seront bien souvent retournées aux distributeurs sans même avoir été ouvertes.

Les lois physiques sont impitoyables. Si la surface de tablette est une constante et que le nombre de livres est une variable en croissance, deux solutions sont possibles :

---

82. L'existence des best-sellers peut aussi être vue comme alimentant la survie de la lecture en tant que phénomène social parce qu'elle permet aux lecteurs de se parler d'un livre qu'ils ont lu chacun de leur côté. Ce serait l'envers et le complément compensatoire de la spécialisation en niches du raz-de-marée des publications.

ou bien le temps de tablette diminue, ou bien certains des livres ne se rendent pas sur les tablettes (ce qui est une variante de la première solution).

La seule autre solution serait l'augmentation continuelle de la surface de plancher des librairies…

La prolifération des catégories

Une des solutions imaginées par les éditeurs pour assurer une certaine permanence en librairie à leurs titres, c'est la collection. On pourrait y voir une forme maîtrisée, encadrée, de prolifération : des objets pas nécessairement identiques, mais qui ont certaines caractéristiques communes, ce qui permet de cibler une clientèle particulière. Les amateurs de romans policiers ont *La série noire* ; les exégètes des grands classiques, *Les Belles Lettres*… Cette stratégie a pour avantage de rentabiliser l'espace d'exposition en maximisant la probabilité que le client intéressé par un des livres de la collection en achète plus d'un.

Ce dispositif a entraîné un découpage de la production romanesque en genres, sous-genres et sous-sous-genres. Le cas du roman policier est à cet égard exemplaire : on a vu apparaître le roman d'énigme, le roman de détection, le roman mystère, le roman noir, le roman procédural, le roman *hard boiled*, le roman judiciaire, le roman médico-légal, le roman de tueur en série, le suspense, le thriller, le thriller politico-religieux…

À cette classification par genres et sous-genres s'est superposé un découpage géographique. On a maintenant le polar suédois (Mankell), écossais (Rankin, McDermid), italien (Scerbanenco, Fruttero et Lucentini), japonais (Seicho Matsumuto, Natsuo Kirino), français (Manchette, Demouzon), sud-africain (Deon Meyer)…

Même les Harlequin n'ont pas échappé à cette prolifération des sous-genres, chacun se caractérisant par des degrés différents d'exotisme et d'érotisme.

Au fond, l'évolution du roman — et de la gestion commerciale du roman — a épousé le processus de personnalisation et de diversification de l'offre qui a marqué l'ensemble du marché de la consommation dans la dernière partie du XXe siècle. De même qu'il y a la haute couture, très médiatisée et reconnue, mais presque pas portée, et puis différents niveaux de vêtements, qui vont de la grande collection au prêt-à-porter de bas de gamme, de la même manière, il y aurait, nous dit-on, la grande littérature, très reconnue et peu lue, et puis toute une hiérarchie de productions littéraires, qui vont des auteurs populaires qui flirtent avec la grande littérature jusqu'aux romans de gare et aux Harlequin, en passant par le polar, la littérature jeunesse et la *chick lit*.

C'est comme si les éditeurs tentaient de contrer leurs difficultés de vente par une exploitation de tout ce qu'ils perçoivent comme des niches[83].

LE ROMAN À TOUTES LES SAUCES

Hybridation et métissage

Ce processus de spécialisation, paradoxalement, s'accompagne d'une tendance à la fusion. Alors que les spécialistes de la mise en marché multiplient les étiquettes et les collections spécialisées, ce qu'on peut observer dans la pratique romanesque, c'est un vaste processus d'hybridation. On a l'impression que tout ce qui existe comme genre ou sous-genre de roman se met à assimiler des éléments des autres.

Aujourd'hui, il n'est pas rare de voir un roman intégrer à la fois des éléments de roman policier, de science-fiction,

---

83. Étant donné que la connaissance des littératures dites de « genre » est une chose très inégalement répandue, même chez les éditeurs, il en résulte souvent de joyeuses confusions : une collection de polars s'intitule « Thriller » ; des romans fantastiques sont édités dans une collection « Polar » ou « Science-fiction »…

de suspense ou d'espionnage. Au point que certains parlent maintenant de roman « transgenre[84] ».

De la même manière, les frontières entre le roman dit populaire et le roman dit littéraire apparaissent plus fluides : alors que le roman littéraire emprunte allègrement aux thématiques des romans dits paralittéraires, ces derniers manifestent un souci de l'écriture qui n'a plus rien à voir avec les romans populaires du XIXe siècle. En témoigne le passage d'écrivains provenant de l'univers du roman policier ou de la science-fiction à des maisons d'édition et à des collections réputées plus littéraires. En témoignent également la publication de Simenon à La Pléiade et l'entrée de Dumas au Panthéon.

Autre forme de métissage : celle des discours. Dans un roman, il n'est plus exceptionnel de rencontrer des extraits de chanson, des courriels, des grands titres de journaux, des extraits d'émissions de télé ou de radio, de pièces de théâtre, d'articles scientifiques. Chez Houellebecq, les références aux marques prolifèrent. Beigbeder imagine des pubs. Yann Martel, dans *Virgile et Béatrice*, intègre allègrement au roman la fable animalière, l'essai, le théâtre, des listes, un jeu questionnaire, l'autofiction et la critique littéraire.

Dans *Vie Secrète*, Pascal Quignard mêle le roman, la poésie, l'essai, le conte, le journal intime, l'aphorisme, le fragment… Une pratique de décloisonnement des genres qu'il a poursuivie par la suite. Comme il le dit lui-même : « en moi tous les genres sont tombés[85] ».

L'impérialisme des médias audiovisuels

On pourrait envisager l'évolution du roman comme une exploitation des ressources de l'audiovisuel : à la télé et au

---

84. Il serait plus exact d'utiliser le terme « multigenres », puisqu'il n'y a pas migration d'un genre à un autre, comme dans les opérations de changement de sexe, mais intégration d'éléments de plusieurs genres.

85. http://www.seroux.be/spip.php?article388 (consulté le 5 décembre 2011)

cinéma, il emprunte le rythme nerveux et saccadé du montage, la brièveté des séquences, la multiplicité des lieux et des points de vue, la préoccupation de maintenir l'intensité… pour ne nommer que ces traits.

En fait, cette exploitation a plutôt l'allure d'une mise en tutelle du roman par les médias de l'image : ils lui imposent leurs codes, leur rythme heurté ainsi que leurs exigences de scénarisation. Comme indication de cette hégémonie des médias audiovisuels, on peut également mentionner le dévoiement des talents : plusieurs romanciers doués pour le « montage » de l'histoire optent pour la carrière plus payante de scénariste.

Autre signe : autrefois, c'étaient les romans qui étaient adaptés au cinéma ; maintenant, il n'est pas rare de voir des films être « novellisés » ou même donner naissance à des séries romanesques ; ces publications sont alors vues comme des « produits dérivés ».

Et puis il y a la mise en marché. C'est sans doute la manifestation la plus évidente de l'impérialisme médiatique. À chaque rentrée, la compétition est féroce : c'est la lutte de la rentrée littéraire avec la rentrée musicale, la rentrée théâtrale, la rentrée télé et la rentrée cinématographique. D'où l'importance d'une mise en marché extrême pour s'arracher les premières pages, les critiques, les « plogues » radio et télé… Pendant le reste de l'année, le combat se poursuit dans les pages culturelles et les émissions de « plogues ». En pratique, ne pas exister dans les médias revient à ne pas exister. Au mieux : à avoir une existence marginale.

Du texte linéaire à l'image instantanée

Cette évolution est sans doute à mettre en relation avec celle qui nous a fait passer d'une civilisation de l'écrit à une civilisation de l'image.

Un tel passage ne signifie évidemment pas que le texte écrit va disparaître — il y a même toutes les chances de le voir proliférer encore plus —, mais qu'il fonctionne désormais sous le régime du média dominant qu'est l'image.

En toute justice, il faut souligner que le cinéma avait déjà emprunté au roman et à la peinture cette idée d'un éclatement de la forme. Mais on peut douter du fait que les innovations du Nouveau Roman aient eu une influence sur le cinéma de même ampleur que le montage cinématographique a pu en avoir sur la production romanesque.

Une telle prééminence de l'image renforce l'enfermement dans l'ici-maintenant.

Le texte, comme inscription linéaire dans l'espace, suppose en effet une lecture qui est un parcours, un déroulement dans le temps. La lecture rapide n'est au mieux qu'une accélération de ce processus par économie des points de repère qu'il faut assimiler pour être en mesure de reconstruire mentalement le sens du texte.

L'image, au contraire, se présente comme une révélation susceptible d'une appréhension globale instantanée. Elle est moins affaire de raisonnement que de perception immédiate d'une organisation spatiale. Peu appropriée à « l'analyse » d'un contexte — au sens de la mise au jour des liens entre ce qui est montré et ce qui l'entoure, des liens avec ce qui l'a rendu possible et ce qu'il va provoquer —, elle excelle à révéler instantanément un ensemble de détails, à livrer une ambiance, à traduire une émotion. C'est pourquoi, lorsqu'il est mis en image, le contexte est réduit à un amalgame que le regard doit faire un effort pour examiner de façon détaillée.

Un tel examen est encore plus difficile dans le cas d'une production audiovisuelle. Pour vraiment « voir » un film, il est souvent utile de le regarder sans la bande-son.

Du livre aux médias de masse audiovisuels

En littérature, cette prééminence de l'image explique qu'on vende maintenant des auteurs plutôt que des livres, que les photos des auteurs se multiplient sur les jaquettes et les affiches, et que le vrai critère de la réussite, en littérature, soit de passer à la télé.

N'existe maintenant, dans le monde littéraire, que ce qui est consacré par les médias. Le reste vivote dans différents incubateurs que le bon goût nous prie d'appeler des « milieux ».

Et si on s'intéresse au contenu, on ne peut que constater la prolifération des livres « d'auteur », centrés sur la narration d'une « expérience personnelle » de la vie... Bien sûr, tout projet d'écriture suppose par définition l'assomption de la subjectivité. Mais ce qui est frappant, c'est que cette subjectivité s'exprime désormais au premier degré : elle consiste à dire « je » et à parler de soi comme si le témoignage de son expérience subjective du monde se résumait à un aveu, à une confession.

Une certaine forme de journalisme, où le témoignage tend à cannibaliser le reportage, relève du même esprit : « Mon expérience de l'Iran », « Tel grand homme tel que je l'ai connu », « Ma vie à Bagdad », « Ma rencontre avec »... Ou, plus simplement, mes « Carnets de voyage ». Ma vie au jour le jour pendant ma traversée de l'Amérique... en suivant le Tour de France... en visitant le site d'une catastrophe humanitaire...

En résumé, on ne crée plus un monde en utilisant le filtre de ses perceptions, de ses croyances et de ses idées, on remplace tout ça par un compte rendu sur soi-même, qui utilise accessoirement des éléments de la réalité comme faire-valoir. Une version littéraire, pourrait-on dire, des photos de voyage du genre « Moi devant les Pyramides », « Moi devant le Taj Mahal », « Moi devant la tour Eiffel »...

LA RÉALITÉ COMME FICTION

La perte des limites

Cette évolution apparente vers le narcissisme cache cependant un questionnement plus profond sur le statut même de la réalité. Ce dont témoigne l'évolution du roman français, tout comme celle de la musique et des arts visuels, c'est que la notion de progrès, mise de l'avant depuis le siècle des Lumières, tend à se réduire à la notion d'escalade. Du «mieux», on semble être passé au «plus», tenant confusément pour acquis que le deuxième est la signature quantitative — et donc plus facilement lisible et mesurable — du premier.

Érigeant la nouveauté et la quantité en critères de valeur, on se retrouve alors sans moyen de discriminer entre ce qui innove et ce qui est simplement provocant. Entre ce qui est de l'ordre du mieux et ce qui est de l'ordre du plus. Et aussi, par conséquent, sans moyen pour identifier ce qui pourrait être de l'ordre du «trop»… puisque tout dépassement de limite est en soi désirable, recherché et valorisé.

Une conséquence de ce perpétuel dépassement des limites — et par conséquent de leur caractère de limite —, c'est l'impossibilité où on se trouve de distinguer les domaines. Par exemple: où est la ligne de partage entre la réalité et la fiction? Qu'est-ce qui est roman et qu'est-ce qui est récit historique? Où finit le compte rendu et où commence l'interprétation des faits?

C'est ce vacillement des limites, tout autant que la montée du narcissisme, qu'illustre la montée de la biofiction.

LE STATUT INCERTAIN DE LA BIOFICTION

Les pratiques de la biofiction sont multiples et le rôle qu'y joue le narcissisme est très variable. Dans certains cas, l'investissement personnel se limite à inclure dans le récit des souvenirs ou des commentaires personnels ; dans d'autres, c'est le choix assumé d'un point de vue personnel sur l'ensemble de l'histoire racontée.

En fait, dans la biofiction, il y a beaucoup plus qu'une simple autofiction déguisée. On y trouve notamment un retour à la volonté de raconter des vies, mais en tenant compte de la « faillite des grands récits » (Lyotard), qui empêche de croire à une distinction stricte entre les faits et la fiction. De là la volonté de ces nouveaux postromanciers de faire éclater les frontières entre les genres et d'avoir recours à l'imaginaire pour explorer la réalité historique — de « raconter les faits » à partir d'un point de vue individuel personnel ou même d'un personnage fictif (ou réinventé)[86].

Désormais, le roman, c'est de la fiction plus quelque chose d'autre, semble-t-il. Une revue des prix littéraires de 2011 l'illustre bien.

- Prix Renaudot : Emmanuel Carrère, *Limonov*, un mélange de fiction, d'enquête et de biographie.
- Prix Femina : Simon Liberati, *Jayne Mansfield 1967*, un récit qui se présente comme un mélange de biographie, de procès-verbal d'accident et de collection de faits divers…
- Prix Médicis : Mathieu Lindon, *Ce qu'aimer veut dire*, un mélange de fiction et de souvenirs personnels, où l'auteur met en scène ses rencontres avec Michel Foucault et Hervé Guibert.

---

86. Ce point de vue est développé notamment dans : Marc Dambre, « Des vies rêvées, » *Le magazine littéraire*, octobre 2011, p. 8-12.

- Prix Renaudot des lycéens : Delphine de Vigean, *Rien ne s'oppose à la nuit*, un récit qui intègre les souvenirs de l'auteure de sa mère décédée. Le livre a aussi reçu le Prix du Roman Fnac et le Prix du Roman France Télévisions.
- Prix Interallié : Morgan Sportès, *Tout, tout de suite*, reconstitue l'histoire du gang des Barbares.

Cette tendance à mêler fiction et réalité était déjà manifeste les années précédentes. En 2010, le prix Goncourt du premier roman était attribué à Laurent Binet pour *HHhH*, un récit qui se présente comme une enquête historique sur la mort de Heydrich.

En 2009, Frédéric Beigbeder remportait le Renaudot pour *Un roman français*, dans lequel l'auteur recompose à l'intérieur d'une fiction les souvenirs d'une incarcération pour possession de drogue.

Si on sort de la série des « prix », on constate que plusieurs écrivains se tournent vers des récits inspirés de la réalité. Ainsi, les trois derniers romans de Jean Echenoz sont consacrés à des personnages historiques : Maurice Ravel (*Ravel*), Emil Zátopek (*Courir*) et Nikola Tesla (*Des éclairs*).

Les écrivains ont aussi fait l'objet de ces croisements entre roman, biographie et même récit de voyage : Alain Borer a publié *Rimbaud en Abyssinie*; Alain Goetz, *Le Coiffeur de Chateaubriand*, Pierre Michon, *Rimbaud le fils*; et Guy Goffette, *Verlaine d'ardoise et de pluie*.

On peut se demander pourquoi tous ces livres sont présentés comme « romans » par les éditeurs. Une première réponse est que cela se vend mieux. Mettre « roman » sur la couverture d'un livre fait augmenter les ventes[87]. Alors, les éditeurs ont compris : désormais, tout est roman.

---

87. David Caviglioli et Grégoire Leménager, « La fin du roman ? », *Le Nouvel Observateur*, 24 novembre 2011, p. 68-70.

Ces motivations commerciales n'expliquent cependant pas tout. À commencer par la volonté des écrivains de décloisonner leur pratique.

Décloisonnement par rapport aux genres, pour mêler dans une même histoire des éléments historiques, des analyses inspirées des sciences humaines, des éléments de fiction…

Décloisonnement aussi en s'ouvrant à l'autre et en intégrant la fiction et la réalité dans une approche qui échappe aux dichotomies rassurantes du type fiction/réalité, moi/l'autre, fait/imaginaire… — autrement dit, en questionnant, à l'intérieur même de la littérature, l'opposition réalité/littérature.

II

Portrait
de l'Occidental
en extrémiste *soft*

L'univers des productions culturelles voit sa logique de plus en plus définie par le spectacle omniprésent de l'extrême, par le fonctionnement survolté des médias ainsi que par la poursuite artistique de l'excès et de la transgression.

Les individus, qui baignent en quasi-permanence dans cet univers, entretiennent avec lui une relation ambiguë.

D'une part, ces produits culturels sont pour eux des miroirs dans lesquels ils ont plaisir à reconnaître une partie de ce qu'ils sont. En ce sens, ils sont rassurants. Ils confortent leur identité.

Toutefois, ces miroirs sociaux sont en même temps source de malaise.

Spectacles de divertissement, excès médiatiques et transgressions artistiques semblent en effet reposer sur un même a priori non formulé : l'existence humaine ordinaire est ennuyante et n'a pas de sens. À tel point que les trois proposent une même solution : l'excessif comme moyen d'insuffler de la vie à cette existence morne, qui ne semble mener nulle part.

Par ailleurs, ce que l'individu découvre également dans cet univers du spectacle, c'est une certaine norme sociale. Une norme incarnée par des individus dont les comportements sortent de l'ordinaire. Proposés à la collectivité comme des modèles à admirer, ils sont également des modèles à suivre. Ils exercent de ce fait une pression de conformité. Dès lors, l'individu ne peut que constater l'écart qui existe entre lui et les modèles qu'on lui propose.

Jusque-là, rien de très nouveau. Les récits mythologiques sur les dieux gréco-latins (dans l'Antiquité) et les « vies de saints » (dans l'univers chrétien) tenaient un rôle similaire : prendre des héros exemplaires et les proposer comme modèles inspirants à l'admiration des fidèles. Ces récits étaient en quelque sorte l'équivalent des journaux à potins actuels et des émissions de télé sur les vedettes.

Ce qui change, par contre, c'est le caractère extrême des modèles maintenant proposés. D'une certaine façon, dieux grecs et saints catholiques avaient déjà des comportements qu'on pourrait qualifier d'extrêmes. Mais ceux d'aujourd'hui se distinguent de ces héros de plusieurs façons. Non seulement leurs qualités physiques et plastiques sont extrêmes, mais leur saturation de l'univers l'est également : impossible d'y échapper[1].

Extrême, aussi, est leur proximité apparente avec les individus puisqu'on s'efforce paradoxalement de présenter ces nouveaux habitants de l'Olympe, malgré leurs qualités exceptionnelles, comme des individus ordinaires. C'est comme s'il n'y avait plus de distance entre la réalité quotidienne et le monde idéal.

Quand les dieux sont sur Terre, il apparaît encore plus injuste et plus frustrant de ne pas parvenir à être soi-même un Dieu.

Tout cela est renforcé par le fait que les individus peuvent de moins en moins compter sur une identité déjà constituée pour savoir qui ils sont : au contraire, la construction de cette identité est maintenant leur tâche, une tâche qui apparaît de plus en plus irréalisable à mesure que s'extrémisent les modèles qu'on leur propose.

---

1. Un autre changement majeur tient au fait que le saint était un modèle d'humilité et d'abnégation, alors que les modèles actuels participent d'une valorisation exacerbée de l'ego et de la consommation.

L'information, la publicité et l'humour sont trois de ces miroirs qui contribuent à refléter/fabriquer l'identité des individus.

Ces trois miroirs, malgré leurs différences, ont des points communs. Le premier, c'est d'être habités par des processus d'intensification et d'exacerbation semblables. Le deuxième, c'est d'avoir partie liée avec le divertissement, ce qui peut être vu comme un atout permettant de faire accepter plus facilement l'aspect normatif des modèles proposés.

L'information, qui prétend à une description objective de la vie humaine, se présente de plus en plus comme une entreprise de fascination divertissante. La publicité, qui explicite les pulsions et les désirs secrets des êtres humains en les utilisant pour vendre, a entrepris de devenir le nouveau milieu global narcissique dans lequel se meut l'individu consommateur. Quant à l'humour, qui souligne les travers des individus, des groupes et des institutions, il permet de tout dédramatiser, de tout désacraliser, y compris la personne humaine. Bref de désamorcer les sources de tension.

On découvre alors que l'extrême n'est pas que spectacle. Il n'est pas confiné aux événements extérieurs auxquels l'individu est confronté. Il s'agit aussi d'une tendance largement intériorisée, qui peut être observée dans la représentation que l'individu se fait de lui-même et du monde, dans le mode de vie auquel il aspire ainsi que dans l'organisation des rapports sociaux.

Perpétuellement diverti, obsédé par son corps, sa santé, sa jeunesse, menacé par une violence multiforme qui s'étale dans tous les aspects de la vie, le consommateur occidental rêve d'un cocon totalement sûr et confortable, où il pourrait expérimenter sans la moindre contrainte tout ce qui est susceptible de manifester son unicité, de mettre en valeur ses ressources.

Bref, il se fantasme en extrémiste *soft*, jouissant douillettement du plaisir de cultiver sa singularité et de prolonger indéfiniment sa jeunesse.

A

LES MÉTASTASES
DU DIVERTISSEMENT

L'INFORMATION :
UN *MAKEOVER* EXTRÊME
DE LA RÉALITÉ

On pourrait croire que l'information nous éloigne de l'univers du spectacle. Pourtant, on peut y observer des processus d'intensification semblables, animés par la même logique de l'impact maximal.

L'INFORMATION CATASTROPHE

Pour assurer avec efficacité la diffusion d'une information, il faut maximiser ses chances d'être perçue. Et, pour cela, le moyen le plus sûr est d'augmenter son impact. Il faut que ça frappe. Et pas seulement que ça frappe : que ça frappe plus fort que les autres informations.

Cette logique structure l'ensemble du marché des informations. C'est pourquoi il est un peu futile d'opposer radicalement l'*infotainment*, dont le but est de divertir tout en informant, et l'information pure et dure, qui vise avant tout à instruire. Au mieux peut-on voir entre les deux concepts une nuance d'intensité — nuance au demeurant fragile, l'*infotainment* d'aujourd'hui ayant tendance à se rapprocher de l'information d'hier.

L'horreur et les mauvaises nouvelles

C'est un lieu commun : les bonnes nouvelles font de mauvaises cotes d'écoute. Sauf à titre exceptionnel. Par exemple, quand un enfant survit à une catastrophe (tsunami, tremblement de terre…). Et encore, dans ce cas-là, la bonne nouvelle n'a d'intérêt que sur fond de catastrophe.

On peut trouver régulièrement de ces nouvelles positives sur fond de catastrophe. Ainsi, ce titre à la une du *Soleil* : « Haïti : de l'espoir dans le chaos[2]. »

L'idée communément admise, c'est qu'une information réjouissante a un effet à peu près nul sur les BBM. À tel point que les bonnes nouvelles sont souvent soulignées par les présentateurs des bulletins d'information. Certaines émissions ont même cru utile, pour se démarquer — et aussi pour offrir une image plus « positive » — d'introduire dans leur grille « la bonne nouvelle de la journée ».

Cela revient à tenir pour acquis que tout le reste sera constitué de mauvaises nouvelles. Que les informations, c'est ce qui va mal. Et que, parmi toutes les choses qui vont mal, les plus intéressantes à couvrir, à transformer en informations, ce sont les pires. Parce que ce sont celles qui auront le plus d'impact sur l'auditoire.

C'est de cette façon que les informations, dans tous les médias, deviennent de plus en plus le bestiaire des horreurs que subit ou s'inflige l'humanité, la première occurrence n'excluant pas la seconde.

Les catastrophes naturelles, les génocides, les guerres, les drames sanglants, les tueurs en série, les épidémies et les scandales deviennent le nerf de la guerre… de l'information.

Ainsi, dans les premiers jours qui ont suivi le tremblement de terre qui a frappé Haïti, on a vu un journaliste approcher son micro d'un monceau de décombres pour tenter de faire entendre aux téléspectateurs les gémisse-

---

2. Yves Therrien, « Haïti : de l'espoir dans le chaos », *Le Soleil*, 4 septembre 2010, p. 1.

ments de ceux qui étaient pris dessous… Sans doute voulait-il ainsi faire progresser la compréhension des spectateurs. Les sensibiliser à la difficulté que présente le défi du déblaiement des ruines et de la reconstruction.

L'exceptionnel, le scoop

Les catastrophes ne sont pas toutes des drames absolus. Il ne s'en produit pas tous les jours. Et celles qui durent longtemps finissent par lasser… On n'a qu'à voir la rapidité avec laquelle le drame haïtien a disparu des médias ou la manière dont la marée noire du golfe du Mexique a fait disparaître toute préoccupation pour les ravages de Katrina, même si la région ne s'en était pas encore remise.

Comme n'importe quelle information, les comptes rendus de l'horreur, à force d'être repris, se banalisent. On s'y habitue.

Des milliers d'enfants meurent de faim chaque jour? Des femmes sont régulièrement victimes de crimes d'honneur? Le plancton, qui est la base de la chaîne alimentaire, est en train de disparaître? C'est banal. Rien de nouveau là. On en parlera une journée où il n'y aura rien d'autre. De toute façon, ce sera encore d'actualité.

En attendant, on a du véritable inédit. De tout nouveaux scandales : Tiger Woods a trompé sa femme! Lance Armstrong s'est dopé! Paris Hilton entreprend une nouvelle cure de désintoxication! À seize ans, Justin Bieber publie son autobiographie!

La sélection des informations présentées par les médias est guidée par une logique de l'exceptionnel. Une logique qui tend à éliminer l'ordinaire, l'habituel, le banal. Que quelqu'un se suicide au ralenti en mangeant avec acharnement du *fast food*, il n'y a rien là d'intéressant. Que quelqu'un meure étouffé parce qu'il y avait un boulon dans son *fast food*, ça, par contre, c'est de l'information.

Mais l'exceptionnel est par nature exceptionnel. Faute d'exceptionnel, c'est à la nouveauté qu'échoit la tâche de sortir l'information de la banalité quotidienne. On entre alors dans la logique du *scoop*. Et s'il n'y a pas de neuf, on « scoopisera » tout ce qui tombe sous la main. C'est l'ère du grand n'importe quoi. « En exclusivité, le nouveau régime de telle vedette »… Ou encore, telle autre vedette « face au défi de sa vie » : elle va tenter de compléter son secondaire ! On a même eu droit, en *scoop*, aux principaux points que le curé allait aborder, dans son sermon, pour la cérémonie funéraire d'un homme politique !

Jamais en reste, la publicité utilise aussi le *scoop*. Il y a, par exemple, ces extraits de film ou d'émission de télé que l'on peut voir des mois et des mois avant que le film ou l'émission soit lancé. Il y a aussi les *making of* d'une émission que l'on passe peu de temps avant la première représentation, dans l'espoir de gonfler au maximum l'audience lors de la première.

La notoriété et la proximité

Dans certaines conditions, des événements qui ne sont pas vraiment exceptionnels peuvent acquérir un caractère dramatique susceptible de justifier l'intérêt des médias : ou bien ils sont arrivés à quelqu'un de connu (quelles que soient les raisons de cette notoriété), ou bien ils concernent une personne très près du public — idéalement, l'un d'entre eux.

Pour illustrer le premier cas de figure, on peut mentionner les quelques jours de prison de Paris Hilton, qui ont suscité tout un délire médiatique, alors que la condamnation à la prison à vie d'un criminel peu connu échappe habituellement au radar des médias. Au mieux, il méritera une demi-ligne sur un fil de presse.

Le deuxième cas de figure permet d'éclairer la disparité du temps d'antenne accordé à des informations en apparence équivalentes. Il y a des morts glorieuses, dont il faut parler et garder le souvenir, et il y a des morts banalisées, qu'on a intérêt à passer sous silence.

Il y a aussi des morts dont on doit minimiser l'importance pour désamorcer les réactions populaires (par exemple, les soldats américains tués en Irak et en Afghanistan) et des morts dont on doit maximiser l'importance parce qu'ils justifient une guerre ou une répression militaire (par exemple, les victimes d'attentats terroristes).

Il en va de même des massacres : certains doivent être dénoncés (par exemple ceux effectués par des terroristes) et d'autres peuvent être négligés pendant des années, comme les nombreuses guerres non *glamour* qui continuent de faire des victimes un peu partout sur la planète.

De la même manière, le 11 septembre est devenu synonyme de l'attentat contre le World Trade Center, à New York en 2001 ; tout le monde oublie que, le 11 septembre 1973, le président du Chili était assassiné à la suite d'un complot soutenu par les États-Unis.

Et si on évoque une attaque aérienne, au cœur d'une capitale, qui a fait 2 ou 3 000 victimes, on pense encore au 11 septembre 2001 ; mais qui se souvient des avions et hélicoptères américains qui ont attaqué le quartier général de Noriega, à Panama City, ce qui a provoqué l'incendie de la quasi-totalité du quartier densément peuplé d'El Chorrillo ? Le nombre estimé des victimes de cette attaque oscille entre 1 000 (note interne de l'armée américaine) et 4 000 (maximum évoqué dans le rapport d'une commission d'enquête indépendante).

Cet apparent deux poids deux mesures en matière de mémoire historique est en grande partie une question de proximité. À horreur égale, ou même inégale, l'horreur proche est plus intéressante : elle a plus d'impact.

Prenons un jeune Palestinien dont la famille a été expropriée il y a deux ou trois générations, qui peut apercevoir tous les jours les terres d'où son grand-père a été expulsé et qui a vu plusieurs de ses proches se faire tuer ou emprisonner ; eh bien, il est probable que ce jeune Palestinien sera plus sensible à la mort des siens, victimes d'attentats ciblés par l'armée israélienne, qu'à celle d'inconnus dans des tours à bureaux de New York.

L'inverse est évidemment tout aussi vrai.

Des réactions à chaud

Une autre façon de créer de l'intensité, c'est la réaction à chaud : les victimes dans toutes leurs blessures et les témoins dans tous leurs émois.

Aux analyses de spécialistes assis dans leur bureau, on préfère toujours la description des événements par un témoin, même quand il a pour seul mérite d'avoir été sur place et qu'il débite avec enthousiasme une description incohérente et partielle des événements... ou qu'il explique avec force détails, en direct, qu'il n'a rien vu !

Devant le palais de justice, on plante le micro sous le nez de l'accusé et on lui pose des questions «songées» du style : «Est-ce que ça vous fait quelque chose d'avoir été condamné pour meurtre ? Comment vous sentez-vous ?»

Même les victimes n'échappent pas à cette voracité : «Trouvez-vous ça difficile d'avoir été violée ? Comment se sent-on quand son mari assassine ses deux enfants avant de se suicider ? Dites-nous tout. N'omettez aucun détail. On veut tout savoir.»

Bref, on ne veut pas de l'information sur les événements, on veut des réactions aux événements. Si possible à chaud. Comme s'il y avait là un gage de vérité.

D'où cet autre moyen d'intensifier l'impact, enseigné dans toutes les écoles de journalisme : personnaliser l'histoire. C'est comme si la règle du journalisme était devenue la suivante : le public ne veut rien savoir des analyses des événements. C'est tout juste s'il veut les voir. Ce qu'il désire vraiment, c'est voir et entendre une personne qui les incarne : si possible une victime, un criminel ou un sauveur — à peu près dans cet ordre.

Ainsi, le génocide du Rwanda, c'est un bon sujet ; mais le pied, c'est de voir les victimes. Ou mieux encore : voir un survivant entouré de victimes — si possible, l'ensemble de sa famille. Ou un bourreau... S'il n'y a vraiment rien d'autre, on pourra toujours faire intervenir un spécialiste pour qu'il nous résume — en trois ou quatre phrases maximum — les causes de ce massacre, les responsabilités des différents intervenants et ce qu'il convient de faire pour réparer les dégâts. Le tout, bien sûr, en voix *off* sur fond d'images de victimes et de massacres. Il faut du visuel. Avec un bon visuel, on peut faire passer n'importe quoi. Même des commentaires intelligents.

Et s'il n'y a pas de visuel, on en fabrique. Soit on fouille dans des banques d'enregistrements vidéo pour trouver du matériel filmé ailleurs, soit on récupère un enregistrement réalisé il y a plusieurs années, bref n'importe quoi susceptible d'ajouter un aspect dramatique ou spectaculaire aux propos des analystes. On peut aussi payer des victimes pour prendre la pose, quitte à se dédouaner ensuite à ses propres yeux en se disant qu'on leur a permis de rentabiliser leur malheur.

Lorsqu'on n'a pas le choix d'avoir recours à des experts — et c'est d'une certaine façon inévitable, ne serait-ce que pour des raisons d'image et de crédibilité —, on s'efforce de choisir toujours les mêmes, les plus télégéniques il va de soi, qui ont tôt fait d'acquérir le statut de quasi-vedettes et dont le retour régulier a l'avantage de ne pas dépayser le spectateur, de ne pas le distraire, pour qu'il puisse se concentrer sur le côté spectaculaire de l'information.

On reconnaît là, à peu de chose près, la formule du *freak show* humanitaire : recueillir des fonds en présentant des images insoutenables de misère humaine, de sous-alimentation et de mourants, le tout assorti de vedettes en larmes. Au fond, il s'agit de la recette de base de l'info-catastrophe, à laquelle on ajoute un témoin bouleversé, question de rester centré sur l'individu!

Un autre exemple de cette personnalisation, c'est le chef d'antenne qui se rend sur un lieu frappé par un drame humanitaire. Ou dans une zone de guerre. Il peut alors s'auréoler, le temps d'un bulletin d'informations, du courage de ceux qui affrontent quotidiennement le danger. C'est ainsi qu'on a vu des journaux télévisés débuter par « *Live from Baghdad* »… « En direct de Kandahar »…

Ce qui est troublant dans cette manie, ce n'est pas seulement que les risques encourus par les présentateurs ou les présentatrices sont bien moindres que ceux qu'affrontent quotidiennement leurs collègues correspondants de guerre. Ce qui dérange surtout, ce sont les ressources que mobilisent ces « vedettes » pour leur hébergement, leur alimentation et leur sécurité, dans des zones qui manquent souvent de tout. C'est aussi qu'ils accaparent souvent un travail que pourraient très bien effectuer des reporters locaux, les privant ainsi d'une de leurs rares sources de revenus.

On pense aux chefs d'antenne qui ont débarqué à Haïti pour couvrir en direct les conséquences du tremblement de terre et qui ont occupé, dans les ambassades, des espaces que ces dernières auraient pu offrir à des réfugiés.

En termes d'information, qu'est-ce que cela change que le chef d'antenne et toute l'équipe de production s'installent au cœur de la zone sinistrée? Les images du drame seront-elles plus parlantes? Les témoignages des victimes plus touchants? Les propos des reporters et des analystes plus pertinents? Plus éclairants?

UNE PRÉSENTATION PERCUTANTE

Malgré le choix du pire et de l'exceptionnel, le contenu de l'information n'est pas toujours capable d'assurer à lui seul un impact suffisant. On peut alors le rehausser en travaillant le style et le montage de l'information. Pour cela, les moyens abondent.

Le grand titre dévastateur

Il y a d'abord cette extraordinaire technique du grand titre ravageur suivi d'une première phrase qui l'annule. Dans le style : « Madonna ordonne à un jeune de se suicider. » Suivi de l'inévitable : « C'est du moins ce qu'affirme un jeune adolescent de quatorze ans très perturbé qui a tenté hier… »

Ce n'est pas un hasard si, dans un journal, ceux qui décident des titres ne sont pas ceux qui écrivent les articles. Le contenu des articles, à la rigueur, peut relever de l'information. Mais le titre a plus de parenté avec l'hameçon… ou le racolage.

Un style qui frappe

Quant au vocabulaire, il ne peut pas être neutre : ça manquerait de punch. Sur le plan du style, on va donc opter pour un vocabulaire percutant. L'homicide devient un « sauvage assassinat » ou un « meurtre sanglant ». On ne vole plus, on « dévalise » et on « saccage ». Une agression devient un « crime crapuleux »… On privilégie les formules fortement chargées émotivement : « le bourreau du village », « l'hôpital qui tue », le « viaduc de la mort », le « prédateur sexuel récidive », « David contre Goliath »…

Une autre recette largement utilisée, c'est l'ajout de l'expression « du siècle » après n'importe quoi. C'est ainsi qu'il y a une ou deux tempêtes du siècle par année, qu'on assiste régulièrement au combat du siècle, que la publicité nous offre tous les jours l'aubaine du siècle… et qu'un peu tout le monde se met à faire le palmarès du siècle : les 1 000 livres qu'il faut avoir lus, les 1 000 tableaux qu'il faut avoir vus, les 1 000 films qu'il faut avoir regardés… les 1 000 aliments naturels nécessaires à une bonne alimentation, les 1 000 restaurants où il faut avoir mangé… les 1 000 pires erreurs médicales… les 1 000 déclarations publiques les plus ridicules. Pour les consommateurs pressés, il existe des variantes des mêmes listes à 100 ou même à 10 items[3]…

Ce type de classement mise sur le désarroi du public. Ce dernier, dépassé par le déluge d'informations qui lui est désormais accessible, ne peut plus traiter qu'une partie dérisoire de l'information produite, que ce soit en matière de connaissances scientifiques, de films, d'œuvres d'art, de lieux à visiter, de logiciels, de romans, de thérapies, de connaissances générales… ou simplement de restaurants.

Le simple fait de prendre la mesure de ce déluge — et de son accroissement continu — n'est pas simple. Selon Eric Schmidt, le PDG de Google, l'humanité « crée tous les deux jours autant d'informations qu'entre le début de la civilisation et l'année 2003[4] ».

Les critères de l'analyse rationnelle classique, qui exigent du temps, ne permettent pas de faire face à la marée montante de tout ce qu'il faut trier, classer, évaluer. Vers quoi l'individu peut-il alors se tourner, ne serait-ce que pour effectuer un premier tri, dans tout ce qui est proposé à son attention ?

---

3. Dans le but de satisfaire ces mêmes consommateurs pressés, Hurtubise a même publié : *Théories en 30 secondes. Les 50 théories scientifiques les plus intrigantes, expliquées en moins d'une minute*. On retrouve dans la même collection : *Philosophies en 30 secondes, Théories économiques en 30 secondes, Politique en 30 secondes…*

4. Eric Schmidt, PDG de Google, (cité dans) « Neutralité du Net. Repères », *Libération*, 7 août 2010. http://www.liberation.fr/economie/0101650894-reperes (consulté le 27 novembre 2011)

Le premier critère vers lequel plusieurs se tournent, c'est l'impact. Ce qu'il faut retenir, c'est ce qui frappe le plus. Cela ne veut pas dire que l'individu abandonne nécessairement toute préoccupation pour la vérité, mais c'est comme si le souci de vérité ne venait qu'en second lieu et ne s'appliquait qu'à ce qui a réussi à s'imposer à l'attention par son impact. Et cela, c'est quand l'impact ne tient pas tout simplement lieu de critère de vérité.

Un formatage punché

À l'agressivité et à l'outrance du langage se superposent souvent celles du montage. On brutalise la perception en ayant recours à un montage éclaté, qui repose sur un morcellement de l'information : raccourcissement des scènes et gros plans dans les médias audiovisuels ; éclatement mosaïque de la page dans le journal, raccourcissement des textes, utilisation de plus gros titres, multiplication de sous-titres et d'extraits de texte encadrés…

Le texte écrit, par nature linéaire, se disloque en une multiplicité de fragments qu'il s'agit de recomposer. Cela permet au lecteur d'aller à différents niveaux de profondeur : la photo, le grand titre, les sous-titres, les courts passages encadrés, les premiers paragraphes, l'ensemble du texte.

L'information crépite, se renouvelle sans arrêt, ce qui est excellent pour satisfaire le besoin compulsif de nouveau qu'éprouve un auditoire présumé en déficit d'attention chronique — et, accessoirement, pour induire une fascination de type hypnotique. Par contre, pour ce qui est de favoriser une intégration structurée des informations…

McLuhan avait raison : le massage a remplacé le message. On est passés de messages ponctuels, bien délimités, à un massage continuel et diffus.

On peut se demander si être informé dans l'instant, à chaque instant, de ce qu'il y a de nouveau, ce n'est pas se vouer à ne jamais pouvoir comprendre par manque de recul, par manque de temps pour faire des liens, par manque de points de comparaison.

L'agressivité médiatique

La recherche d'un style percutant n'est pas seulement une question de vocabulaire, mais aussi de ton. À l'exacerbation du contenu de l'information correspond une montée généralisée, sous une forme habituellement civilisée mais bien réelle, de l'agressivité médiatique.

Prenons simplement les entrevues et regardons le chemin parcouru depuis 30 ou 40 ans. On ne pose plus de questions : on somme les gens de répondre. Et s'ils ne répondent pas, on les montre fuyant les micros, on souligne lourdement leur refus de répondre ou de rendre les appels. C'est comme si les médias étaient détenteurs d'un droit de sommation (puisque les gens ont le droit de tout savoir) et que refuser de répondre équivalait à se retrancher dans le camp des suspects et des coupables présumés.

La tendance des intervieweurs à couper la parole, à reposer la même question, presque à exiger la réponse qu'ils veulent entendre, participe du même phénomène. Certains vont même « magasiner » les opinions. Cette pratique consiste, pour un journaliste ou un recherchiste, à appeler l'un après l'autre différents experts dans une même profession, jusqu'à ce qu'il obtienne la réponse qu'il désire. C'est même devenu un sujet de plaisanterie. L'anecdote qui suit n'est qu'un exemple parmi d'autres. Un expert financier reçoit un appel d'un collègue pour le prévenir : « Un tel, de tel réseau de télé, va t'appeler. Je ne lui ai pas donné la réponse qu'il voulait. » Et, comme de fait, quelques minutes plus tard…

À la décharge de ces journalistes, il faut dire qu'ils doivent de plus en plus se défendre contre le fameux phénomène de la « cassette », ces messages préfabriqués que les interviewés professionnels ploguent à la moindre occasion : à toutes les questions, ils ressortent leur cassette, peu importe qu'il y ait un rapport ou non entre la question posée et le message qu'ils ont décidé de marteler…

Un exemple de ces cassettes a été publié dans *Le Soleil* : on y trouve des réponses toutes faites, pour les députés et ministres libéraux, sur un certain nombre de questions d'actualité que les journalistes sont susceptibles de leur poser[5].

Il est probable que ces deux phénomènes (cassette et agressivité médiatique) se renforcent mutuellement, comme dans les bonnes vieilles familles dysfonctionnelles, où les pathologies des uns alimentent celles des autres.

L'INFORMATION À L'ASSAUT DE LA VIE PRIVÉE

Cette agressivité médiatique, jointe au besoin de dramatiser l'information en se concentrant sur l'individu, a pour conséquence un envahissement de plus en plus marqué de la vie privée.

La vie privée des stars

Ce n'est pas d'hier que les vedettes du cinéma et de la chanson font l'objet de la curiosité des médias. Toutefois, au cours des dernières décennies, cet intérêt s'est accru au point de donner naissance à des dizaines (probablement des centaines) de revues et d'émissions de télé consacrées exclusivement à ce sujet.

Les paparazzis se sont multipliés et sont devenus plus agressifs. Ils n'hésitent pas à pourchasser leurs cibles à moto, à assiéger leur résidence et à les relancer au restaurant, à la plage ou dans leur suite d'hôtel. Le prix

---

5. Jean-Marc Salvet, « Des mots mis en bouche avec soin », *Le Soleil*, 2 février 2012, Cahier Actualités, p. 4-5.

des photos exclusives, prises à l'insu des personnes visées, atteint des records. Des sites Internet se spécialisent dans ce genre de photos, parfois à la limite de la pornographie.

Quant à Paris Hilton, elle représente le cas extrême où le mouvement s'inverse, où c'est l'exhibition incessante du comportement privé qui alimente les paparazzis.

Quand il s'agit de vedettes du cinéma, cette traque acharnée de la vie privée peut paraître en partie justifiée. On peut soutenir que le propre des stars, ce qui fait d'elles des stars, c'est de transgresser les normes. Qu'elles font ainsi la preuve qu'elles se situent dans une sorte d'*overworld* analogue à l'Olympe des dieux grecs, là où les règles qui régissent les simples mortels ne s'appliquent pas.

Faire scandale par la transgression des règles sociales courantes équivaudrait ainsi, pour elles, à une condition d'existence. D'où la nécessité de la chronique régulière de leurs excès… Comment expliquer autrement la collaboration qu'elles y apportent malgré des réticences occasionnelles ? Elles vont même s'inquiéter si on ne parle pas assez d'elles. Elles vont mettre sur pied leurs propres blogues, leurs propres fils Twitter, leurs propres sites Internet. Elles vont alimenter la chronique de ce qui leur arrive… Au besoin, elles peuvent même diffuser sur Internet leurs propres vidéos érotiques supposément piratées.

La vie privée des vedettes sportives

Pour la vie privée des vedettes du sport, la situation est un peu différente : même si elles ne recherchent pas les caméras de la même façon que les vedettes du spectacle, leurs écarts de conduite sont traqués avec la même minutie.

Quand il s'agit d'affaires criminelles, comme dans le cas d'O. J. Simpson, cette curiosité peut toujours se justifier par le fait qu'il s'agit d'une question d'intérêt public.

Mais quand il s'agit d'une infidélité conjugale, comme dans le cas de Tiger Woods, il est difficile de voir en quoi l'intérêt public est en jeu.

On pourrait toujours prétendre que Tiger Woods est devenu une sorte de marque de commerce et que les consommateurs ont le droit de savoir à quoi s'en tenir sur la valeur de cette marque… Sauf que ça repose sur un raisonnement pour le moins étrange : c'est comme si l'exemplarité de sa vie personnelle était garante de la qualité des rasoirs Gillette !

Le moins qu'on puisse dire, c'est qu'on nage dans une fort étrange rationalité. Une rationalité où l'on vend d'abord aux consommateurs une identité à travers un produit support. Et quand le produit réel, l'identité, ne satisfait plus le consommateur, ce dernier délaisse le produit support. D'où la réaction préventive des commanditaires, quand leur symbole identitaire bat de l'aile.

La vie privée des politiciens

Plus récemment, c'est la vie des hommes politiques qui a fait l'objet du même type d'intérêt. Le cas type demeure à ce jour les aventures sexuelles de Bill Clinton.

Quand il s'agit de justifier le voyeurisme public à l'endroit de la vie privée des hommes politiques, on invoque souvent une certaine impossibilité de séparer complètement leur vie publique et leur vie privée. Après tout, c'est avec tout ce qu'ils sont, y compris dans leur vie privée, qu'ils assument leurs fonctions publiques. D'où la nécessité de les connaître vraiment. Parce que, tôt ou tard, leurs lacunes et leurs défauts privés sont susceptibles d'avoir des répercussions sur leurs fonctions publiques.

·Pourtant, des modèles de vertu peuvent être d'insipides politiciens. À l'inverse, des gens à la moralité douteuse peuvent rendre d'inestimables services à leur pays.

Autrement dit, le lien entre vertu et utilité publique est tout sauf évident.

Par exemple, on pourrait faire un bilan positif du passage de Dominique Strauss-Kahn au FMI, en prenant pour argument sa plus grande sensibilité aux problèmes sociaux que ses prédécesseurs — et cela, malgré les mésaventures sexuelles qui semblent émailler sa vie privée.

À l'inverse, on pourrait sans doute faire un bilan dévastateur de l'action d'un premier ministre à la vie personnelle irréprochable, mais qui a contribué à détériorer le bilan environnemental de son pays, à compromettre son rayonnement culturel et à faire reculer la défense des droits de l'être humain[6].

Compte tenu de cela, il apparaît probable que l'intérêt pour la vie privée des hommes et des femmes politiques tient surtout à leur annexion progressive à l'univers des vedettes et des puissants, les deux catégories ayant tendance à se confondre.

À ce sujet, le comportement des électeurs est révélateur. Malgré ses mésaventures sexuelles et ses mensonges à répétition, Clinton a continué de bénéficier d'une popularité soutenue dans une grande partie de la population. En France, Alain Juppé a été réélu à la mairie de Bordeaux puis est redevenu ministre après avoir été convaincu de fraude — ce qui est quand même pire, du point de vue de la gouvernance politique, que les frasques cigarières de Clinton[7].

De tels exemples montrent bien la tolérance avec laquelle les citoyens évaluent la vie privée des hommes

---

6. On comprendra que la prudence impose ici une formulation générale, très peu personnalisée.

7. Mais moins dérangeant, il faut l'admettre, que les multiples réélections de Berlusconi.

politiques[8]. Ils laissent également penser que ce qui importe aux yeux des électeurs éventuels, ce n'est pas tant la volonté de tirer des conséquences politiques de ces informations, mais plutôt le plaisir de satisfaire une curiosité à la limite du voyeurisme.

D'autres facteurs peuvent aussi motiver cet intérêt ; par exemple, l'identification populaire à ces « héros » qui osent défier l'ordre public, qu'ils représentent pourtant, et qui sont en butte au reste de la classe politique, pour laquelle le peuple conserve une méfiance tenace teintée de rancune.

La vie privée de monsieur Tout-le-monde

Que les vedettes exercent une fascination qui alimente l'intérêt du public à l'endroit de leur vie privée, c'est compréhensible. Que la curiosité pour la vie privée des politiciens puisse se justifier par le pouvoir qui leur est confié, à la limite, il y a là une part de vérité. Mais comment expliquer que la même fascination puisse être observée à l'endroit de gens ordinaires ? De gens qui sont tout sauf « riches et célèbres » ?

C'est pourtant le cas avec plusieurs émissions de télé-réalité. De purs inconnus, dont on suit au quotidien la vie privée, quand ce n'est pas la vie intime et sexuelle, peuvent ainsi devenir des vedettes instantanées. Et des vedettes largement consentantes. Enthousiastes, même. Prêtes à tout pour maintenir les caméras braquées sur elles. Comme si elles acquéraient, par l'intermédiaire de

---

8. L'exemple de Clinton est assez étonnant, si on prend en compte la pudibonderie de la population américaine dans son jugement des hommes publics, pudibonderie qui est à l'opposé de la tolérance traditionnelle des Français pour les maîtresses et les frasques financières de leurs présidents... Encore que, pour les Français, les histoires récentes de Chirac, Balladur et Strauss-Kahn semblent favoriser une certaine évolution.

ce regard public, une valorisation qui amène un surplus d'existence.

De fait, ce calcul n'est peut-être pas faux, du moins à court terme. Il n'y a qu'à voir l'espace que les médias d'information consacrent à des individus comme Georges-Olivier (il a pris du poids), Geneviève (elle s'arrache la peau des ongles), Étienne (il est radieux sous le beau soleil), Chrystina (elle veut une augmentation du volume de ses lèvres pour Noël), Odile (elle a fait cuire son premier poulet à vie), Dany (il allume ses cigarettes avec le grille-pain) ou Nancy (elle a été larguée)[9].

Évidemment, ces participants d'*Occupation double* trouveront peut-être la transition difficile quand ils redeviendront des gens ordinaires et seront sevrés d'attention médiatique. Peut-être découvriront-ils alors à leur manière pourquoi Sartre, dans *Huis clos*, définissait comme un enfer le fait de dépendre du regard des autres pour exister.

Cet exhibitionnisme, comme stratégie d'existence publique, se manifeste de plusieurs autres manières. Sur Internet, les pages Facebook, les blogues et les pages «perso» prolifèrent. Un grand nombre d'individus éprouvent, semble-t-il, le besoin de documenter au quotidien, publiquement, leur vie privée. Certains vont jusqu'à installer des webcams dans leur appartement pour qu'on puisse suivre leur vie en direct, 24 heures sur 24.

Toutefois, un tel phénomène ne peut pas s'expliquer uniquement par un exhibitionnisme délirant. Les auteurs de ces pages et de ces sites ont un espoir raisonnable que des gens s'y intéresseront. Et, peut-être, s'ils ont de la chance, cela leur permettra-t-il de devenir célèbres... C'est

---

9. Vanessa Pilon, «Dany devra-t-il plier bagage?», *Le Journal de Québec*, 21 octobre 2011, p. 55. Vanessa Pilon, «Georges-Olivier a pris du poids», *Le Journal de Québec*, 21 octobre 2011, p. 55. Samuel Pradier, «Georges-Olivier a largué Nancy», *Le Journal de Montréal*, 2 décembre 2011, p. 43.

comme si la visibilité Web avait remplacé, dans l'imaginaire populaire, le quart d'heure de gloire à la télé promis par Warhol.

Le règne des sondages et des témoignages

Si la vie privée devient un enjeu majeur de l'information, cet intérêt ne se réduit pas aux comportements observables extérieurement. On s'intéresse aussi à ce que pensent les individus. À ce qu'ils pensent en privé.

Dans les émissions de radio et de télé, on interroge monsieur Tout-le-monde. On invite un échantillon représentatif de citoyens en studio. On en interviewe dans la rue. On incite les gens à donner leurs réactions par téléphone ou par courriel… ou même à poser des questions pour aider à préparer les émissions à venir.

Depuis longtemps, les gouvernements et les entreprises commanditent des sondages pour suivre l'évolution du goût et des idées de leur clientèle électorale ou consommatrice. Mais, depuis peu, les sondages ont été intégrés à plusieurs émissions. On pose la question du jour aux auditeurs et, à la fin de l'émission, on vous informe du résultat. Ce résultat, assimilé implicitement à l'opinion publique, devient une sorte de norme, jamais promulguée comme telle, mais à laquelle chacun peut mesurer sa propre opinion.

L'épouse de Tiger Woods aurait-elle dû lui donner une seconde chance? Jean Charest devrait-il changer de coiffure? Michael Ignatieff a-t-il eu raison de tailler ses sourcils?

Les questions sont futiles, mais les répondants peuvent y voir un indice qu'on accorde de l'importance à leur opinion. Qu'on s'intéresse à eux.

Il est difficile de ne pas remarquer la coïncidence entre cet intérêt médiatique pour les questions privées et la montée d'un mode d'exercice du pouvoir qui entend gérer tout ce qui existe — y compris les secteurs d'activité relevant autrefois de la vie privée. Un tel projet exige une connaissance la plus large possible du comportement et des opinions des individus, ce que tendent justement à fournir ce type de sondages et d'émissions, de même que la pratique intensive des médias sociaux.

Par ailleurs, on peut se demander si cette traque, cette mise en spectacle de la vie et de l'opinion privées, n'est pas un symptôme de leur disparition progressive. Dans une sorte de dénégation parfaitement cohérente avec notre comportement habituel, on s'acharnerait à mettre en scène ce qui, dans la réalité, est en train de s'évanouir. La traque médiatique du privé serait ainsi le retour fantasmatique de son existence en voie de disparition. Un peu comme les documentaires sur les espèces en voie d'extinction.

La vie privée serait conservée dans des films, des téléséries et des romans, tout comme les espèces menacées sont protégées dans des réserves et des zoos. En voie de disparition dans la vie réelle, elle survivrait ainsi sous forme médiatique. L'exemple le plus parlant serait *The Truman Show*.

L'INFORMATION CANNIBALE

La prédation mutuelle des médias

Les médias eux-mêmes n'échappent pas à cette voracité. Ils n'aiment rien de mieux que d'interviewer des gens qui travaillent dans d'autres médias. Que de s'interroger sur leur rôle, sur leur influence. Que de questionner leur propre comportement. Ou même de soulever la question de leur propre éthique. Pour les médias, toutes les occasions sont bonnes pour parler… des médias!

Cette cannibalisation est facilement observable sur le plan de l'information. Les médias relaient tous les mêmes sujets, dans une série d'opinions, de témoignages, d'analyses et de descriptions qui s'enchevêtrent et se commentent les uns les autres de façon inextricable. Un média peut difficilement se payer le luxe de ne pas parler de ce dont les autres parlent. Car, si les autres en parlent, c'est important; il ne peut donc pas l'ignorer.

Une autre motivation est plus terre-à-terre: plus on se nourrit de ce que les autres disent, moins on a besoin de reporters et de journalistes sur le terrain pour créer de l'information. On se contente de la commenter, de la reproduire par bribes, ce qui coûte évidemment moins cher.

Sauf que cela crée, à terme, un problème. Une enquête réalisée sur l'ensemble des médias de Baltimore en arrivait à la conclusion que, pour cette région, c'étaient presque exclusivement les médias traditionnels, et particulièrement les journaux, qui créaient de l'information nouvelle; les autres se contentaient de la reproduire et de la commenter[10]. Or, les journaux sont en voie d'être éliminés par ces nouveaux médias qui vivent à leurs crochets.

D'où l'information va-t-elle pouvoir venir lorsque les journaux auront disparu? Des conseillers en images et des communiqués de presse destinés à manipuler les auditoires?

À moins qu'une prolifération de sites du type WikiLeaks vienne prendre la relève du journalisme d'enquête. Et que des sites d'analyse se constituent, pour réfléchir sur les informations mises au jour. Le *Huffington Post* pourrait être une amorce de ce type de site.

La prédation publicitaire

L'information est également menacée d'être mise en coupe par la publicité. Dans les journaux, les publireportages se multiplient au point d'être devenus un élément

---

10. Stéphane Baillargeon, « Étude — Vie et mort de l'information », *Le Devoir*, 12 janvier 2010. http://www.ledevoir.com/societe/medias/280891/etude-vie-et-mort-de-l-information (consulté le 27 novembre 2011)

essentiel de leur survie financière. Les chaînes de télévision meublent leurs plages horaires les moins en demande avec des émissions d'infopublicité.

À la limite, c'est l'ensemble du contenu des journaux et de la programmation des chaînes télé qui peuvent être présentés comme les moyens utilisés par les médias pour mettre du « temps de cerveau disponible » à la disposition des commanditaires éventuels.

L'ensemble de l'information devient ainsi, comme les autres spectacles, un outil à la disposition des publicistes. Pour ce qui est des émissions elles-mêmes, elles ont une valeur promotionnelle pour les vedettes, les experts, les hommes politiques et les dirigeants d'entreprise qui y apparaissent.

Elles ont également une valeur promotionnelle pour les stations de radio ou de télé qui les diffusent. Avoir les informations les plus percutantes, le chef d'antenne le plus populaire ou l'animateur qui a les meilleures cotes d'écoute, voilà autant de facteurs qui ont un impact sur les budgets publicitaires que l'entreprise peut décrocher.

Lorsque l'information évolue vers cette forme « publicitaire » et devient elle-même une sorte de publicité, faut-il s'étonner que bien des gens en viennent à ne pas faire la différence entre les deux ? À tout considérer d'un même œil blasé et sceptique, comme un spectacle ? Ou même à prendre une partie croissante de leurs informations dans la publicité ?

LA PUB :
LA STIMULATION EN CONTINU

SE DÉMARQUER À TOUT PRIX

On peut considérer l'ensemble du phénomène publicitaire comme un vaste mécanisme d'escalade dans la provocation. Cela s'explique par le but de toute publicité, qui est d'amener le public cible à prendre acte, consciemment ou inconsciemment, du message ou du produit proposé à son attention.

Les deux moteurs de l'escalade

En publicité, il est impératif de se faire remarquer, d'attirer l'attention. Or, il y a de plus en plus de messages et ils cherchent tous à le faire. Se détacher du lot devient de plus en plus difficile. Pour parvenir à capter l'attention des consommateurs, il faut que les messages aient plus d'impact, qu'ils scandalisent. Qu'ils soient plus étonnants, plus provocants, plus excessifs que les autres — lesquels cherchent tous, eux aussi, à être plus provocants, plus excessifs, plus scandaleux… L'escalade est inévitable. Elle est inhérente au système.

Le nombre croissant de pubs auxquelles les consommateurs sont exposés ne fait qu'exaspérer cette nécessité de se démarquer. Là est le premier moteur de l'escalade : la compétition.

On peut d'ailleurs se demander si le comportement des individus, en société de masse, n'est pas régi par la même logique. Est-ce que plus la masse grossit, plus s'exaspère le besoin des individus de se démarquer pour sortir de la masse ? Plus se fortifie leur volonté d'avoir recours à tous les moyens pour y parvenir ?

Cependant, quelles que soient les stratégies publicitaires utilisées, elles finissent toutes par s'user. Par être victimes de banalisation : le neuf d'aujourd'hui est le vieux de demain ; l'étonnant du moment, le déjà-vu de la semaine suivante. Le scandaleux, l'atroce, sera suivi, inévitablement, de plus scandaleux, de plus atroce. C'est le deuxième moteur de l'escalade : le combat toujours à recommencer contre la banalisation.

C'est pourquoi la publicité est condamnée à l'excessif, à l'escalade. À l'excessif parce que l'excès lui permet de se démarquer ; à l'escalade parce que chaque nouvel excès banalise les excès antérieurs et que, pour se démarquer par rapport à une norme en hausse constante, il faut sans cesse aller plus loin dans l'excessif.

L'image violente

Cette recherche de la maximisation de l'impact amène souvent à privilégier une certaine violence : violence dans les images présentées, violence dans l'attitude à l'endroit du spectateur, mais aussi violence dans la forme même du message.

Utiliser des images provocantes est une façon relativement sûre d'attirer l'attention. Les multiples campagnes de Benetton réalisées par Toscani en sont un bon exemple. Les photos allaient de la transgression de tabous sociaux à la représentation directe de la violence : un prêtre embrassant une nonne, un sidatique mourant, le corps nu et décharné d'une mannequin anorexique, un oiseau couvert de pétrole, des *boat-people* risquant leur vie, le corps sanglant d'une victime de la guerre, un combattant tenant le fémur de son ennemi…

Plus récemment, la campagne *Unhate*, de Benetton, a repris le même type de provocation, avec une variante toutefois : les affiches étaient ajustées aux différents publics nationaux de manière à optimiser la provocation ; par exemple, l'Italie a eu droit au pape qui embrasse l'imam du Caire, Ahmed el Tayyeb, sur la bouche.

Dans cette série des baisers au sommet, il y avait également les couples Barak Obama/Hu Jintao, Nicolas Sarkozy/Angela Merkel, Mahmoud Abbas/Benjamin Netanyahou[11]…

Dans le même style, une affiche publicitaire d'Antonio Federici montre une religieuse enceinte qui mange une glace. Sur l'affiche, on peut lire : « *Immaculately conceived* » et « *Ice cream is our religion* »[12].

Au Québec, la SAAQ a utilisé des images réalistes de victimes d'accidents de la route pour sensibiliser les gens aux dangers de la vitesse et de l'alcool au volant. Parfois, la violence psychologique redoublait la violence physique : aux corps ensanglantés, on superposait la douleur des survivants. La provocation se renforçait d'une stratégie de culpabilisation.

Violenter le spectateur

Avec le dernier exemple, on aborde une autre forme de violence, qui ne consiste pas simplement à représenter la violence, mais à l'exercer à l'endroit du spectateur/ consommateur.

---

11. Info Rédaction, « Benetton fait s'embrasser les chefs d'État », *Gentside*, 17 novembre 2011. http://www.gentside.com/publicit%E9/ benetton-fait-s-039-embrasser-les-chefs-d-039-etat_art30547.html# (consulté le 28 novembre 2011)

12. iNaphrayoo, « Antonio Federici Ice Cream : Immaculately Conceived », *PomGraphik*, 25 octobre 2010. http://www.pomgraphik. com/news/850/antonio-federici-ice-cream-immaculately-conceived/ fr (consulté le 27 novembre 2011)

Dans certains cas, on s'attaque à lui en le culpabilisant. Les parents sont souvent la cible de ce type de publicité. On pense aux arguments du type: «Refuseriez-vous ce qu'il y a de mieux à vos enfants? Prendrez-vous le risque de ne pas protéger vos enfants avec tel ou tel produit? Allez-vous handicaper leurs chances de réussir dans la vie en ne les envoyant pas dans les meilleures écoles?»

Comme on ne cesse jamais d'être parent, on cible aussi les parents âgés: on leur vend des assurances pour éviter de laisser le conjoint survivant et les enfants dans la misère; on leur vend des arrangements préfunéraires pour épargner cette charge à la famille.

Et puisque les parents âgés sont souvent des grands-parents, pourquoi refuseraient-ils de mettre de l'argent de côté pour les études futures de leurs petits-enfants? Pourquoi ne leur laisseraient-ils pas en héritage autre chose qu'une recette de tarte aux pommes, comme le suggère aimablement une bonne grand-mère dans un message publicitaire? Pourquoi refuseraient-ils d'en faire plus?

Il y a toutefois des limites à ce qu'on peut obtenir en culpabilisant les gens. Heureusement, d'autres formes de violence psychologique sont disponibles. Par exemple, on peut exploiter les angoisses les plus profondes de l'être humain: la peur de la mort, la peur de la lente détérioration due à l'âge, la peur de l'abandon, la peur de la solitude... On s'efforce alors de mettre en marché et de vendre de la jeunesse (produits antirides, produits santé...), de la performance sexuelle (Viagra), de la séduction (déodorants, parfums), de la liberté (55, évidemment) et, plus globalement, du bonheur.

La pression de conformité, qui repose sur la peur de ne pas être accepté parce que trop différent, fait également partie de l'arsenal publicitaire. Cette peur exploite le besoin que les gens ont d'être confortés par les autres dans leurs choix.

Cette pression peut être mise en scène à l'intérieur du message lui-même, par exemple en montrant des foules de gens «normaux» qui, eux, ont adopté tel produit de telle marque. Le message implicite est alors: «Qu'attendez-vous pour vous comporter normalement?»

La pression peut également s'exercer par l'intermédiaire des autres consommateurs quand ils portent de manière ostensible des objets griffés de la marque en question.

Cette dernière stratégie est particulièrement efficace auprès des adolescents, qui sont à une étape de leur vie où l'intégration au groupe est un enjeu majeur. La marque et les vêtements griffés fonctionnent alors comme des symboles d'appartenance et d'identification. Ils ont une fonction semblable à celle des uniformes dans une armée: rendre évidente l'appartenance au groupe et signifier que cette appartenance prime toute expression individuelle.

Comme le dit le Groupe Marcuse: «La marque (en anglais *brand*) rejoint ainsi son sens d'origine: le brandon qui servait à marquer au fer rouge le bétail pour identifier son propriétaire[13].»

L'exploitation publicitaire du consommateur internaute

Avec l'avènement des réseaux sociaux et de la géolocalisation en direct, le consommateur peut être recruté comme annonceur sans même s'en apercevoir. Par exemple, s'il utilise Google Latitude ou un autre produit du genre, tous ses amis pourront savoir qu'il est entré dans tel ou tel commerce.

Lorsqu'un consommateur accepte une multinationale comme ami, que fait-il sinon accepter pour ami «quelque chose[14]» qui se présente comme quelqu'un et qui:

---

13. Groupe Marcuse, *De la misère humaine en milieu publicitaire*, Paris, La découverte, 2010, p. 87.

14. À la rigueur, on peut parler de «personne morale», ce qui est tout sauf une personne.

- s'intéresse d'abord à lui extraire de l'argent en lui faisant acheter ses produits ?
- s'intéresse à mieux le connaître pour mieux le faire consommer ?
- n'a pas grand-chose à lui dire à part ce qui peut le convaincre d'acheter lesdits produits ?
- veut accéder gratuitement à son réseau d'amis pour faire de la promotion ?
- veut le transformer en support publicitaire ambulant ?
- désire le faire travailler gratuitement, comme support publicitaire, au mépris de la règle qui veut que tout travail soit payé[15] ?

La collaboration des consommateurs n'est pas toujours involontaire ; certains jeunes réalisent de véritables messages publicitaires amateurs. C'est le phénomène du *hauling*. Des jeunes filles font l'inventaire de leur sac de magasinage devant une caméra et commentent leurs achats. La vidéo est ensuite diffusée sur Internet.

On peut facilement trouver de multiples exemples de ces messages sur Internet. De grandes marques de cosmétiques et de vêtements encouragent ce phénomène et organisent même des concours.

Au Québec, Metro a créé le programme metro & moi, par lequel l'entreprise incite ses clients à « entrer en conversation » en ligne avec leurs amis pour parler de leurs achats[16].

---

15. Sur l'utilisation des réseaux sociaux par les entreprises et l'exploitation du consommateur que cela permet, voir : Fabien Deglise, « Dix bonnes raisons de ne pas devenir l'ami d'une marque ou d'une entreprise en ligne », *Le Devoir*, 13 mars, 2011, p. D5.

16. Les informations sur le *hauling* sont tirées notamment de : Fabien Deglise, « L'internaute devenu outil publicitaire », *Le Devoir*, 8 février 2011, p. 1 et 8. Voir aussi : « Le hauling crée une dépendance au shopping », *Cyberpresse.ca*, 29 septembre 2010. http://www.cyberpresse. ca/vivre/societe/201009/29/01-4327813-le-hauling-cree-une-dependance-au-shopping.php (consulté le 28 novembre 2011)

De tels programmes ont aussi comme avantage de permettre aux entreprises d'effectuer un profilage de leurs clients.

La machine à empêcher de penser

Si le contenu de la publicité et l'attitude envers le spectateur sont de plus en plus agressants, cette agressivité est amplifiée par la mise en scène du message, elle-même de plus en plus brutale.

Déjà, par définition pourrait-on dire, le slogan est une machine à empêcher de penser : par son raccourci, il précipite la pensée vers la conclusion en faisant l'économie d'une argumentation. La formule-choc, la répétition lapidaire, le ton de l'évidence sont d'autres stratégies qui concourent au même effet.

De plus en plus, à la télé, c'est tout le message publicitaire qui est conçu de cette manière : brièveté des plans, brutalité des contrastes, rapidité du montage. On avait autrefois des publicités d'une minute, de trente secondes. Nous en sommes maintenant à 15 secondes, à 5 secondes... ou même à des publicités d'une seconde ou deux, qui ne servent qu'à réactiver l'image du produit dans la conscience (ou l'inconscient) du spectateur. Aucun temps pour la réflexion. À peine celui de l'assimilation[17].

Dans un tel contexte, il n'y a pas de surprise à voir le ton de la pub devenir de plus en plus injonctif. On interpelle directement le spectateur. On lui intime l'ordre d'acheter tel ou tel produit. D'adopter tel ou tel comportement.

---

17. Analysée en termes de chasse, cette évolution de la publicité pourrait s'interpréter de la façon suivante : le gibier consommateur réagit de plus en plus rapidement, il ne met plus que quelques secondes à zapper : en conséquence, la publicité, pour maintenir son effet, doit le frapper plus rapidement, quitte à le faire plus fortement et plus souvent.

La publicité dévoile ainsi son véritable projet : se faire obéir. En langage plus savant : produire des énoncés performatifs. Des énoncés qui visent à avoir un effet dans la réalité.

L'un des principaux moyens utilisés pour produire cet effet, c'est la saturation, sous la double forme de la répétition et de l'occupation de l'espace. Ce que la publicité abandonne comme argumentation, elle le compense par un martelage intensif et par une occupation massive de tous les territoires.

En politique, cela donne la fameuse « cassette », dont on a déjà parlé. Son équivalent hexagonal, ce seraient les fameux « éléments de langage », ces petites phrases réduites à des formules dont les politiciens français matraquent le public à l'unisson.

La publicité — et sa cousine, la propagande — deviennent ainsi un « milieu » dans lequel les consommateurs baignent en permanence et dont ils assimilent les messages par une sorte d'osmose inconsciente.

Sauf que les consommateurs finissent par développer une tolérance à ce milieu. La transmission des messages perd de son efficacité. Il faut alors augmenter la saturation pour compenser. Ce qui constitue un autre moteur de la prolifération publicitaire… On peut imaginer à quelle forme d'emballement cette escalade peut conduire quand on songe que, pour doubler l'effet d'un message, dit-on, il faut multiplier par quatre la surface d'exposition.

VIVRE SOUS OCCUPATION PUBLICITAIRE

L'omniprésence de la publicité est un lieu commun. Les médias les plus anciens, comme les journaux, se désolent de ne pouvoir en vendre davantage. Les plus récents, comme Internet, soutiennent avec enthousiasme sa prolifération.

L'envahissement de l'espace médiatique

L'occupation du territoire

Au cinéma, les publicités avant la présentation des films s'allongent. Même les films loués imposent souvent aux consommateurs leur dose de publicité.

À la télé, l'espace pub tend lui aussi à augmenter, particulièrement aux heures de grande écoute ; le temps alloué aux émissions est alors raccourci d'autant.

À la radio, on assiste au même phénomène.

Grâce au placement d'objets, l'empiètement tend à déborder les cases horaires spécifiquement assignées à la publicité. Ainsi, la montre que James Bond affiche à son poignet, la boisson qu'il boit, les vêtements qu'il porte, les marques publicitaires sur les façades des édifices qui apparaissent à l'écran ne sont pas choisis au hasard : tout cela fait l'objet de négociations et représente une source non négligeable de revenus.

Dans les téléromans québécois, ce sera plutôt la marque de bière ou de boisson gazeuse sur la table, la pomme d'Apple sur le portable. Plus rarement, ce sera le livre qu'un des personnages est en train de lire.

Dans les génériques de fin d'émission, il est maintenant courant de lire que telle vedette est habillée par telle boutique, est maquillée avec telle marque de produits, porte des chaussures de tel magasin… Tout comme le consommateur dans la vie quotidienne, le comédien devient lui aussi un homme-sandwich.

Plusieurs émissions pour enfants ont comme raison d'être de faire vendre des figurines, des jouets et toutes sortes de produits dérivés associés à l'émission. C'est comme si l'émission devenait elle-même, dans son ensemble, un vaste message publicitaire pour la vente de ces produits.

Pour les journaux, la situation est encore plus claire : la publicité y revendique la majorité de l'espace. D'ailleurs, les journaux ne pourraient pas survivre sans publicité : il y a belle lurette que les revenus de publicité ont éclipsé ceux de la vente de copies.

On a assisté récemment à l'aboutissement logique de cette évolution : le journal distribué gratuitement, qui ne vit que de la publicité. Ainsi, à Montréal, il y en a deux qui se font compétition tous les matins par l'intermédiaire de gens engagés pour les distribuer à différents points stratégiques : stations de métro, sorties de centres commerciaux, entrées de « tours à bureaux »...

Une autre manière, pour la publicité, d'envahir l'espace des journaux, c'est le publireportage : la publicité déguisée en information. On trouve l'équivalent de ce phénomène à la télé : les émissions de marketing qui servent à meubler les heures de faible écoute.

Avec ce type d'émission, on franchit une nouvelle étape : on ne se contente plus d'annoncer un produit, la publicité constitue elle-même l'émission.

L'asservissement du territoire

Globalement, les émissions de vente télévisée sont de trois types. On y trouve des émissions axées sur le sexe, dans lesquelles le spectacle vise à générer des appels téléphoniques et, parfois, la vente de produits.

On y trouve aussi des infopublicités, sorte de version télévisée des démonstrations Tupperware, qui ont pour objet de faire acheter des produits à des conditions supposées avantageuses.

Et puis, il y a les émissions de consultation, au cours desquelles des astrologues, des voyantes, des lecteurs de tarot, des tireuses de cartes officient en ligne.

La distinction entre les deux premières catégories peut sembler arbitraire, mais la nature du produit diffère : dans le cas des infopublicités, c'est vraiment un produit que l'on vise à faire acheter ; dans celui des émissions de sexe, il s'agit plutôt d'un service facturé au temps d'utilisation.

Par ce dernier aspect, les émissions de sexe s'apparentent à celles de la troisième catégorie : les émissions de consultation. Ces dernières ont par ailleurs comme particularité de reposer sur une forme de court-circuit entre la publicité et l'achat : c'est le produit acheté (la consultation) qui devient lui-même publicité pour les futurs acheteurs.

Finalement, les festivals de publicité présentés au cinéma ainsi que les émissions de télé consacrées à la publicité peuvent être vus comme la consécration de la conquête du territoire médiatique par la pub : elle y acquiert le statut de contenu à part entière[18].

Le Web comme médium publicitaire

Les bannières, les *pop-ups* et les *spams* sont les formes les plus visibles de la prise d'assaut d'Internet par la publicité. Mais, d'une certaine façon, presque tout y est déjà publicité : la multiplication des annonces publicitaires sur les sites d'information ou de recherche ; le poids des principaux sites de vente en ligne ; le fait qu'avoir un site Internet, pour une entreprise, remplit une fonction publicitaire évidente, même si ce n'est pas la seule…

Et puis, il y a l'industrie du sexe. Elle monopolise une grande partie du trafic Internet et elle n'a d'autre but que de faire acheter des images ou des vidéos en remplissant des sites de *teasers*. Dans le cas particulier de cette industrie, on pourrait même dire que le striptease est devenu « la » formule publicitaire : en dévoiler un peu pour faire acheter le reste.

---

18. Sans doute parce que, dans le premier cas, elle a une valeur de divertissement intrinsèque et que, dans le deuxième, elle fait tellement partie du quotidien qu'elle est jugée mériter des commentaires au même titre que les autres contenus.

Et puis, il y a toute la publicité du «moi je…», qui constitue une part importante de ce qui anime le Web. En effet, qu'est-ce que la multiplication des pages «perso» sur Facebook ou sur d'autres réseaux sociaux, qu'est-ce que la multiplication des blogues, qu'est-ce que le déluge de vidéos mis en ligne sur YouTube ou Daily Motion? Qu'est-ce que tout cela, sinon un vaste effort publicitaire entrepris par les individus pour se faire connaître? Pour sortir de l'anonymat?

Ce déluge de publicités qui a envahi le Web n'a rien d'étonnant. Après tout, le Web lui-même est l'équivalent en ligne d'un gros catalogue. Des sites comme eBay et Amazon ne font que rendre manifeste cette logique.

L'envahissement de l'espace public

De plus en plus, la publicité tend à sortir des médias traditionnels et d'Internet pour envahir l'ensemble de l'espace public et privé. Au sens littéral, la pub occupe tous les terrains, par tous les moyens: bannières, affiches, présentoirs, *spams*, logos sur les vêtements et les objets, publipostage, t-shirts avec message, pochettes d'allumettes, taxis transformés en affiches motorisées…

Il y a longtemps déjà que les panneaux-réclames sont apparus le long des routes, que les écrans géants de Times Square existent et que certains boulevards sont littéralement couverts d'affiches, au point de ressembler à un festival permanent de la pub. Si rien ne vient contenir la conquête triomphale du milieu urbain par la pub, ce sont des villes entières qui vont devenir d'immenses boulevards Taschereau.

Les espaces intérieurs sont également menacés par cette invasion. La publicité apparaît dans les ascenseurs, dans les écoles, dans les toilettes des édifices publics… — une façon comme une autre de profiter d'un public captif, qui n'a pas le choix d'être exposé aux messages publicitaires pendant une certaine période de temps.

Les écoles sont dans une position particulière. Un de leurs objectifs principaux est de former des esprits critiques, capables de réflexion autonome; cela implique d'apprendre à résister aux diverses formes de manipulation, dont la manipulation publicitaire. Or, les écoles sont non seulement le lieu où s'affichent une foule de messages publicitaires, mais le matériel éducatif lui-même fait de plus en plus l'objet de campagnes publicitaires et de stratégies de marketing élaborées.

Dans les édifices publics, la publicité ne fait pas que s'afficher: il arrive qu'elle prenne symboliquement possession des lieux en leur attribuant le nom d'une marque. C'est ainsi qu'on a vu le centre Molson devenir le centre Bell. À Rimouski, on a la salle Telus-Desjardins. À Saguenay, la salle Alcan du Centre national d'exposition.

Les pavillons J.-Armand-Bombardier et Jean-Coutu, de l'Université de Montréal, ne sont pas, à proprement parler, des toponymes publicitaires: leur désignation vise à honorer des individus. Il en est de même pour le pavillon Alphonse-Desjardins à l'Université Laval. Mais il faudrait être naïf pour ne pas voir l'apport publicitaire que peuvent en tirer les entreprises qui portent ces noms.

Les salles peuvent également être commanditées. Ainsi, aux HEC, on a la salle Quebecor. À l'UQAM, la salle Bell Canada. Au Cégep de la Gaspésie et des Îles, la salle Telus. À l'Université Laval, le laboratoire Cambior…

Un phénomène similaire est observable en ce qui a trait aux chaires d'études. Aux HEC, il y a notamment la chaire HEC-Toshiba, la chaire RBC groupe-financier et la chaire Renault-Polytechnique-HEC. À l'UQAM, la chaire de tourisme Transat. À l'Université Laval, la chaire Pfizer…

Le monde politique fait lui aussi l'objet d'une forme particulière de mise en coupe par la logique publicitaire : le souci de son image. De plus en plus, tout politicien, tout parti doit être sensible à des considérations d'image. Le bonnet en plastique que Gilles Duceppe a un jour coiffé pour visiter une usine l'a suivi pendant des années dans les caricatures. Les sourcils de Michael Ignatieff ont continué de hanter son image après qu'il les a taillés…

La fabrication de l'image devient une exigence, qui a ses techniques et ses spécialistes. La rationalité politique continue de jouer, mais à l'intérieur de l'espace défini par les considérations d'image.

L'envahissement de l'espace privé

Longtemps, la publicité n'avait que deux moyens pour pénétrer l'espace privé : les médias et le publi-sac. Au Québec, on pourrait y ajouter le catalogue Sears, comme ancêtre de la vente en ligne.

Maintenant, pour envahir l'espace privé, la publicité dispose de moyens autrement plus efficaces. Un des principaux, c'est la griffe. Les objets et, surtout, les vêtements sont griffés.

Au début, les griffes étaient discrètes, souvent de petite taille et confinées à l'intérieur des vêtements. Mais, de plus en plus, elles s'extériorisent, elles accroissent leur visibilité et elles transforment les individus qui portent ces vêtements en réclames ambulantes.

Le véritable coup de génie des griffes, c'est de s'être transformées non seulement en symboles de statut, comme les sacs Vuitton ou les Rolex, mais en symboles d'appartenance, comme l'ont été les Nike pour plusieurs générations de jeunes. À ce stade, la marque devient un constituant de l'identité sociale. Ne pas l'afficher équivaut à ne pas exister socialement — ou, du moins, à exister sur un mode mineur.

Dans le milieu des hommes d'affaires et des financiers, l'équivalent des Nike a été pendant des années le BlackBerry. Depuis peu, il subit toutefois une âpre concurrence de la part de l'iPhone. Armani et Rolex, par contre, demeurent des indicateurs de classe sûrs pour ceux qui en ont les moyens… ou qui aspirent à les avoir… ou qui veulent paraître les avoir.

Dans de telles conditions, la publicité devient un mode de vie. Vivre, c'est s'acheter une identité en se payant des objets marqués symboliquement. Et vivre, c'est aussi se vendre : vivant de plus en plus sous le regard de l'autre, l'individu est voué à un incessant marketing de soi par marques interposées.

L'envahissement de l'espace artistique

Dans le domaine artistique, la logique du marketing régit de plus en plus la carrière des artistes. Qu'il soit musicien, peintre, danseur ou écrivain, un artiste doit savoir se vendre. Donc, se mettre en marché. Faire sa pub.

Avec Warhol, l'affiche publicitaire a conquis la peinture. En littérature, la publicité gagne aussi du terrain. Par exemple, *99 francs*, de Beigbeder, fait une large part à l'univers de la pub. Chez Houellebecq, on peut observer une tendance à remplacer les descriptions d'objets par des indications de marque, comme si la marque suffisait à les caractériser.

Toujours en littérature, le style lapidaire des « communicants » tend à s'imposer : clarté du message de premier niveau sur fond de symboles largement partagés susceptibles de mobiliser l'inconscient. Ce style, un temps confiné dans les officines des professionnels de la « com » et dans les salles de rédaction, est en voie de percoler dans toutes les formes d'écriture, y compris l'écriture littéraire.

Cette tendance à l'utilisation du raccourci est renforcée par le développement des réseaux sociaux, et particulièrement de Twitter. On peut y observer une réduction du nombre de mots dans les phrases, une simplification de la syntaxe ainsi que la raréfaction des mots de trois syllabes ou plus. Il faut dire qu'un maximum de 140 caractères, ça oblige à la concision !

Cette influence de la « com », on peut également la repérer dans les nombreuses pratiques d'écriture qui visent à augmenter l'impact du texte : formules-choc, raccourcissement des phrases et des paragraphes, scansion syntaxique plus saccadée, suppression des propositions subordonnées au profit d'affirmations juxtaposées, crudité du vocabulaire, besoin d'être direct et explicite, élimination de tout ce qui pourrait paraître une digression, de tout ce qui pourrait brouiller le message...

Le fin du fin, dans le style communicationnel, c'est le slogan, qui incarne la volonté d'imposer une idée mobilisatrice. Un slogan, c'est le contraire du dialogue, lequel suppose une communication qui va dans les deux sens. Le slogan dessine un parcours à sens unique ; il se réduit à une simple transmission d'informations visant à manipuler. Autrement dit, c'est le contraire d'une rencontre.

En ce sens, cette écriture publicitaire de l'impact, qui veut bousculer et manipuler le lecteur, n'est pas sans lien avec l'écriture littéraire de type autoritaire, qui veut soumettre le lecteur à ses codes et ses exigences de lecture (Joyce, Breton, le Nouveau Roman...). Il y aurait une étude intéressante à faire sur les modalités du rapport d'agression que les auteurs de différents types de textes entretiennent avec le lecteur. C'est comme si, à travers les vagues et les vogues, l'essentiel demeurait de soumettre le lecteur à ses volontés et à ses exigences.

Pour ce faire, la pub privilégie la lisibilité alors que la littérature moderne ne recule pas devant l'opacité que peut produire la mise en question des techniques classiques du roman.

LA PUBLICITÉ COMME ESTOMAC

Si la publicité a la capacité de s'infiltrer partout, elle peut également assimiler à peu près n'importe quoi. De ce point de vue, on pourrait dire qu'elle fonctionne comme un gigantesque estomac capable de digérer l'ensemble de la culture et de l'utiliser à ses propres fins.

La cannibalisation financière

Sur le plan financier, l'appétit de la publicité est en expansion constante. La mise en marché et le *branding* accaparent une partie de plus en plus importante du budget des entreprises. La part de l'argent investi dans l'image du produit tend à augmenter ; celle consacrée à sa fabrication et à la recherche, à diminuer. Sur ce dernier point, l'allocation budgétaire des grandes pharmaceutiques est particulièrement révélatrice : on y voit le budget de marketing dépasser allègrement celui de la recherche.

La cannibalisation des formes artistiques

Le rapport de la publicité aux différentes formes artistiques est également marqué par un appétit boulimique. On l'a vue phagocyter des œuvres d'art (la plus utilisée est probablement la Joconde), des personnages de films (Darth Vader), des héros de BD (tortues Ninja), des styles (impressionnisme, surréalisme, expressionnisme)… On l'a également vue utiliser l'enquête policière et l'atmosphère noire (la fin de *Casablanca*), le suspense (« Dans deux jours, j'enlève le bas[19] ») ou encore la formule

---

19. Publicité du réseau d'affichage Avenir. Il s'agit d'une affiche où une femme en bikini déclare : « Dans deux jours, j'enlève le haut » ; puis deux jours plus tard, *topless* : « Dans deux jours j'enlève le bas » ; et qui, deux jours plus tard, est nue mais de dos. Le message est alors : « Avenir, l'afficheur qui tient ses promesses ». Wikipédia, « Affiches Myriam » http://fr.wikipedia.org/wiki/Affiches_Myriam (consulté le 16 décembre 2011)

du téléroman (Monsieur B et les castors, pour Bell Canada)…

De façon plus générale, c'est la trame narrative qui est mise à contribution. Aujourd'hui, tout ce qui se vend — produit, marque ou homme politique — doit raconter une histoire[20]. Un bon exemple serait cette publicité de Tim Hortons : « *Behind every cup, there is a story* ».

Sur le plan formel, on peut dire que la publicité a digéré l'essentiel des arts visuels et de la scène pour donner naissance à une nouvelle forme d'art : le vidéoclip.

Si on fait abstraction des scopitones, qui se contentaient de présenter les vedettes en train de chanter, c'est en 1975, avec *Bohemian Rhapsody*, de Queen, que naît le vidéoclip. Ce clip est généralement considéré comme le premier de l'histoire ; son ancêtre direct est le film *Magical Mystery Tour*, des Beatles, conçu pour la promotion de l'album du même nom. Et depuis, il est impensable de vendre un album de musique populaire sans l'accompagner d'un ou de plusieurs clips pour assurer sa promotion.

La cannibalisation de l'information

Le rapport de la publicité à l'information est tout aussi instrumental, mais plus ambigu. Cela tient aux contraintes inhérentes à sa tâche. La publicité a pour fonction et pour utilité de persuader les consommateurs d'acheter des produits. Alors, d'un côté, elle doit convaincre les producteurs qu'elle peut manipuler les consommateurs ; d'un autre côté, pour garder sa crédibilité aux yeux des consommateurs, elle doit les persuader qu'elle ne les manipule pas.

Aux producteurs, elle se présente comme une technique de vente efficace, qui réussit à pousser les consom-

---

20. Sur l'utilisation tous azimuts du *storytelling*, voir : Christian Salmon, *Storytelling, la machine à fabriquer des histoires et à formater les esprits*, Paris, La découverte, 2007.

mateurs à l'achat. Sinon, pourquoi dépenseraient-ils des fortunes pour se payer de la publicité?

Aux consommateurs, elle se présente comme une forme particulière d'information et elle affirme les laisser libres : incapable de les influencer, elle se contenterait de les informer de l'existence et des qualités de certains produits.

Autrement dit, elle doit imposer une idée ou un désir, mais elle doit le faire en douceur. En laissant au consommateur le sentiment que c'est lui qui décide. Librement.

Cette situation paradoxale l'amène à faire un usage particulier de l'information. La publicité doit utiliser de l'information qui se présente comme de la véritable information afin de paraître crédible, mais elle ne peut pas utiliser n'importe quelle information, ni toute l'information. Elle a besoin d'une information « traitée ». Autrement dit, d'une information choisie, souvent biaisée, partielle et orientée en fonction d'un but qui lui est étranger : imposer un désir d'achat et motiver le passage à l'acte.

Pour ce faire, la publicité va souvent exagérer les qualités du produit, taire ses défauts ou dissimuler son origine quand cette dernière est inavouable.

De façon à peine cynique, la publicité peut être définie comme « l'art de vendre n'importe quoi à n'importe qui par n'importe quel moyen[21] ». Et ce qu'elle vend le mieux, c'est encore du rêve. Comme le dit Séguéla, il faut « créer une valeur imaginaire ajoutée sans laquelle les produits ne seraient que ce qu'ils sont[22] ».

Publicité, communication et marketing ont donc ceci en commun : ils veulent influencer, ils veulent manipuler et, pour cela, tous les moyens sont bons, même l'information vraie.

---

21. Groupe Marcuse, *op. cit.*, p. 15.

22. Jacques Séguéla, *Le vertige des urnes*, Paris, Flammarion, 2000, p. 34.

Sur l'axe de la teneur en «vérité» des divers types de communication, dont les pôles opposés pourraient être la pure propagande et l'information objective, la publicité se situe clairement du côté de la propagande, tout en s'efforçant de se faire passer pour de l'information.

Une stratégie utilisée par la publicité pour occulter son côté manipulateur, c'est d'affirmer se situer carrément en dehors de l'axe «information/propagande», de prétendre n'être qu'un divertissement ou une expression esthétique.

Du rêve à l'assujettissement

Si vendre du divertissement, vendre du rêve, vendre de l'évasion est une stratégie efficace, c'est sans doute que les gens en ont besoin. On ne cherche pas à s'évader si on ne vit pas dans un milieu étouffant.

Le secret de la pub, ce serait alors de compenser un certain vide social par une promesse de plénitude onirique. De compenser la dureté des conditions de vie et de travail par la promesse d'une vie facile et confortable, agréable.

Ce faisant, elle alimente la consommation, ce qui renforce le besoin d'argent des individus — et donc la nécessité où ils sont de s'asservir à un travail pour se payer cette consommation en perpétuelle croissance.

La croissance de la publicité comme phénomène de compensation/renforcement des contraintes économiques qui s'exercent sur les individus s'avère ainsi solidaire de l'emballement du processus de production/consommation.

Elle est d'une part une promesse de rêve pour aider les individus à supporter les contraintes et les exigences de la croissance sur leur mode de vie; d'autre part, elle est un moyen pour le système économique d'impliquer toujours plus profondément les individus dans un processus de production qui ne vise que la croissance.

L'HUMOUR SANS LIMITES

S'il est une dimension qui tend à s'infiltrer partout dans le spectacle ininterrompu que proposent les médias, c'est celle de l'humour. Sans surprise, on y retrouve à l'œuvre les mêmes processus de montée aux extrêmes.

L'HUMOUR AU POUVOIR

De Yvon Deschamps à Martin Matte et à Mike Ward, des Cyniques à Rock et Belles Oreilles et aux Zapartistes, la moquerie devient plus agressive. Les *Fridolinades* de Gratien Gélinas apparaissent aujourd'hui bénignes quand on les compare aux personnages d'Oncle Georges (Daniel Lemire) et du Gros Cave (Jean-François Mercier). Pour ce qui est de l'absurde, on passe de la virtuosité verbale de Sol aux sketchs chaotiques des Denis Drolet.

Les humoristes s'efforcent continuellement de repousser les limites des interdits. De transgresser de nouveaux tabous. D'étendre le domaine des choses dont on peut se moquer.

Parallèlement à cette escalade, qui se poursuit sans trop de problèmes malgré des poursuites judiciaires sporadiques, on assiste à une montée de l'agressivité. Comme disent les Zapartistes : « Rire est une si jolie façon de montrer les dents ! »

Parmi les cibles privilégiées de cette agressivité, il y a évidemment les tabous liés à la sexualité. Désormais, l'humour en bas de la ceinture peut s'afficher partout : d'abord confiné au cabaret, il a gravi tous les échelons de la reconnaissance institutionnelle.

L'humour devient également plus cru : pour résumer, disons qu'on est passé des *jokes* « salées » de Claude Blanchard aux humoristes en bobettes et à ceux qui montrent leurs fesses sur scène.

L'agression *cool*

Cette escalade dans l'agression amène à prendre directement à partie les individus. Première cible : ceux qui exercent le pouvoir. Auparavant, on racontait des blagues sur eux. On les caricaturait. Maintenant, on leur demande de monter sur scène et de participer en souriant à leur ridiculisation.

Longue est la liste des politiciens qui se sont prêtés à ce type de jeu en participant au *Bye Bye* ou aux galas Juste pour rire. Plus récemment, on a vu le maire de Québec, Régis Labeaume, collaborer avec enthousiasme à la mise au point d'une marionnette à son effigie pour l'émission *Et Dieu créa Laflaque*. Il y a aussi tous les politiciens qui participent de bonne grâce aux entrevues d'*Infoman* ou qui apparaissent à *This Hour has 22 minutes*.

Les *roasts* de Dean Martin sont probablement l'ancêtre de ces spectacles où l'on s'amuse à ridiculiser des vedettes : l'invité y faisait l'objet de moqueries et de plaisanteries de la part de gens qui le connaissaient bien ; ensuite il avait le loisir de répondre à ses « amis » par des vacheries du même acabit.

Une version plus moderne et plus mordante de ces « bien cuits », c'est le dîner annuel des correspondants de presse, à la Maison-Blanche. À cette occasion, le président peut se permettre des remarques caustiques — et d'autant plus caustiques qu'elles touchent juste — sur ceux dont il est la cible le reste de l'année. Le passage sur Donald Trump, en 2011, est appelé à demeurer un classique du genre[23].

Quant à l'entartage, il peut être vu comme un stade plus avancé de l'agression humoristique *cool*. Le passage du domaine symbolique à l'*acting out*.

Rire partout

La montée en puissance de l'humour se manifeste également dans le fait qu'il envahit toute la société.

Les spectacles d'humour se multiplient, les festivals grossissent, les reprises télé prolifèrent. À la télé, l'humour est partout : émission d'humour, comédies, humoristes qu'on invite aux talk-shows et aux shows de plogues, humoristes comme comédiens invités dans les téléromans, humoristes à la radio, humoristes qui démarrent leur propre série télé, *bloopers*…

Le cas du *blooper* est intéressant en ce qu'il constitue une sorte d'humour au second degré : on y voit des comédiens rater leurs répliques, bafouiller, avoir des trous de mémoire, être gagnés de fous rires… C'est comme si les comédiens devaient absolument montrer qu'ils ne se prennent pas au sérieux.

Ce débordement de l'humour tend à s'affranchir de la scène pour déborder dans la vie privée des artistes. Ou dans la rue. Après *Surprise sur prise*, on a vu se développer le volet « gags de rue » du festival Juste pour rire, où c'est le public qui est pris à partie.

Le public, traditionnellement confiné au rôle de spectateur complice, fait désormais partie des cibles normales.

---

23. « President Obama Roasts Donald Trump About Birth Certificate & Celebrity Apprentice », *YouTube*. http://www.youtube.com/watch?v=Nt-2xzDMOjc (consulté le 28 novembre 2011)

Les blagues sur les premières rangées, dans les spectacles d'humoristes, sont monnaie courante. Courante aussi, la pratique d'aller chercher des victimes (des «collaborateurs», des «assistants») dans la salle pour les faire monter sur scène et s'amuser de leur malaise.

Les individus sont également invités à se faire eux-mêmes pourvoyeurs d'humour. On leur demande de se mettre dans des situations où ils se ridiculisent, ce qu'ils font avec enthousiasme dans des émissions comme *Que feriez-vous pour 100 piasses?* ou *Drôles de vidéos.*

YouTube peut également servir de plateforme pour étaler cette autodérision militante… ou exposer les comportements ridicules de ses amis.

UN HUMOUR EXTRÊME… SÉLECTIF

Rire de tout… ou presque

S'il est permis de rire de tout le monde, est-il permis de rire de tout? Théoriquement, oui. En pratique, c'est plus nuancé. On peut rire de tout… sauf de la religion.

Car on ne peut pas rire de certaines religions. C'est trop dangereux. Et de certaines ethnies. Le risque d'être stigmatisé est trop grand.

On ne peut pas rire de la religion juive, à moins d'être juif, sans se faire lyncher médiatiquement et traiter d'antisémite. Pour ce qui est de dénoncer comme raciste, ou simplement discriminatoire, l'inclusion d'une composante ethnico-religieuse dans la définition de l'État d'Israël, lequel se définit ouvertement comme État juif, ce serait d'une grossièreté inimaginable.

On ne peut pas se moquer de l'islam sans risquer de se faire lyncher au sens propre du terme par divers fanatiques. On n'a qu'à penser aux événements qui ont suivi la publication, dans le journal danois *Jyllands-Posten*, des caricatures de Mahomet[24] :

- menaces de mort;
- drapeaux brûlés;
- appels à un boycott international des produits danois;
- fermeture d'ambassades;
- tentative d'attentat déjouée au Danemark et réussi à Islamabad (six morts);
- condamnations officielles par de nombreux gouvernements;
- interventions à l'ONU;
- offres publiques d'argent pour assassiner un des auteurs des caricatures: six millions de livres sterling par un ministre d'un État de l'Inde et un million de dollars US par un imam pakistanais[25].

Plus récemment, *Charlie Hebdo* a vu ses locaux incendiés et son site Internet piraté à cause d'un numéro où le journal satirique s'était rebaptisé *Charia Hebdo* et affichait en couverture une caricature du prophète déclarant: « 100 coups de fouet si vous n'êtes pas morts de rire ».

---

24. À ce sujet, il faut mentionner la manipulation grossière effectuée par la Société islamique du Danemark, qui a joint aux 12 caricatures initiales trois caricatures dont on ignorait l'origine à l'époque et qui s'en prenaient de façon vulgaire à Mahomet et aux musulmans, avant de les envoyer dans les capitales arabes pour sensibiliser les musulmans de la planète à la situation. Une de ces caricatures ajoutées affublait Mahomet d'un groin de porc, une autre montrait un musulman en prière sodomisé par un chien.

25. Il existe un assez bon historique des faits sur Wikipédia, incluant des informations sur la préparation orchestrée des troubles et des violences « spontanées » qui se sont produites dans le monde musulman. Voir: Wikipédia, « Caricatures de Mahomet du journal Jyllands-Posten ». http://fr.wikipedia.org/wiki/Caricatures_de_Mahomet_du_journal_Jyllands-Posten (consulté le 28 novembre 2011)

Heureusement, il reste la religion catholique! Sur les cathos, on peut taper autant qu'on veut. C'est même vu comme une affirmation de libre pensée. Comme la preuve qu'on vit dans une société libre. Et puis, ça fait oublier toutes les autres religions qu'on ne peut critiquer que sur la pointe des pieds, en s'excusant.

Bien sûr, il arrive que les catholiques protestent contre ce qu'ils perçoivent être une profanation de leur religion. Mais ce ne sont habituellement pas des humoristes qui sont visés; ils s'attaquent plutôt à des productions artistiques. On peut mentionner l'incendie du cinéma qui présentait *La dernière tentation du Christ*, en 1998, la destruction de l'œuvre photographique *Piss Christ*, à Avignon en 2010, ainsi que la tentative, toujours en 2010, d'empêcher la première parisienne de la pièce de théâtre *Sur le concept du visage du fils de Dieu*.

Dans le même registre de doubles standards, il est de bon ton de dénoncer comme délires ethniques les propos de ceux qui défendent la nécessité d'un État québécois, catalan ou écossais. Mais il serait malséant de traiter de la même façon les nationalistes canadiens, espagnols ou anglais.

Représailles extrêmes et humour prudent

D'ailleurs, la plupart des humoristes évitent certains sujets délicats: par exemple, la politique guerrière d'Israël. Dénoncer le pape et l'impérialisme américain est beaucoup plus confortable.

Bien sûr, la menace de certaines réactions extrêmes peut expliquer la retenue dont font preuve les humoristes. Elle peut expliquer pourquoi ils évitent certains sujets. Pourquoi ils privilégient souvent des types d'humour moins controversés. Par exemple, les *jokes* sur la vie quotidienne. On ne peut quand même pas exiger de quelqu'un qu'il s'expose personnellement à des fatwas islamistes. Ou à des allégations d'antisémitisme, fussent-elles totalement infondées.

En fait, il semble y avoir une règle non écrite spécifiant qu'il est permis de rire des ethnies et des peuples qui n'ont pas encore appris à se défendre, mais qu'il y en a qu'il est préférable d'épargner à cause de la force de frappe de leurs représailles éventuelles.

Un exemple simple : il serait suicidaire pour une personnalité publique — et antisémite, bien sûr — de faire allusion à une relation trouble des Juifs avec l'argent. Mais il est normal — et tout aussi xénophobe — d'utiliser l'expression « tête de Turc ». Surtout quand on prend en compte l'origine de cette expression[26].

Mais cette retenue des humoristes soulève quand même plusieurs questions. Tout d'abord, il y a le droit souvent invoqué de rire de tout. De pouvoir tout critiquer. C'est un droit dont il est difficile de défendre l'application universelle quand les humoristes eux-mêmes, dans la pratique de leur métier, évitent certains sujets, quelles qu'en soient les raisons.

Et puis, il y a la question plus générale du rapport de l'humour avec le pouvoir. Est-ce que la régression de l'humour social et politique au profit de l'humour en bas de la ceinture, des gags de rue ou des *jokes* sur les gars et les filles — est-ce que tout cela ne participe pas à un déplacement de l'humour sur un terrain moins dérangeant pour les pouvoirs établis et moins dangereux pour les humoristes ?

On peut évoquer ici le psychodrame provincial qui a suivi le *Bye Bye* de 2008. Les blagues sur les pauvres, sur Nathalie Simard et sur Obama ont servi de prétextes à

---

26. Voir le site : *Expressio — Les expressions françaises décortiquées.* http://www.expressio.fr/expressions/tete-de-turc.php (consulté le 28 novembre 2011)

des déchirages de chemises sur la place publique, à des
éditos enflammés et à des protestations virulentes… Bien
sûr, il y avait derrière tout ça une opération pour attaquer
Radio-Canada. Mais ça, en régime capitaliste, c'est de
bonne guerre. Ce qui est troublant, par contre, c'est la
façon dont l'ensemble des médias et une partie du public
ont embarqué.

On peut voir dans cet événement une autre manifestation de la rectitude politique. Il y a des sujets dont on
peut se moquer et d'autres qui sont interdits : pas interdits
formellement, mais tout le monde sait qu'il est préférable
de ne pas y toucher. Cela pourrait entraîner la réproba-
tion publique et, plus sérieusement, la censure des
commanditaires[27].

Un humoriste qui a le moindrement à cœur le développement de sa carrière évitera de tels sujets. Car les
médias peuvent être impitoyables. Ils l'ont démontré dans
le cas de Louis Morissette, après la présentation du *Bye
Bye 2008* qu'il avait écrit.

Finalement, c'est peut-être la raison pour laquelle une
grande partie de l'humour s'oriente vers des formes jugées
plus conviviales. Moins dérangeantes pour toutes sortes
de pouvoirs… Par exemple, se moquer de la vie quotidienne des gens ordinaires.

L'HUMOUR, UNE ARME DE NEUTRALISATION MASSIVE

La guerre au sérieux

Désormais, il est de bon ton de tout accepter avec le
sourire. Y compris les imitations à répétition, les *running
gags* qui durent des années et toute autre forme d'achar-

---

27. De ce point de vue, la rectitude politique comporterait l'intériorisation d'un rapport de force, implicite dans bien des cas, explicite
dans le cas des fanatiques islamistes.

nement humoristique. La nouvelle doxa veut en effet qu'il soit mal de se prendre au sérieux. Que ce soit le péché capital ultime.

D'accord. On peut facilement admettre qu'on ne vaut pas grand-chose si on ne vaut pas une risée. Mais que vaut-on, si on ne vaut qu'une risée ?

Car l'expression « se prendre au sérieux » semble avoir acquis un nouveau sens : elle ne couvre plus seulement la prétention hautaine, l'arrogance du pouvoir ou les attitudes pompeuses et compassées. Désormais, tout le monde est visé. Le sérieux est redéfini comme le refus d'être ridiculisé, quelles que soient les raisons et les circonstances. Ou encore, si on prend les choses à l'inverse : soutenir quoi que ce soit avec conviction, sans teinter cette conviction d'ironie et de désabusement.

Cette traque du sérieux dans l'ensemble de la population, qu'est-ce qui peut la motiver ? Est-elle la conséquence de l'individualisme exacerbé qui est la nouvelle norme sociale ? Est-elle une sorte de réaction au très sérieux culte de son unicité auquel chacun consacre maintenant l'essentiel de ses énergies ?

Chose certaine, on est loin de l'époque où les fous du roi concentraient leurs attaques sur les personnes les plus puissantes du royaume. Seuls quelques caricaturistes semblent avoir conservé ce privilège… dans la mesure où ils s'attaquent à des rois occidentaux.

La subversion de l'humour par le pouvoir

Le cas de la politique permet de soulever une question intéressante : pourquoi les politiciens participent-ils si allègrement à des émissions d'humour dans lesquelles on cherche à les ridiculiser ? À s'amuser à leurs dépens ? Pourquoi la plupart d'entre eux prennent-ils toutes ces vannes avec le sourire ? Pourquoi, souvent, en rajoutent-ils en pratiquant l'autodérision ?

Les politiciens seraient-ils devenus de la chair à ridicule? S'agit-il de flagornerie de leur part? D'une capitulation devant un pouvoir reconnu comme supérieur: celui des humoristes? Et, plus généralement, celui des médias? Le ridicule serait-il la nouvelle idole à laquelle tout le monde sans exception, même les détenteurs du pouvoir, est désormais tenu de vouer un culte? De sacrifier leur personne?

Une autre explication peut être envisagée. L'apparente soumission des politiciens — et des autres détenteurs de pouvoir — à l'impérialisme de l'humour peut être vue comme un exercice de subversion.

D'une part, cela leur permet de paraître plus humains, d'atténuer ce qu'il y a souvent d'arrogant dans le pouvoir, de manière à sembler plus près des gens, plus conviviaux. Et donc plus susceptibles d'être élus.

D'autre part, l'humour devient pour eux une arme. Combien de politiciens ne voit-on pas maintenant se débarrasser des questions embarrassantes au moyen de bons mots? Démolir leurs adversaires au moyen de traits d'humour assassins?

On peut en effet démolir qui on veut, comme on veut, autant qu'on veut… à la condition le faire de façon *cool*, détendue, avec le sourire. En mettant les rieurs de son côté. L'important est de ne pas avoir l'air agressif.

Les débats en Chambre, les conférences de presse et les débats publics fournissent quotidiennement des exemples de cette récupération politicienne de l'humour.

L'humour prophylactique

Que l'humour puisse être instrumentalisé par les politiciens, qu'entre leurs mains il puisse devenir une arme, c'est, par certains côtés, assez rassurant. Cela implique que l'humour est neutre, que c'est son utilisation qui peut relever de la manipulation, et que ces manipulations sont repérables.

Mais l'humour est-il vraiment neutre? Dans notre société hypermédiatisée, l'humour a-t-il besoin d'être manipulé pour être au service de ceux qui détiennent le pouvoir?

Est-ce que l'effet global de la déferlante humoristique, de tout ce climat d'humour dans lequel baigne la société, n'est pas de rendre de plus en plus difficile tout débat de fond, tout engagement?

À force de tout désacraliser, de susciter le détachement, est-ce que l'humour n'est pas en train de rendre toute cause, tout engagement suspects? Est-ce que l'insulte ultime ne va pas devenir: «Il se prend au sérieux» dès qu'une personne entreprend de discuter d'un sujet de manière plus approfondie, plus critique, plus documentée? Comme si de parler sérieusement de quelque chose était en soi suspect...

«Prends ça *cool*!» Telle est la nouvelle forme d'accommodement raisonnable devant tous les problèmes soulevés. Il s'agit évidemment d'accommoder la bonne conscience de l'Occidental moyen devant toutes les aberrations érigées en système.

La survie de la planète est en péril? Peut-être, mais on a d'excellentes caricatures sur l'attitude bornée du gouvernement Harper! Et, puis, pourquoi dramatiser? On va tous être morts quand les vrais problèmes vont arriver...

La faim tue chaque année des millions de personnes en Afrique? On ironise sur l'impuissance de la bureaucratie de l'ONU! Et on propose, sans se rendre compte de l'humour noir de la chose, d'adopter un plan pour qu'il en meure seulement la moitié moins d'ici 10 ans... La diplomatie des petits pas transformée en celle des petites morts.

Bien sûr, il existe des humoristes engagés. Mais on peut se demander si l'effet global de l'humour, dans la société, ne dépasse pas de loin ces pratiques individuelles.

Quel est le poids d'une caricature socialement éclairée devant un public entraîné à tout voir sous l'angle du ridicule, à ne rien prendre au sérieux?

Est-ce que l'humour serait en train de devenir le moyen de tout rendre spectaculaire, donc peu sérieux et sans force de mobilisation? De neutraliser à la fois les pouvoirs et les contre-pouvoirs?

À la limite, la perpétuation de l'humour n'exige-t-elle pas la perpétuation des aberrations, comme en témoigne une des caricatures de Chapleau, où on voit le caricaturiste sur le point de se suicider parce que sa tête de Turc (!) préférée quitte la politique?

Est-ce que ce climat d'humour n'offre pas aux détenteurs du pouvoir la meilleure garantie qu'ils ne seront pas menacés? Surtout dans un contexte où l'humour se confine de lui-même aux sphères de l'intime et de l'absurde.

De l'ère des fous du roi, nous serions passés à celle des rois sans fous, qui assument les deux rôles et qui s'amusent follement. Au sens littéral du terme.

Un antidote extrême

Une des caractéristiques de ces « rois » qui s'amusent, c'est d'embarquer le peuple dans toutes sortes d'aventures violentes dont le coût est normalement assumé par la population plutôt que par les dirigeants.

Là est peut-être une des raisons pour lesquelles l'humour est en train de devenir une forme extrême de dédramatisation. Après les massacres provoqués au cours du dernier siècle au nom de différentes formes d'embrigadement idéologique; après les explosions génocidaires du dernier demi-siècle, motivées par des volontés d'épuration identitaires; après la levée des fondamentalismes et du terrorisme qui a marqué le début de ce siècle — bref, après tous les ravages extrêmes provoqués par de très sérieuses convictions, l'émergence d'une montée aux extrêmes de l'humour traduit peut-être un certain réflexe de santé. De survie.

Une dédramatisation généralisée peut en effet être perçue comme nécessaire, particulièrement dans un monde où le choc de la mondialisation engendre toutes sortes de replis identitaires régressifs hypersérieux et mobilise des armées de croyants fondamentalistes qui ne rigolent vraiment pas.

Selon Sloterdijk, il faut distinguer deux formes de cynisme : d'une part, celui du peuple devant les grands discours par lesquels le pouvoir justifie à la fois sa propre existence et les décisions qu'il impose ; d'autre part, le cynisme de ceux qui détiennent le pouvoir et qui, souvent, ne croient pas un mot des discours par lesquels ils justifient leur exercice de ce pouvoir[28].

L'humour étant devenu un enjeu de pouvoir, il y aurait eu une montée parallèle aux extrêmes de deux formes opposées d'humour : l'une liée au cynisme des détenteurs du pouvoir, qui en font une arme à la fois agressive, pour ridiculiser leurs adversaires, et dissuasive, pour désamorcer les critiques ; l'autre liée au cynisme du peuple, qui élargit l'humour à l'ensemble de la vie sociale, dans un effort pour désamorcer les « aventures » collectives dans lesquelles les dirigeants pourraient vouloir les entraîner.

Après tout, si rien n'est sérieux, rien ne justifie qu'on demande aux gens d'aller tuer et se faire tuer pour quelque chose. Surtout quand on est incapables d'expliquer avec un minimum de rationalité ce quelque chose.

L'humour actuel semble donc partagé.

Par certains côtés, il s'apparente à une forme de rire qui remonte à Rabelais et qui souligne les incohérences des puissances de ce monde ; c'est le rire dont Kundera

28. Peter Sloterdijk, *Critique de la raison cynique*, Paris, Christian Bourgois éditeur, 1987, notamment les p. 201 à 226.

affirme qu'il est subversif dans la mesure où il souligne une défaillance dans l'ordre des choses.

Par d'autres, il rappelle le rire cynique des détenteurs de pouvoir qui ont intérêt à dédramatiser l'ensemble des problèmes pour couper court à toute prétention sérieuse à la contestation. Il s'agit d'un humour qui cherche désespérément à générer des consensus, comme pour contrer l'éclatement de l'ordre établi auquel contribue la première forme de rire.

Enfin, il existe un autre humour, qui peut être générateur d'une véritable socialité : c'est le rire inclusif auquel fait référence Yvon Deschamps quand il dit « qu'on doit se moquer du monde qu'on aime, pas du monde qu'on n'aime pas[29] ».

Pour demeurer dans le répertoire de Deschamps, on pourrait dire que son premier monologue, *Les unions, qu'osse ça donne ?*, est une illustration du premier type d'humour et que des monologues comme *Pepère* illustrent le troisième type. Pour ce qui est du deuxième, pas besoin d'exemples spécifiques : il suffit de parcourir les déclarations des grandes entreprises dans les médias, qui expliquent que plus les impôts des riches seront bas et plus les redevances des compagnies d'extraction seront faibles, mieux ce sera pour l'ensemble des citoyens !

---

29. Yvon Deschamps, (cité par) Isabelle Paré, « Le petit livre bleu d'Yvon Deschamps », *Le Devoir*, 5 et 6 novembre 2011, p. F7.

B

L'INCARNATION
OBSESSIVE

LE CORPS ASSERVI

Corps exploité, corps asservi, corps à vendre, corps survolté, corps marqué, corps fantasmé... Sous tous ces aspects, le corps est la proie d'une instrumentalisation qui s'accompagne d'une marchandisation sans équivalent dans l'histoire.

Cette marchandisation a produit dans son sillage différents phénomènes de montée aux extrêmes analogues à ceux qu'on peut observer dans l'univers du spectacle et des médias.

LE CORPS EXPLOITÉ

Corps esclave et corps salarié

Longtemps, la formule de l'exploitation humaine a été simple : on prenait le capital humain là où on le trouvait et on l'utilisait tant qu'il était utilisable. Quand il ne l'était plus, on le remplaçait. En échange de cette exploitation, le propriétaire pourvoyait à l'entretien (souvent minimal) de ses esclaves.

Bien sûr, la dureté du travail et les conditions de vie des esclaves ont beaucoup varié d'une société à l'autre et d'une époque à l'autre, mais leur situation fondamentale demeurait identique : dans tous les cas, il s'agissait d'exploiter le travail d'êtres humains privés de leurs droits, à commencer par celui de disposer d'eux-mêmes.

Avec la révolution industrielle, l'exploitation a été rationalisée. D'une part, on a industrialisé les processus :

découpage des tâches, mécanisation du travail, optimisation des opérations… D'autre part, on a libéré les esclaves. Ils sont devenus de libres salariés. De cette façon, après leur avoir versé leurs salaires, les propriétaires étaient libérés de toute obligation à leur endroit, notamment de celle de les entretenir pendant les périodes où il n'y avait pas de travail.

Un tel système permettait également les travailleurs les uns contre les autres, de manière à maintenir les salaires le plus bas possible.

Pour illustrer la misère produite par cette exploitation salariée, on donne souvent l'exemple du travail des enfants dans les mines anglaises, au XIXe siècle : à l'époque, il arrivait même que des familles entières soient contraintes de vivre plusieurs jours au fond de la mine.

Depuis, la situation du travail salarié s'est améliorée. Surtout en Occident. L'exploitation s'est adoucie. Toutefois, même en Occident, la très grande majorité de la population est encore contrainte de travailler pour assurer sa survie. Et nombreux sont ceux qui doivent le faire dans des conditions difficiles. Nombreux aussi sont ceux pour qui mises à pied, échec à trouver un emploi et chômage sont une réalité récurrente.

Et puis, il y a encore des enfants qui travaillent dans des mines. Il y a encore des enfants qui sont vendus comme esclaves domestiques. Il y a encore des enfants soldats… Ils sont simplement moins visibles parce que délocalisés.

Invoquant la pression des actionnaires pour augmenter les profits, plusieurs entreprises déplacent leur production dans des pays en développement. Des sous-traitants peuvent alors y reproduire, dans des ateliers de misère, des conditions semblables à celles qui prévalaient aux pires moments de la révolution industrielle anglaise.

Souvent, ces activités sont confinées dans certains quartiers. Des zones de non-droit où les lois du pays, soit ne s'appliquent pas, soit s'appliquent de façon restreinte. Ainsi, il arrive que des ouvriers — souvent des ouvrières ou des enfants — soient enchaînés à leur poste de travail, forcés de faire des heures supplémentaires non payées, exposés à la violence des surveillants, le tout pour des salaires misérables... quand ils sont versés.

La situation des travailleurs immigrés dans certains pays arabes n'est guère plus reluisante (confinement, saisie de passeport, accès à peu près inexistant à la justice, mauvais traitements...). Elle est toutefois beaucoup plus rarement dénoncée. Sans doute pour des raisons d'amitiés pétrolières.

Certaines formes d'esclavage ont même profité de la mondialisation pour se développer. Ainsi, la demande de consommation sexuelle des Américains, des Européens et des Japonais, pour ne nommer qu'eux, alimente le tourisme sexuel. Elle a également suscité un accroissement du trafic de femmes et d'enfants des pays pauvres pour alimenter les bordels des pays riches.

Cette escalade dans l'exploitation a aussi été facilitée par — et a facilité en retour — la professionnalisation des réseaux mafieux transnationaux. Rationalisation des processus, spécialisation des intervenants, intégration verticale des activités et alliances stratégiques font désormais partie de l'ordinaire de leurs opérations.

L'asservissement des cerveaux

L'exploitation de la force de travail ne se limite pas à celle de l'ouvrier et de l'esclave domestique ou sexuel. Une part grandissante du travail intellectuel est désormais sous la coupe des multinationales ou des gouvernements. En fait, c'est tout le champ du savoir qui est perçu comme un enjeu de pouvoir — et traité en conséquence par ceux qui exercent le pouvoir.

On a vu les multinationales du tabac censurer des études sur la nocivité de leur produit. On a vu des pharmaceutiques refuser de publier des études qu'elles avaient commanditées sur l'efficacité de leurs produits ou sur les dangers associés à leur utilisation. On a vu des universitaires se faire interdire de parler de leurs recherches parce que les conclusions n'étaient pas favorables à l'entreprise qui avait subventionné leurs travaux. On a vu des chercheurs fausser des résultats pour maintenir leurs subventions ou protéger leur réputation.

On a aussi vu des gouvernements refuser de publier des études dont les résultats n'étaient pas favorables à leurs orientations idéologiques, par exemple en matière d'environnement… ou abolir les organismes susceptibles de produire des études qui risquaient de les embarrasser.

Au Moyen-Orient, les découvertes archéologiques sont instrumentalisées par les acteurs du conflit palestinien et les représentants des trois religions du Livre.

De façon plus globale, c'est souvent toute l'histoire qui est réécrite du point de vue des vainqueurs. Ainsi, pour la postérité, Menahem Begin n'est pas le terroriste qui a coordonné l'attentat contre l'hôtel King David, comme le décrivaient les Britanniques à l'époque où Begin faisait partie des criminels les plus recherchés; il n'est plus celui qui, le premier, a introduit le terrorisme au Moyen-Orient dans un attentat qui a fait 91 morts. Il est plutôt un ex-premier ministre de l'État légitime d'Israël.

Arafat, par contre…

Le corps à vendre

Traditionnellement, l'exploitation du corps humain prenait la forme de l'esclavage ou du travail salarié. On assiste maintenant à une nouvelle étape dans l'utilisation du corps : sa production industrielle. Du corps exploité, on passe au corps marchandise. Et pas seulement sous la forme déjà ancienne du trafic d'esclaves.

Grâce aux progrès de la médecine et de la science — et particulièrement des techniques de greffe —, la chair elle-même peut entrer dans le réseau de la marchandise. Désormais, c'est tout le corps qui peut être mis en marché en pièces détachées : organes, ovules, cellules, gènes...

De nouvelles formes d'exploitation voient le jour : vente d'organes pour raison de pauvreté extrême, utilisation des organes des condamnés à mort, réseaux de trafiquants d'organes, cliniques de transplantation clandestine, forfaits touristiques avec transplantation à la clé... De l'exploitation du corps comme force de travail, on passe à sa mise en marché comme matériau.

Phénomène apparenté, on rapporte que des prostituées dont la valeur marchande a diminué sont contraintes par leur « propriétaire » de rendre une grossesse à terme pour alimenter le commerce de bébés, puis ensuite mises à mort pour alimenter le trafic d'organes.

Le commerce de nouveau-nés peut apparaître comme une sorte de sommet dans l'horreur, pratiqué par les plus ignobles des mafias. Pourtant... En Espagne, ce sont des jésuites, des religieuses et de très catholiques employés d'hôpitaux qui s'y sont adonné pendant les années 1950 à 1980. On estime qu'entre 200 000 et 300 000 nouveau-nés auraient été faussement déclarés morts pour être ensuite vendus à des familles aisées ; au début, c'était pour être confiés à des familles moins susceptibles d'accointances avec les socialistes et les communistes ; par la suite, pour des motifs plus strictement financiers[30].

---

30. Cécile Thibaud, « Tout sur leurs mères », *L'Express*, 30 novembre 2011, p. 58-61.

Dans les laboratoires, on s'arrache la propriété de certaines cellules dont la formule génétique offre des possibilités avantageuses pour la mise au point de médicaments ou la compréhension de certaines maladies.

Le cas le plus célèbre est certainement celui d'Henrietta Lacks, dont les cellules cancéreuses prélevées à la fin de sa vie sont non seulement immortelles, mais prolifèrent depuis février 1951. Elles ont notamment permis de remporter des prix Nobel et elles ont contribué à la guérison de la polio. La famille de Henrietta Lacks, elle, n'a appris que de nombreuses années après la mort de leur fille que son corps avait été utilisé et que ses cellules continuaient d'enrichir des entreprises. Elle et sa famille n'ont jamais rien touché de cet argent et Henrietta a été enterrée sans même une pierre tombale[31].

Une forme particulièrement ambiguë de l'exploitation du corps, du point de vue moral, c'est le bébé-médicament. Il s'agit de bébés conçus *in vitro*, à l'aide d'embryons sélectionnés avant implantation pour s'assurer qu'ils ne sont pas porteurs d'une maladie génétique. Non seulement s'assure-t-on ainsi que l'enfant sera en bonne santé, mais son cordon ombilical peut fournir du sang ou des cellules qui pourront guérir une sœur ou un frère avec lequel il est compatible[32].

En Islande, le gouvernement a vendu l'utilisation exclusive du pool génétique de la population du pays à Decode Genetics, une entreprise pharmaceutique.

---

31. Philippe Julien, «Henrietta Lacks, du cancer à l'éternité», *BiopSci*, 20 janvier 2009. http://www.biopsci.com/2009/01/20/henrietta-lacks-du-cancer-a-limmortalite/ (consulté le 28 novembre 2011)

32. AFP, «Première naissance en France d'un "bébé-médicament"», *France 24*, 7 février 2011. http://www.france24.com/fr/20110207-premiere-naissance-france-dun-bebe-medicament (consulté le 28 novembre 2011)

On pourrait aussi parler des brevets sur certaines formes de vie. Par exemple, Human Genome Science a déposé un brevet sur une bactérie impliquée dans la méningite, ce qui a pour résultat que tout vaccin éventuel contre la méningite utilisant cette bactérie sera couvert par le brevet et obligera à payer des redevances. Plus de tels brevets se multiplient, que ce soit sur des formes de vie ou sur leurs composantes, plus la recherche de médicaments est compromise, car le coût pour les commercialiser devient prohibitif, compte tenu des droits à payer.

Il peut même arriver qu'une entreprise privée (Glaxo) utilise une molécule (l'AZT) découverte par un institut de recherche public (le National Cancer Institute) et la fasse breveter à une autre fin (comme thérapie antisida plutôt qu'anticancer) et en devienne de ce fait propriétaire pour tout usage à cette fin. C'est de cette façon qu'une entreprise privée peut engranger des millions en utilisant la recherche publique!

Toutes ces formes d'exploitation du corps ont l'avantage — si on peut dire — d'être visibles. Par contre, une des avancées les plus importantes dans la marchandisation des corps l'est beaucoup moins. Elle ne vise pas à exploiter la chair des individus, ni même leur force de travail, mais leur force désirante. Elle ne les vise pas comme producteurs, mais comme consommateurs.

LE CORPS INVESTI

Le corps survolté

Une des cibles privilégiées de l'exploitation du désir des consommateurs, c'est le corps lui-même. De plus en plus, on réussit à vendre aux individus l'idée que leur corps est leur principal objet de consommation. Que l'industrie leur permet de se le réapproprier. Que la liberté, paradoxalement, consiste pour l'individu à produire son propre

corps comme objet symbolique. À le produire comme
« son » objet.

Quoi de plus normal que de vouloir prendre soin de
son corps ? Que de le vouloir au meilleur de ses possibilités ? C'est la réalisation de ce désir que promet un
nombre grandissant de produits, de régimes, d'exercices,
d'appareils d'entraînement, de livres, de vidéos, de
cours… Tout cela sous couvert de santé, mais toujours au
moyen d'une publicité utilisant, implicitement ou explicitement, l'image idéalisée du corps désirable.

Le corps éternellement jeune

Évidemment, il ne s'agit pas seulement de santé. L'enjeu
véritable est de ne pas vieillir, de rester jeune.

Première façon : en ne souffrant pas des inconvénients
de la vieillesse. C'est ce que promettent des produits
comme la célèbre glucosamine, les omégas à numéros et
les divers cocktails de produits naturels.

Deuxième façon : en gardant une apparence jeune,
en restant jeune. Pour paraphraser plusieurs publicités,
il faut empêcher ses yeux, ses lèvres, sa peau, ses mains
— tout son corps, quoi — de « trahir » son âge. Entrent
alors en jeu les hormones de croissance, les crèmes antirides, le Botox, le lifting, les greffes de cheveux, la liposuccion… Tous ces marchés connaissent une croissance
marquée.

À la limite, on retrouve les transformations extrêmes
présentées à la télé, où il s'agit de reconstruire globalement
le corps et les comportements des individus sélectionnés.

Santé, donc. Jeunesse. Mais surtout : image de
jeunesse.

Demeurer jeune est maintenant une obligation. La
jeunesse, une valeur. C'est le nouvel idéal corporel
répandu sur l'ensemble de la planète par les mannequins,
les sportifs, les athlètes olympiques, les vedettes du cinéma

et la porno. On rêve désormais d'un corps éternellement jeune à force de manipulations, de prothèses, d'alimentation survoltée, de produits miracle, de chirurgies et de Viagra. Bientôt, les organes de culture et les clones prendront la relève. Du moins, on l'espère.

La vieillesse est interdite. Vieillir est une catastrophe, une faillite. Un aveu d'échec. Être vieux, c'est exister moins bien. Donc, moins. Même vieux, il faut avoir l'air jeune. C'est la moindre des décences... L'éternelle jeunesse, c'est d'ailleurs possible. Une publicité sur un camion de livraison de bière nous l'affirme : la Molson n'est-elle pas « jeune depuis 1903 » ?

Il y a, derrière ce désir de rester jeune toute sa vie une forme de désir d'immortalité : dans l'ordre des préoccupations, la survie devient un absolu qui occulte tout le reste. À commencer par le souci des autres, la solidarité, les projets politiques...

Le corps de marque

Une publicité affichait, il y a plusieurs années déjà, un slogan particulièrement révélateur : « Le corps signé Nautilus ». Le corps comme objet de marque. Signé. Griffé.

Curieusement — mais est-ce vraiment curieux ? — l'image d'une de ces pubs présentait un corps en assez gros plan pour que la tête et les pieds soient coupés. Autrement dit, on éliminait les marqueurs de mobilité et de réflexivité. On avait le parfait corps « objet ».

Ce genre de traitement de l'image corporelle était autrefois stigmatisé comme objectivation pornographique du corps féminin. Aujourd'hui, l'objectivation du corps se passe dans l'euphorie et elle est proposée de façon égalitaire à tout le monde. L'individu se fantasme lui-même comme corps objet. C'est le triomphe du corps objet « à soi ».

Et le fantasme ultime, c'est celui du corps produit industriellement, dans sa double version du clone et de l'enfant parfait, résultats d'un matériel génétique optimisé.

À court terme, en attendant les avancées de la science qui permettront cette industrialisation de la reproduction humaine, les clients peuvent toujours se rabattre sur l'achat du sperme d'un prix Nobel.

Le corps marqué

En même temps que ce corps entraîné, liposucé, botoxifié, lifté et redésigné par la production industrielle se mettait à alimenter les fantasmes, on a vu la montée d'un phénomène de marquage corporel.

Il y a d'abord le tatouage, qui est sorti de ses ghettos traditionnels pour être récupéré par la mode. Auparavant, on trouvait les tatouages surtout chez les prisonniers, les marins et les membres de sociétés secrètes. Autrement dit, chez des gens qui n'avaient pas de territoire et dont le corps devenait le seul territoire. D'où le besoin de le marquer…

Maintenant, le tatouage est partout. De la prison, il a migré vers le grand public.

Les vecteurs de cette migration sont nombreux : les gangs de rue, certains rappeurs, le style néopunk, les joueurs de football et de basketball… De nombreuses vedettes affichent également leurs tatouages : Lady Gaga, Red Hot Chili Peppers, Angelina Jolie, Cœur de Pirate, Rihanna, Zombie Boy[33]… Avec l'influence de ces vedettes, le tatouage achève de basculer de l'underground à l'univers de monsieur et madame Tout-le-monde.

---

33. Ce dernier, de son véritable nom Rick Genest, constitue un cas exceptionnel : alors que la plupart des adeptes du tatouage sont réticents à se faire tatouer le visage, il arbore un tatouage de squelette qui le recouvre du sommet de la tête à la taille, ce qui lui a notamment valu d'apparaître dans le clip de Lady Gaga, *Born This Way*.

Cette montée du marquage des corps se double d'un rajeunissement de la clientèle : on se fait tatouer de plus en plus jeune. On observe également une escalade dans la violence des marques. Après le piercing et les objets insérés dans les oreilles, les sourcils, les lèvres, le nombril et le sexe, après la scarification, après les implants sous la peau, on voit apparaître des pratiques plus extrêmes encore : cicatrices ouvertes, mutilations...

La motivation la plus souvent affichée pour ce marquage est d'ordre esthétique. On veut s'embellir. Se décorer. On veut s'incorporer une œuvre d'art. Dans certains cas, comme celui de Matthew Wheelan, l'objectif est plus ambitieux : il s'agit de transformer l'intégralité de son corps en œuvre d'art. Pour ce dernier, il s'agit même d'une stratégie consciente pour accéder à une certaine forme d'immortalité : il négocie déjà avec des taxidermistes pour que son œuvre lui survive comme pièce de collection[34].

Une autre motivation est de se démarquer. De personnaliser son corps. On veut le transformer. Le rendre conforme à l'image qu'on en a.

Le slogan du salon de tatouage Imago est « Deviens qui tu es ». Dans cette maxime, que Nietzsche affirme avoir empruntée à Pindare, certains voient une parenté avec la célèbre injonction freudienne de devenir consciemment ce que l'on est ; ce serait une incitation à remplacer l'existence inconsciente, subie, par l'existence consciente, voulue. Le nom même du salon de tatouage, Imago, ne désigne-t-il pas, en langage freudien, l'image idéale du moi ?

---

34. Gareth Finighan, « Is this the new face of the Liberal Democrats ? Delegate shows that politics can be colourful », *Mail Online*, 19 septembre 2011. http://www.dailymail.co.uk/news/article-2038873/Matthew-Wheelan-Liberal-Democrat-delegate-shows-politics-colourful.html

Pourquoi se contenter bêtement du corps dont on a hérité à la loterie biologique ? Pourquoi accepter son corps comme un destin ? Pourquoi ne pas le reconstruire et transformer ce destin en entreprise de liberté ?

Dans une telle perspective, le tatouage répondrait à la définition que Malraux donnait de l'art, quand il en faisait un anti-destin[35].

On peut toutefois émettre quelques réserves. Tout d'abord, il y a le fait que l'évolution de la peau se substitue à (ou devient la voie de) l'évolution intérieure. Or, par principe, l'évolution intérieure n'a pas de terme assigné : un individu peut toujours évoluer et connaître plusieurs changements radicaux dans sa vie. Le tatouage, par contre, en plus de disposer d'une surface corporelle limitée, possède une inertie, un caractère définitif, qui limite son évolution.

De plus, on peut se demander si d'autres raisons, plus secrètes, ne motivent pas cette montée du marquage corporel. Des raisons similaires à celles des prisonniers et des autres individus sans territoire : un sentiment de dépossession.

Par exemple, on pourrait avancer que l'industrialisation du soin corporel et de la mise en valeur du corps a provoqué, par réaction, une volonté de se le réapproprier. De là pourrait venir le besoin de le personnaliser en le marquant. Ce serait une façon de sortir de l'anonymat de la masse. De se démarquer. D'accéder au statut de « minorité visible » comme le dit un adepte du tatouage[36].

Et comme il y a la pression du conformisme social et des exigences professionnelles, on invente des compromis. C'est ainsi que les tatouages se multiplient sous les tailleurs BCBG et sous les complets d'hommes d'affaires.

---

35. André Malraux, *Les voix du silence*, *Œuvres complètes*, T. IV, coll. «La Pléiade», Paris, Gallimard, 2004, p. 897.

36. Éric Major (cité dans) Dominique Forget, «La revanche des tatoués», *L'actualité*, 15 mars 2011, p. 49.

Mais les mentalités changent. Les tatouages et autres marques corporelles sont en voie de muter. De signes de révolte et de marginalité, ils migrent vers le répertoire des signes ordinaires de personnalisation dont dispose l'individu standard.

Autrement dit, le tatouage suit l'évolution qu'ont connue avant lui les jeans, les cheveux longs, les coiffures afros, les *dreads*, les sous-vêtements apparents et les crânes rasés… Ils sont en train de devenir un marqueur de conformité. Dans certains milieux, comme celui du cinéma, c'est même déjà le cas.

En fait, on assiste avec le tatouage à l'évolution qui guette tout phénomène de montée aux extrêmes : sa banalisation. Une fois sa lancée bien amorcée, l'extrême cesse de se revendiquer comme extrême et se veut la nouvelle normalité. De façon paradoxale, on voit une quantité croissante de gens se tatouer pour se singulariser, pour se mettre en marge de la morne platitude de la norme, mais réclamer d'être traités comme n'importe qui, comme si rien ne les singularisait. Il s'agit probablement là d'un des moteurs de l'escalade qui fait que toute transgression, une fois intégrée, exige une transgression plus importante pour se démarquer de la nouvelle norme.

L'équivalent politique de cette revendication de l'extrême comme normalité, ce serait la tendance des partis d'extrême droite à revendiquer le droit d'être considérés comme des partis comme les autres. Ou encore, comme le « centre silencieux »… ou même comme la majorité silencieuse.

Cette personnalisation du corps, sa transformation en œuvre d'art, c'est ce que défendent de façon plus radicale des artistes comme Orlan ou Stelarc. C'est aussi ce que défendent, quoique dans un registre très différent, les femmes qui se font enlever des os dans les orteils. Ou encore celles qui se font carrément couper le petit orteil pour pouvoir porter des souliers plus pointus, plus à la mode.

Dans le même registre, on peut aussi rappeler que plusieurs actrices, à commencer par Marlene Dietrich s'il faut en croire la légende, se sont fait enlever les dents de sagesse ainsi que des molaires pour avoir des joues plus creuses, un visage plus effilé.

LE CORPS FANTASMÉ

Il est probable que toute cette orthopédie corporelle témoigne d'une profonde insécurité — insécurité qui pourrait aussi contribuer à l'étalage obsessionnel du corps auquel on assiste dans les médias.

Le corps fantasmé s'étale dans les revues, les pubs, les vidéos, les films... Corps sain, corps sexualisé, corps triomphant.

Si un anthropologue du futur ne disposait que des pubs pour juger de nos intérêts, il conclurait probablement que l'apparence de notre corps fait partie de nos plus grandes préoccupations. Pour ce faire, il s'appuierait sur l'abondance des messages publicitaires concernant les produits hygiéniques, les produits de soins de beauté, les produits pour atténuer les effets de la vieillesse, les produits amaigrissants, les traitements anticellulite...

L'obsession du corps

Ce souci du corps est alimenté par différentes «bonnes intentions». Tous les jours, on nous rappelle qu'on est responsable de sa santé et que, pour cette raison, il faut bien manger, ne pas fumer, faire de l'exercice, éviter les excès d'alcool, protéger son sous-sol contre les infiltrations de radon, ne pas prendre de drogue, proscrire les vêtements trop serrés, y aller mollo sur les antibiotiques, éviter les pensées négatives, mettre de la crème solaire, s'habiller chaudement en hiver, se laver régulièrement les mains, et surtout... éviter de vieillir. Parce que ça, ça tue à coup sûr.

Il faut aussi éviter de s'exposer à des accidents. D'où l'importance de porter un casque à vélo, d'attacher sa ceinture en automobile, ne pas utiliser de téléphone portable en conduisant, de traverser uniquement aux intersections…

La question n'est pas de mettre en cause la pertinence de l'une ou l'autre de ces prescriptions, mais plutôt de constater que leur accumulation et leur répétition exercent une pression qui renforce le souci de tout le monde quant à l'état de son corps et aux menaces qui pèsent sur lui.

L'omniprésence des stars produit un effet du même ordre. Elles sont partout : dans les films et les émissions de télé, dans les défilés de mode, dans les galas et les cérémonies, dans des articles où elles partagent leurs secrets de beauté, dans des émissions qui permettent aux spectateurs de les connaître « pour vrai »… Tout cet étalage de « beauté » a pour effet de fournir un point de comparaison permanent qui enracine encore plus, chez l'individu moyen, le souci de son apparence corporelle — et la conscience des déficiences de son propre corps, de ses lacunes.

Il en résulte une nouvelle forme de souci de soi qui se manifeste sous les traits d'une profonde inquiétude corporelle. Et qui s'articule autour des notions de santé et de pureté, de jeunesse et de beauté, de jouissance.

Le corps aseptisé

Le corps fantasmé se doit d'être aseptisé. De n'être l'objet d'aucune contamination. On se lave plus souvent, les produits antibactériens remplacent les savons, on se blanchit les dents, l'air dans les maisons doit sentir « propre », les vêtements fraîchement lavés aussi…

Prendre soin de son corps, le garder en bonne santé n'est pas seulement une question d'hygiène : il faut aussi le protéger de tout ce qui pourrait le contaminer de l'intérieur.

C'est ainsi qu'on a vu se développer la vogue des produits bio, de l'eau purifiée, des légumes qui s'affichent « sans pesticides », des viandes « sans antibiotiques »… Les emballages sont devenus plus sécuritaires, avec leurs sceaux de protection, leurs dates de péremption, leurs listes d'ingrédients, la mention de l'origine du produit…

On veut également des produits naturels. Mais pas seulement naturels : qui « ont l'air » naturel. Avec une forme parfaite, une couleur vive et uniforme, sans la moindre tache. Bref, des produits qui correspondent au fantasme de « pureté naturelle » entretenu par de nombreuses pubs — comme celles, par exemple, qui mettent en scène des forêts et des étendues d'eau parfaites, totalement esthétisées.

Si on peut se réjouir que le consommateur ait de meilleurs moyens de s'alimenter de façon responsable, force est de constater que ce souci d'une alimentation saine s'accompagne d'un fantasme de pureté beaucoup plus inquiétant.

Entre les mains des publicistes, ce souci de santé donne parfois lieu à des messages plutôt étranges, du type « céleri sans cholestérol ni gras trans » ou encore, « eau pure, naturelle, sans calories ».

C'est peut-être en réaction à ce fantasme de pureté que peut se comprendre l'attirance des ados pour les sloches aux noms dégoûtants et aux images publicitaires à l'avenant mises en marché par Couche-Tard : goudron sauvage, liposuccion, araignées, schtroumpf écrasé, trace de *brake*, gigot de gros lard, gadoue, winchire wacheur… Une escalade alimente l'autre !

Le corps éternellement jeune

Une des images associées à cette pureté est celle de la jeunesse. On ne voudrait pas d'un fruit ratatiné parce que trop vieux. De la même façon, on veut conserver son corps jeune, dans un état où il n'est pas encore marqué par la vie. On ne veut pas d'un corps sur lequel les chocs de l'existence ont inscrit les traces de l'usure et de la mort.

On cherche un corps lisse, sans taches, sans odeurs. Un corps qui n'a pas de poil pour rappeler son animalité. Un corps qui ne sent rien, hormis les différents produits antiodeur.

De plus en plus de jeunes garçons s'épilent complètement. De plus en plus, on s'attend à ce que son partenaire sexuel soit entièrement rasé ou épilé. Parce que le poil, c'est dégoûtant. Même chose pour les odeurs. Il devient indispensable de prendre deux ou trois douches par jour pour s'assurer de n'émettre aucune odeur suspecte. Seulement celle de ces produits qui «sentent le propre».

Par cette conception aseptisée de l'entretien du corps et de l'image corporelle, on se trouve à reproduire, dans un contexte qui se veut libérateur, une double négation puritaine du corps : une esthétisation qui refuse tous les traits animaux (poils, odeurs, sécrétions…) et une fonctionnalisation qui voit le corps comme une machine sans âge, performante, bien entretenue par d'autres machines.

Mais est-ce vraiment surprenant ? N'est-ce pas prévisible, dans un monde où l'apprentissage sexuel se fait de plus en plus en consommant de la porno ? Sur les écrans, les filles et les gars ne sentent rien. Le poil, quand il n'a pas été rasé, se fait discret.

C'est ainsi que le monde inodore, poli et froid des écrans ou des revues en papier glacé induit un fantasme de sexualité désincarnée, non organique, dont le pur voyeurisme pourrait être la forme accomplie.

Voilà donc le corps réputé beau : un corps sain, propre, jeune, lisse, quasi-stérilisé.

Il y a, dans l'obsession contemporaine pour ce type de corps, une tendance qui mériterait d'être mise en relation avec le réflexe politique de «purification» qui ressurgit souvent quand il s'agit de régler un problème. La distance n'est pas toujours si grande, qui mène des corps purs aux races pures et à la purification de la population. L'aventure nazie l'a amplement illustré.

Par ailleurs, ces préférences esthétiques ne sont pas sans conséquences concrètes dans la vie des gens. Une étude du professeur David Hamermesh montre qu'être beau est payant. Dans *Beauty Pays : Why Attractive People Are More Successful*, il en arrive à la conclusion que les hommes beaux gagnent 17 % de plus que ceux qui sont moches. Pour les femmes l'écart serait de 13 %[37].

Cette rentabilité de la beauté ne serait pas que financière. Elle toucherait tous les aspects de la vie publique. Ainsi, des professeurs beaux seraient mieux notés par leurs étudiants ; quant aux politiciens, les plus beaux triompheraient plus souvent que ceux qui sont laids.

Le corps performant

Responsable de la qualité de son corps en matière de santé et d'esthétique, l'individu voit son corps assujetti à une autre exigence : la performance.

La performance au travail, bien sûr, où la machine corporelle doit se plier à tous les horaires, à toutes les exigences, sans jamais défaillir. Parce qu'on vit dans un monde compétitif. Que des milliers d'autres travailleurs sont prêts à prendre l'emploi qu'on occupe. Et que, si jamais il n'y en

---

37. Daniel Hamermesh, «Exclusive Interview : Beauty Pays — Author Daniel Hamermesh Explains Why Ugly People Earn Less Than Beautiful People», *Huffington Post*, 9 février 2011. http://www. huffingtonpost.com/2011/09/01/daniel-hamermesh-beauty_n_945827. html (consulté le 28 novembre 2011) Anne Sangès, «La beauté, une valeur ajoutée !» *Le Figaro madame*, 17 septembre 2011. http://madame.lefigaro.fr/societe/beaute-valeur-ajoutee-180911-174414 (consulté le 28 novembre 2011)

a pas à proximité, il y en a des millions ailleurs. Suffit de les faire venir. Ou de délocaliser le travail chez eux.

Il y a aussi la performance sexuelle. Dans ce domaine, l'incitation à performer est alimentée par de nombreux facteurs : une sexualisation croissante de la publicité et des vidéoclips ; la sollicitation du désir par les fictions de la télé et du cinéma ; la banalisation de la pornographie sur Internet.

L'exigence de performance sexuelle est également stimulée par la montée de l'individualisme hédoniste : de plus en plus, chaque individu considère son propre corps comme un capital de plaisir dont il est en droit de maximiser la jouissance — ce qui implique que les autres corps rencontrés aient une performance à la hauteur de ses attentes. Heureusement, il y a le Viagra, la liposuccion, les gyms et la chirurgie plastique.

Les produits et les services techniques se multiplient pour aider les individus défaillants, ou simplement anxieux, à se montrer à la hauteur. Pour les aider à optimiser leur performance, tant sur le plan de la sexualité que de l'image. Parce que la performance au lit doit s'accompagner d'une performance sociale.

La pression conjuguée de ces exigences de beauté, de santé et de performance explique sans doute en bonne partie le souci croissant des individus pour leur corps. Il est probable que ces exigences jouent aussi un rôle dans l'escalade de l'entretien corporel. Qu'elles alimentent la fascination pour le double fantasme du corps continuellement renouvelé par le clonage, et du corps parfait élaboré par manipulations génétiques.

À ce point, le corps de rêve se confond avec un produit industriel, entretenu au moyen de techniques, de substances et d'appareils, eux-mêmes produits industriellement grâce aux avancées les plus pointues de la science.

LE CORPS INDUSTRIALISÉ

La montée du souci corporel s'accompagne d'un vaste phénomène d'industrialisation.

L'industrialisation du soin corporel

L'industrie alimentaire, l'industrie pharmaceutique et l'industrie des cosmétiques ont été les premières bénéficiaires de cette montée du souci pour le corps et pour l'image qu'il projette. Au cours du dernier demi-siècle, ces industries ne se sont pas simplement développées, elles se sont métamorphosées et spécialisées pour s'adapter aux multiples facettes du souci corporel.

L'industrie de la santé déborde désormais l'industrie pharmaceutique proprement dite pour inclure l'industrie de la mise en forme : on a vu se multiplier les centres de conditionnement physique, les appareils d'entraînement à domicile, les régimes et les méthodes d'entraînement, les suppléments alimentaires, les massages en tous genres, les centres de santé où l'on profite de toute une panoplie de soins dans le cadre d'une prise en charge globale…

Et cela, c'est sans parler de l'explosion des médecines dites alternatives et des thérapies de toutes sortes qui promettent le mieux-être — sans parler des gurus qui offrent de prendre en charge la santé spirituelle de qui veut bien les suivre, moyennant rémunération.

De la même manière, le souci esthétique a de loin dépassé le simple entretien optimal du corps. Il nourrit le travail des designers de vêtements et d'accessoires (lunettes, briquets, montres, bijoux…), celui des spécialistes de l'image et de la communication, et même celui des décorateurs d'intérieur, dans la mesure où l'appartement est vu comme une extension de l'image corporelle.

Cette préoccupation de l'image corporelle fait également tourner l'industrie de la chirurgie plastique, laquelle a connu deux formes d'emballement.

Dans sa version médicale, elle a évolué de la correction de certaines malformations (nez proéminent, bec-de-lièvre…) à des greffes complètes de visage, en passant par des reconstructions de plus en plus poussées pour réparer des traumatismes causés par des accidents.

Dans sa version esthétique, elle s'est généralisée, banalisée. On est passé d'opérations réservées aux vedettes de l'écran à une pratique de plus en plus répandue : pour lutter contre la déprime, pour se remonter le moral ou simplement par désir de nouveauté, on se fait modifier le nez ou le menton, redessiner la forme des yeux, remodeler les seins, liposucer un peu de graisse…

Il peut aussi arriver que ce souci de réparation corporelle soit carrément d'origine idéologique ou religieuse. Le cas le plus manifeste est la reconstruction d'hymen. En France, en Angleterre et même au Québec, il y a maintenant une demande pour ces reconstructions de virginité. Cette demande est souvent provoquée par les pressions du futur mari ou de la belle-famille, ou encore par la crainte du jugement social[38].

Et quand on parle de jugement social, il ne s'agit pas uniquement d'opinions, mais des conséquences qui peuvent en découler : insultes, stigmatisation, mise au ban de la société et même, dans certains cas, mise à mort.

Dans certains milieux, le choix de la reconstruction corporelle peut être influencé par la mode : certaines

---

38. « Virginité perdue et retrouvée — augmentation des reconstructions chirurgicales de l'hymen en Occident », *Point de Bascule*, 17 novembre 2007. http://www.pointdebasculecanada.ca/article/106-virginite-perdue-et-retrouvee-8211-augmentation-des-recons-tructions-chirurgicales-de-l8217hymen-en-occident.php (consulté le 28 novembre 2011)

chirurgies plastiques deviennent des *musts* pour qui veut demeurer *in*. Et l'exigence de base, c'est d'avoir au moins une modification à montrer.

À l'inverse, certaines vedettes passent leur temps à nier leur recours à la chirurgie esthétique. Dans leur cas, ce qui joue, c'est davantage le besoin d'affirmer un statut individuel lié à la possession d'une qualité particulière, la beauté naturellement exceptionnelle, plutôt que l'appartenance à une classe de prestige par la consommation d'un bien de luxe hautement valorisé.

Par certains côtés, ces opérations inspirées par l'humeur du moment et le besoin de renouveler son apparence peuvent être vues comme le tatouage des riches. C'est le même principe fondamental : la personnalisation décorative du corps, mais à la portée uniquement des classes sociales les plus riches.

Cette aspiration à la maîtrise esthétique du corps trouve son aboutissement dans les *extreme makeover*, où non seulement le corps, mais tout le comportement et le mode de vie de l'individu sont « redesignés ».

En fin de compte, il ne s'agit plus uniquement de santé. Ou de mise en forme. Ou d'esthétique. Ce à quoi on assiste, c'est à la fusion des différents aspects du souci corporel : santé, bien-être, plaisirs alimentaires, image… Le corps, dans tous ses aspects, devient objet de souci.

L'impérialisme du corps

Désormais, c'est la performance globale de l'individu, du point de vue de l'image qu'il donne de lui-même, qui est en jeu. L'image fait partie du corps. Plus précisément : corps et image se confondent. En fait, c'est toute la vie intérieure qui est avalée par le corps. On pourrait même interpréter l'anorexie et l'obésité comme les métaphores de ce combat : d'un côté, le corps totalement mis en coupe, jusqu'à dépérir, par un souci d'image ; de l'autre, le sacrifice de l'image par la révolte du corps qui prolifère sans aucun souci d'esthétique ou de santé[39].

Ce souci du corps a par ailleurs comme effet de rabattre le moi et toute l'intériorité sur le corps. « Je suis mon corps » devient « Je ne suis que mon corps ». Moi = corps[40].

Dans une telle perspective, on comprend que la santé et la sécurité deviennent pour bien des gens des obsessions. Le souci de soi dont parlait Foucault, qui concernait l'ensemble de la façon de vivre, se rabat sur l'entretien et la préservation de la machine humaine. L'éthique, comme principe de vie, cède la place à l'esthétique.

Un tel rabattement de l'identité sur le corps amène également à adopter une conception mécanique de la vie intérieure. Ainsi, on ne parle plus de volonté, mais du mental. De la « dureté du mental », comme diraient *Les Boys*. Comme si c'était un muscle. Qu'il fallait l'entraîner pour qu'il soit le plus dur possible... La vie intérieure, réduite au « mental », se ramène en fin de compte à l'acharnement à gagner. Elle relève d'un domaine similaire à l'entraînement physique.

Corps asservi ou corps magnifié ?

D'une certaine manière, tous ces phénomènes peuvent être interprétés comme une mise en coupe de plus en plus poussée du territoire corporel par l'industrie. Tous les aspects de l'entretien, de la réparation et de l'amélioration du corps humain sont ciblés et progressivement monopolisés par des produits et des programmes d'entretien.

---

39. Il ne s'agit évidemment pas de réduire l'explication de l'anorexie et de l'obésité à ces deux métaphores, mais de souligner à quoi les deux phénomènes peuvent être liés métaphoriquement.

40. Cette idée de l'absorption du moi et de la vie intérieure par le corps, de même que celle de la réification de la vie intérieure dans la notion de « mental », sont abordées dans : Robert Redeker, *Egobody*, Paris, Fayard, 2010, notamment aux chapitres 3 et 16.

Orthèses et prothèses sont aujourd'hui monnaie courante. Pour demain, on attend avec impatience les nanomachines. Celles-ci pourront alors prendre la relève du système immunitaire, améliorer la performance de l'organisme et nous assurer un fonctionnement optimum indéfini.

L'étape ultime de cette appropriation industrielle du corps, ce serait la fabrication en laboratoire : le corps humain produit industriellement. Avec, à la clé, la possibilité de le modifier en cours de vie par biosculpture.

Les objets nomades dont parle Attali présentent une version plus *soft*, au double sens de plus douce et de plus *software*, de ce projet. De plus en plus miniaturisés, de plus en plus portables, de plus en plus intégrables aux vêtements et au corps lui-même, ces objets nomades témoignent du rêve humain de réappropriation de la technologie.

C'est comme si l'humanité voulait se réapproprier, par incorporation, l'ensemble de la technologie, qui est née comme extériorisation des fonctions corporelles.

La figure ordinaire de ce rêve, c'est le cyborg : soit dans sa version quotidienne déjà en voie de réalisation (greffes de hanches artificielles, de genoux artificiels, implantation d'électrodes au cerveau pour redonner une certaine mobilité à des paraplégiques, utilisation d'implants cochléaires…), soit dans sa version spectaculaire (Steve Austin dans *L'homme de six millions*, l'androïde Data dans *Star Trek*), soit dans sa version humoristique (*Inspecteur Gadget*).

La figure angoissante de ce rêve serait celle des Borgs, dans les différentes séries de *Star Trek.* Ou encore, celle du cyber soldat (*RoboCop, Terminator, Soldiers…*), dont les sens, la résistance aux agressions et les performances sont dopés génétiquement, biochimiquement et technologiquement (appareils intégrés).

Sa figure sexy serait le personnage de Seven of Nine, dans *Star Trek Voyager*.

Mais le cyborg n'est pas seulement un rêve. Pour plusieurs, cette espèce, déjà en émergence, remplacera l'espèce humaine devenue obsolète. Selon eux, ces transhumains, comme plusieurs les appellent, ces hommes augmentés par la technologie, sont notre avenir inévitable[41].

Quant au rêve ultime, ce serait celui du transfert de la mémoire — et de toute la personnalité — sur un support moins éphémère et remplaçable ; il s'agit d'un fantasme déjà banal dans la science-fiction.

À terme, l'être humain ne serait plus que cette « âme dans la machine ». Son évolution aurait accompli le schéma hégélien de la manifestation de l'esprit dans la matière.

---

41. Geneviève Ferone et Jean-Didier Vincent, *Bienvenue en Transhumanie*, Paris, Grasset, 2011.

LE RAZ DE MARÉE SPORTIF

Le sport n'a jamais semblé aussi populaire. Plus qu'une mode, c'est une véritable vague de fond. Dans l'imaginaire occidental et dans l'espace public, il occupe une place similaire à celle des jeux du cirque dans la Rome impériale : à la fois un divertissement et un dispositif de contrôle populaire.

Si on voulait pousser la comparaison plus loin, la principale différence tiendrait sans doute à la mondialisation présente du phénomène, à son industrialisation ainsi qu'au raffinement de la manipulation psychologique et idéologique qui sert à promouvoir l'actuel raz de marée sportif.

Cette évolution s'est accompagnée de différents phénomènes de montée aux extrêmes, notamment sous la forme de l'escalade. Et cela, pas seulement dans les sports qu'on dit extrêmes, mais aussi dans le sport professionnel, dans le sport de masse et dans l'olympisme. C'est tout le domaine sportif qui est marqué par cette tendance.

L'IMPOSSIBLE COURSE AUX RECORDS

Le sport professionnel, tout comme le sport olympique, évolue selon la logique de la course aux records.

Cette quête de résultats toujours meilleurs a pour effet d'intégrer, au cœur même de l'activité sportive, un principe d'escalade. Un objectif d'amélioration permanente est en effet par définition inatteignable : chaque nouvelle avancée devient désuète au moment même où elle est réalisée ; elle devient le nouveau seuil à dépasser.

La quête de records sert aussi de moteur à d'autres types d'escalade, notamment de nature technologique et financière. Et pas seulement dans le sport d'élite. Dans tous les sports de masse, qui s'affichent pourtant comme sports de loisir et de participation, et qui sont spontanément perçus comme plus conviviaux — à la limite familiaux —, on voit maintenant des adeptes noter minutieusement leurs performances, étudier leurs statistiques pour évaluer leurs progrès, suivre des cours pour améliorer leurs résultats et acheter de l'équipement susceptible de leur octroyer un avantage compétitif.

La course à la performance

Le sport professionnel vit et meurt par la performance. Sous une double forme : compétition et course au record. Le public paie pour voir gagner son équipe ou son joueur préféré. Et il paie dans l'espoir de les voir battre des records.

La Formule 1 et les coureurs olympiques carburent aux records de vitesse. Les équipes professionnelles, au nombre de victoires. Celles qui sont légendaires sont celles qui ont établi des records qui « tiennent ». On pense à la mythique saison parfaite des Dolphins de Miami, en 1972, qui ont gagné tous les matchs de la saison régulière et tous leurs matchs éliminatoires. On pense aux cinq coupes Stanley consécutives des Canadiens de Montréal, de 1956 à 1960. Aux 14 titres de Sampras en tournois du Grand Chelem, qui a alimenté les débats jusqu'à ce que Federer éclipse sa marque.

Même si les records qui continuent de tenir paraissent marquer un arrêt dans le phénomène d'escalade, ils sont au contraire ce qui l'alimente le mieux : ils sont ceux dont la poursuite est la plus captivante. Bien des amateurs de football ont suivi avec passion la série de 17 victoires des Colts, malheureusement répartie sur deux saisons… Les amateurs de tennis suivent maintenant la marche de Federer pour voir jusqu'où il ira. Et ils discutent déjà de la possibilité que son record à lui soit un jour battu.

La course aux records est également alimentée par les commanditaires, qui ont besoin de nouvelles vedettes et de nouveaux champions comme outils de promotion.

Les sports olympiques, malgré l'idéologie participative qu'ils défendent officiellement, ont fait de cette course aux records leur raison d'être. L'important, c'est de participer, dit-on. Mais c'est quand même mieux de participer aux finales qu'aux rondes préliminaires. Et rien ne vaut une médaille d'or. D'abord pour les pays, qui aiment toujours entendre jouer leur hymne national et qui tiennent des statistiques sur l'évolution du nombre de médailles qu'ils ont obtenues, d'une olympiade à l'autre. Certains vont même se préoccuper du ratio entre les budgets alloués et le nombre de médailles obtenues, comme si c'était une sorte de PMB, de Produit médailles brut.

Pour les individus aussi, la valeur d'une médaille d'or éclipse totalement celle d'une médaille d'argent. Sur le plan commercial, bien sûr, mais aussi sur le plan symbolique. N'être que le deuxième meilleur au monde, quel désastre! Quelle futilité!

Le record à tout prix

Malheureusement, le corps humain a des limites. Et les champions, par définition, sont seuls à être champions. Cela crée un phénomène de rareté. Les records sont de plus en plus difficiles à établir et il y a, par définition, un nombre assez limité de «meilleur du monde» dans une discipline donnée.

Pour contourner cette difficulté, le sport a recours à plusieurs moyens. Un des plus évidents est la sélection d'athlètes toujours plus grands, toujours plus forts. Pour s'en convaincre, on n'a qu'à comparer le gabarit actuel des joueurs de football avec celui des joueurs d'il y a une trentaine d'années.

Depuis 1985, le poids moyen des joueurs a augmenté de 10% pour atteindre 252 livres. Quant à celui des demis offensifs, il est passé de 281 à 318 livres depuis 20 ans[42].

Un phénomène similaire est observable au hockey.

Au basketball, cette escalade dans le format des joueurs a même amené certains experts de la NBA à s'interroger sur la pertinence d'augmenter la hauteur du panier.

Un deuxième moyen est la multiplication des catégories de records. Ainsi, au hockey, on a le plus grand nombre de buts marqués, le plus grand nombre d'aides, le plus grand nombre de points (total des buts et des aides). Au baseball, c'est le nombre de points produits et de points marqués; le nombre de coups de circuit, de triples, de doubles, de simples… ou encore, de coups sûrs avec un coureur sur les buts… sans parler de la meilleure moyenne au bâton, de la meilleure moyenne avec un coureur en position de marquer, de la plus faible moyenne de retrait sur des prises… Et, pour faire bonne mesure, tous ces records peuvent se décliner selon la carrière ou la saison, pour l'équipe ou pour l'ensemble de la ligue. On a aussi le joueur du mois, le joueur de la semaine, le joueur du match…

Le baseball est sans doute le sport le plus «statistisé», mais un phénomène similaire est observable dans l'ensemble des sports: l'escalade dans les records se double d'une escalade statistique.

Une troisième façon de maintenir la poursuite de l'escalade dans les records, lorsque la machine humaine semble bloquée et incapable d'aller plus loin, c'est de transposer

---

42. Stéphane Cadorette, «Des athlètes?», *Le Journal de Québec*, 1ᵉʳ février 2012.

l'escalade dans la précision de la mesure. Pour augmenter la fréquence de l'établissement de nouveaux records, on mesure désormais au centième ou au millième de seconde.

On peut toutefois s'interroger. Un athlète qui en bat un autre par deux millièmes de seconde est-il vraiment « meilleur » ?

Et puis, il y a cet autre moyen, plus radical, qui consiste à multiplier les disciplines olympiques, ce qui a l'avantage de faire redémarrer la course aux records sur un terrain vierge. Elle peut alors se poursuivre sans trop de problèmes pendant quelques années avant d'atteindre un goulot d'étranglement.

Le dopage technologique

Même supersélectionnés, il vient un temps où les athlètes n'arrivent plus à soutenir cette course à la performance. C'est alors vers la technique que se tournent sportifs et entraîneurs. La course à la performance se transpose dans le domaine de l'équipement.

Là où le phénomène est le plus visible, c'est sans doute dans la F1 : amélioration des gommes des pneus en fonction des conditions climatiques, mise au point d'alliages de plus en plus légers, aérodynamisme de la carrosserie, dispersion des ondes de choc pour protéger le pilote en cas d'impact, amélioration des embrayages, effet de sol…

Toute proportion financière gardée, un phénomène similaire est observable pour le vélo : allègement des cadres au moyen d'alliages, minimisation de la perte d'énergie par la qualité des embrayages et des roulements à billes, diminution de la résistance au roulement par l'augmentation de la pression dans les pneus, casques aérodynamiques…

En fait, dans toutes les disciplines, on se tourne vers la recherche scientifique et technologique pour soutenir l'évolution de l'équipement. Des maillots de bain qui imitent la peau de requin aux balles de golf spécialisées (vous voulez un peu plus de spin? un peu plus de distance? vous voulez une balle avec un système de positionnement intégré pour la retrouver et réduire les points de pénalité?), en passant par les raquettes de tennis et les skis en alliages, toutes les pièces d'équipement doivent contribuer à l'amélioration de la performance.

La professionnalisation croissante des ligues mineures, notamment en ce qui a trait aux méthodes d'entraînement et à l'équipement, est également à mettre au compte de cette escalade, une escalade qui n'épargne pas le corps même de l'athlète.

Car il ne suffit plus d'être sélectionné parmi les meilleurs, souvent même dès l'enfance. Il faut améliorer son potentiel génétique par des techniques d'entraînement de haut niveau. En fait, c'est plus qu'une question d'entraînement. Aujourd'hui, le corps même de l'athlète tend à être produit technologiquement par une approche intégrée qui comprend l'entraînement lui-même, mais aussi l'alimentation, les soins d'entretien (physio, massage), des approches psychologiques (visualisation, méditation)…

L'exemple le plus représentatif de cette industrialisation du corps, c'est probablement le coureur de 100 mètres. Le sprinter. Celui que les commentateurs appellent la «Formule 1» de la course à pied.

On notera au passage que cette appellation confirme l'athlète dans sa fonction de «machine» humaine. C'est d'ailleurs une expression louangeuse qui vient spontanément à l'esprit de plusieurs quand il s'agit de traduire leur admiration stupéfaite devant la performance d'un sportif: «Ce joueur-là, c'est une machine!»

Le dopage biologique et chimique

Toutefois, même supersélectionnés, même superentraînés, même superéquipés, il arrive que les athlètes frappent un mur : ils ont beau plancher, ils plafonnent. Ce sont alors les techniques de dopage corporel qui prennent le relais.

Le terme dopage est cependant un fourre-tout : il est difficile, sauf en adoptant un point de vue strictement légaliste, de ranger dans la même catégorie le fait de se réinjecter son propre sang et celui de se saturer d'hormones de croissance, de stéroïdes et de testostérone. En fait, ce qu'on voit se développer, c'est toute une panoplie de techniques de modification corporelle, que ce soit au moyen de produits chimiques ou biologiques. Les exemples qui viennent spontanément à l'esprit sont ceux de Ben Johnson, de Barry Bonds ou des coureurs du Tour de France… sans oublier les nageuses est-allemandes de la belle époque, qui devaient se raser tous les jours.

Comme le dopage est illégal, cela entraîne une autre forme d'escalade, technologique celle-là, entre les laboratoires qui inventent de nouveaux produits dopants ou masquants (plus efficaces, plus indétectables) et les laboratoires qui travaillent à les rendre détectables.

Par ailleurs, il existe une forme de modification corporelle dont on parle peu, mais qui est déjà en usage : la modification chirurgicale. Il y a déjà bien des années que les tendons des bras de certains lanceurs, au baseball, ont été déplacés pour leur permettre de continuer à lancer malgré des blessures liées à l'usure ou à des mouvements pour lesquels le corps humain n'est pas conçu.

On peut facilement imaginer qu'un haltérophile fasse modifier le point d'insertion de l'attache des biceps dans les os des bras pour améliorer l'effet de levier quand il ramène un haltère vers lui. De mauvaises langues affirment même que ce type de procédure serait déjà en usage dans certains pays plus réfractaires que d'autres à la transparence et aux enquêtes publiques.

L'inflation financière

Tous ces phénomènes de dopage s'accompagnent d'une inflation des investissements financiers. Produire des athlètes coûte de plus en plus cher. Présenter des spectacles sportifs aussi. On assiste également à une hausse du coût des salaires, des stades, des droits de télé et du prix de vente des équipes professionnelles. Tout augmente. Y compris le prix des billets, que ce soit pour le hockey, le football ou tout autre sport.

Dans le sport olympique, rien ne semble pouvoir endiguer l'augmentation du coût des installations elles-mêmes, celui des aménagements urbains périphériques ainsi que, terrorisme aidant, celui des mesures de sécurité. Vancouver 2010 en est un bon exemple, avec ses 900 millions de dollars et plus dépensés pour la sécurité.

La production d'un athlète de haut niveau a elle-même un coût de plus en plus prohibitif: équipement, entraîneurs, inscription à des compétitions, frais de voyage et de subsistance, soins individuels (physio, massage, motivateur)…

Cette hausse des coûts amène le sport professionnel et olympique à dériver vers le spectacle et à dépendre de plus en plus des commanditaires, tant pour présenter les compétitions que pour former les athlètes. Seuls les grandes entreprises et les milliardaires ont les moyens de s'offrir une équipe de sport professionnel; eux seuls ont les moyens soit de la rentabiliser comme véhicule publicitaire, soit d'en faire une sorte de trophée.

L'escalade dans le faste des cérémonies d'ouverture des Jeux olympiques témoigne également de cette dérive vers le spectaculaire.

Même les sports de participation de masse voient leurs coûts exploser, alimentés qu'ils sont par une technologisation croissante de l'équipement. À témoin, le prix des vélos, des raquettes de tennis ou de badminton, des souliers de course, des skis, des vêtements de sport…

L'escalade dans la violence

Un des effets de l'augmentation des coûts du sport professionnel est d'amener une compétition de plus en plus féroce pour occuper l'espace médiatique, ce qui motive, dans certains sports, une escalade de la violence. Violence au hockey, par exemple, qui se répand jusque dans les estrades. Violence qui déborde même le stade, dans le cas des hooligans, ou dans celui des célébrations dans les rues après les victoires… ou les défaites.

Et puis, il y a la violence systémique, presque invisible à force d'être banalisée, qui fait considérer comme normale l'épidémie de blessures dont sont victimes les athlètes professionnels ainsi que l'usure accélérée de leur corps.

Même des sports olympiques produisent régulièrement leur cortège de blessés et, exceptionnellement, de morts : le slalom géant, le saut à ski, la luge…

Enfin, il y a cette violence très particulière, non seulement assumée mais recherchée par les participants, qui est liée au danger auquel on s'expose, au risque que l'on prend. C'est le territoire des sports extrêmes : *speed-flying*[43] (mélange de ski, de parapente et de parachutisme), descente de montagne hors-pistes en planche à neige, en skis ou en vélo, escalade à mains nues, ski acrobatique, descente en patins sur des pistes glacées, descente en planche à roulettes de côte asphaltée[44]…

Certains sports plus traditionnels peuvent également comporter une certaine dose de danger contrôlé :

---

43. Aussi appelé *speed-riding*.

44. Ce point est également abordé dans la section « Les arts plastiques : une esthétique de la transgression ».

parapente, parachutisme, alpinisme, descente de rapides, exploration de grottes…

Quant à monsieur et madame Tout-le-monde, ils ne sont pas en reste. Pour eux aussi, il y a des «expériences extrêmes». Mais plus sûres. Le frisson du danger en milieu contrôlé : le bungee, les montagnes russes dans les parcs d'amusement…

L'INVASION SPORTIVE

Que le sport ait envahi la planète, on en a de multiples exemples. La F1 dissémine ses courses dans les pays qui représentent les meilleurs marchés et profite d'un auditoire mondial.

Cette mondialisation de l'auditoire se manifeste aussi à l'occasion des Jeux olympiques et des rencontres de la Coupe du monde, du Mondial de foot, du tournoi de tennis de Wimbledon, du Tour de France et des quatre tournois de golf du Grand Chelem.

Ces événements sportifs constituent des véhicules publicitaires de premier ordre. Ils offrent aux commanditaires les plus grandes accumulations de «temps de cerveau disponible». C'est pourquoi les entreprises qui en ont les moyens sont prêtes à payer des sommes faramineuses. Des sommes qui continuent d'augmenter à mesure que se gonflent les auditoires. À titre d'exemple, au Super Bowl XLIV, la publicité télé se vendait entre 2,6 et 2,8 millions de dollars la tranche de 30 secondes ; cela représentait une hausse de 400 % par rapport au Super Bowl XXXIV, tenu 10 ans plus tôt.

La conquête de la planète par le sport professionnel profite également de l'appui des médias. Cet appui ne se limite pas à la présentation de matchs ou d'événements particuliers. Il y a aussi le suivi quotidien des résultats sous la forme de bulletins d'information spécialisés, les tribunes téléphoniques, les chroniques dans les médias écrits, les entrevues avec des vedettes sportives ou des entraîneurs, les blogues, les émissions de discussion d'avant et d'après-match avec une batterie d'experts et de journalistes (*Le Match*, *L'antichambre*)... Tout cela exige, bien sûr, d'être alimenté par une mise à jour en continu des statistiques et des rumeurs.

Quant aux bulletins d'information réguliers, ils font une part grandissante aux phénomènes de hooliganisme, aux scandales liés au dopage, aux scandales financiers, aux projets de construction de stades... Montréal pourrait-elle survivre à la perte des Canadiens? La reconnaissance mondiale de Québec est-elle possible sans le retour des Nordiques? Une ville peut-elle exister sur la scène mondiale sans avoir au moins une équipe de sport professionnel?

Sur un mode plus léger, il y a le suivi des frasques, des baisses de régime, des exploits ou simplement des états d'âme supposés des meilleurs joueurs locaux ou internationaux.

L'invasion sportive se manifeste également par la prolifération des produits dérivés: vêtements aux couleurs d'une équipe ou identifiés à un athlète, cartes à collectionner, revues spécialisées, affiches, objets utilitaires au logo des équipes... sans compter tout le matériel sportif destiné aux sports de participation.

Dans certains cas, l'athlète lui-même devient une sorte de produit dérivé lorsque son nom et son image sont utilisés à des fins publicitaires pour des produits qui n'ont souvent aucun rapport avec ses compétences.

Cela amène à considérer un autre aspect de l'invasion sportive de la planète: l'exploitation des sportifs.

L'EXPLOITATION DES SPORTIFS

L'exploitation physique et psychologique

Cette exploitation s'inscrit d'abord dans le corps même des athlètes professionnels. Il n'est pas rare que la quête acharnée de la performance les marque à vie : on peut penser aux athlètes de 35 ou 40 ans, dont le corps est usé comme s'ils en avaient 60. Ou encore au lot de jeunes joueurs de football qui, chaque année, dans les universités et les collèges américains, deviennent infirmes, parfois même paraplégiques… Et cela, c'est sans parler de la culture de la violence qui, dans certains sports, produit un nombre restreint — mais malheureusement régulier — de victimes spectaculaires. Un exemple suffira : le *roller derby* sur glace qu'est devenu le hockey mineur.

On a déjà évoqué le cas de Chris Benoit, dont le cerveau, à 40 ans, ressemblait à celui d'un homme de 70 ans atteint d'Alzheimer. La lutte professionnelle n'est pas le seul sport à produire cet effet. Il y a bien sûr la boxe, où le but est de provoquer une commotion cérébrale chez son adversaire.

Mais il y a aussi tous les coups à la tête que reçoivent les joueurs de hockey à l'occasion de bagarres ou de mises en échec. Bob Probert et Reggie Fleming, deux bagarreurs reconnus, ont reçu un diagnostic d'encéphalopathie traumatique chronique, ce qui est une façon clinique de diagnostiquer une dégénérescence du cerveau. Dans le cas de Probert, décédé à 45 ans, son épouse expliquait qu'il avait souffert, dès l'âge de 40 ans, de problèmes reliés à l'humeur, à l'attention et à la mémoire à court terme. Et que ses problèmes s'étaient amplifiés par la suite[45].

Sur le plan psychologique, on évoque souvent les enfants qui sont « programmés » pour réaliser les rêves

---

45. AP, « Probert : un cerveau malade », *Le Soleil*, 4 mars 2011, p. 52.

de leurs parents, qui ont pour mandat de réussir les carrières que leurs géniteurs n'ont pas faites. À voir le comportement de certains parents dans les estrades, on ne peut pas mettre en doute que ce soit parfois le cas et que plusieurs de ces jeunes sportifs soient des enfants-trophées.

L'exploitation peut aussi se manifester dans les rapports que le sportif entretient avec son entraîneur, lesquels peuvent prendre la forme d'une relation de disciple à guru. En fait, il n'est pas si rare que l'entraîneur tende à prendre le contrôle de la vie entière du jeune sportif pour s'assurer qu'elle est au service de sa carrière — et, par ricochet, au service de ses ambitions d'entraîneur: il a besoin que ses athlètes réussissent pour accéder lui-même, comme entraîneur, à un niveau supérieur.

Il faut d'ailleurs entendre le ton sur lequel certains entraîneurs parlent à «leurs» jeunes. On comprend alors que le modèle presque avoué de certains d'entre eux soit celui des *marines* et des entraîneurs est-allemands de l'après-guerre: on démolit l'individu, puis on le reconstruit sur de nouvelles bases.

Comme dans les sectes, cette emprise de l'entraîneur amène souvent l'athlète à se couper de plus en plus de son milieu social et familial. De toute façon, pour peu que le sportif étudie, l'intensité des entraînements fera en sorte qu'il n'aura pas le temps d'avoir une vie sociale en dehors du groupe avec lequel il s'entraîne, ce qui renforce sa dépendance à l'endroit de l'entraîneur: se brouiller avec lui, c'est risquer non seulement d'être exclu de son sport, mais de son seul milieu social.

Les séquelles psychologiques de ce type de rapport sont parmi les moins documentées, ce qui est un peu normal: tout le monde sait que les blessures psychologiques ne sont pas de vraies blessures. Ou, en tout cas, qu'elles sont de moindres blessures…

Et puis, il faut ce qu'il faut. On ne fait pas d'omelettes sans casser d'œufs. Les médailles, ça se mérite.

L'exploitation économique

Dans le sport de masse, l'exploitation prend un visage plus économique: il y a ces familles qui se ruinent littéralement pour les rêves sportifs de leurs enfants. Il y a également tous ces monsieur et madame Tout-le-monde qui s'achètent de l'équipement de pointe (vélo, skis, raquette, souliers de course «de compétition»…) dont ils n'ont pas besoin.

L'utilisation des sportifs comme support publicitaire demeure cependant un des aspects les plus évidents de l'exploitation économique. Tout le monde utilise les sportifs à toutes les sauces: la publicité, la mode, la politique et, plus globalement, le *star-system* carburent aux vedettes sportives (entre autres). On fait des collections de vêtements à leur nom (Tiger Woods, Bruny Surin). On met en marché les vêtements qu'ils dessinent (Serena Williams, Maria Sharapova). Les équipementiers sportifs les utilisent pour la promotion de leurs produits. Les médias comptent sur eux pour drainer les auditoires et augmenter leurs cotes d'écoute.

On les invite aussi à des assemblées politiques. Les politiciens se font photographier avec eux. Ils peuvent même les recruter comme candidats (Ken Dryden, Larry Smith). Il y a aussi le cas intéressant de Jessie Ventura, ex-lutteur professionnel devenu gouverneur du Minnesota.

Mais les rapports d'exploitation ne sont pas toujours à sens unique. Par exemple, le sport a utilisé les médias pour créer une industrie qui est à la croisée du *star-system,* de la performance médiatique et de la production industrielle: celle des produits dérivés.

Alors, qui cannibalise qui?

Peut-être faut-il simplement constater l'émergence d'un système global à l'intérieur duquel chacun des sous-systèmes renforce l'ensemble du système d'exploitation des sportifs et des consommateurs?

LA PRODUCTION SEXUELLE

Pour expliquer les différences culturelles entre Japonais et Occidentaux, Adam Hall citait cette remarque d'un Japonais : « En Occident, il y a du sexe partout sauf dans la sexualité. Au Japon, il n'y a du sexe nulle part sauf dans la sexualité. »

Bien que surprenante, notamment quand on considère l'histoire et la variété de la production pornographique au Japon[46], cette affirmation n'en demeure pas moins révélatrice d'un des processus marquants de la société occidentale : la présence de plus en plus prononcée de la sexualité dans les médias, dans l'espace public et, d'une certaine manière, dans les préoccupations des gens.

Les productions sexuelles médiatiques et l'industrie du sexe incitent constamment l'individu à produire sa propre jouissance, à en produire davantage, et elles lui proposent des moyens toujours plus sophistiqués de connaître une performance satisfaisante. Plus que satisfaisante, en fait : exceptionnelle. De nos jours, qui voudrait se contenter d'une satisfaction... satisfaisante ?

C'est ainsi que la sexualité semble elle aussi se vivre sur le mode de l'escalade, de l'envahissement et de la transgression des limites.

---

46. Wikipedia, « Pornography in Japan ». http://en.wikipedia.org/wiki/Pornography_in_Japan (consulté le 18 décembre 2011)

LE TOUT SEXUEL

La sexualité en spectacle

Il ne faut pas beaucoup d'efforts pour constater que la sexualité est de plus en plus présente dans les spectacles artistiques et les médias.

Dans les journaux, les chroniques sur la sexualité ont remplacé les courriers du cœur. Au théâtre et dans les spectacles de danse, la nudité n'est plus cause de scandale ; elle est même devenue banale. Dans les bars et les cabarets, on est passé des danseuses en bikini aux danseuses nues puis aux danses contact.

Désormais, des personnages ouvertement homosexuels apparaissent dans les séries télé et les films. Il y a seulement 20 ans, il aurait été risqué de diffuser une série comme *L World*, qui met en scène les aléas de différentes relations amoureuses lesbiennes. Et carrément impensable d'intégrer à l'émission des scènes à forte teneur sexuelle comme s'il s'agissait d'éléments parmi d'autres de leur vie.

Dans les vidéoclips et dans les spectacles, plusieurs vedettes de la chanson ont maintenant des vêtements ou font des gestes que l'on se serait autrefois attendu à retrouver dans les productions XXX. On peut penser aux spectacles de Madonna ou de Lady Gaga[47]. Ou encore aux chorégraphies de Michael Jackson dans lesquelles le chanteur vérifie à répétition l'existence de ses parties génitales. On est loin des simples déhanchements d'Elvis, qui avaient été censurés au *Ed Sullivan Show* !

De la même manière, nombre de films et de séries télé incluent maintenant des scènes autrefois réservées aux

---

47. Cette sexualisation progressive de l'univers du spectacle est abordée à la fin de la section « Le cinéma : image hallucinante/réalité hallucinée ».

films érotiques, qui étaient exclus de la télé ou, à la rigueur, relégués en fin de soirée. Aujourd'hui, on se contente de les faire précéder d'un avis du type : « Ce film peut contenir des scènes de nudité, de sexualité de même qu'un langage cru pouvant ne pas convenir à tous les publics. Le jugement des spectateurs est requis. »

En fait, même cette mise en garde peut porter à une fausse interprétation : il ne s'agit pas tant de respecter la morale que de se protéger contre les poursuites judiciaires éventuelles de groupes religieux ou conservateurs. On trouve d'ailleurs le même type de mise en garde au début de certaines séries policières n'ayant aucun contenu sexuel, mais qui incluent des scènes de violence... ou qui abordent des sujets dits « matures ».

Il est également significatif que la frontière entre le monde du cinéma de type Hollywood et le cinéma porno soit de plus en plus labile. Significatif aussi qu'Internet banalise la pornographie en la mettant à la portée de tous.

Quant aux défilés de la fierté gaie, s'il leur arrive parfois de heurter le goût de certains, ils ne constituent plus, dans plusieurs pays occidentaux, une offense à la morale justifiant une intervention policière. Au contraire, l'intervention des policiers consiste plutôt à s'assurer que des contre-manifestants ne provoquent pas d'incidents. Aux yeux d'un nombre croissant de personnes, ces défilés font maintenant partie de l'ordre des choses. Ils constituent des occasions commerciales dont on se réjouit de la réussite ou dont on déplore l'échec... Lorsqu'il y a débat, il se passe souvent à l'intérieur de la communauté gaie. Et il porte moins sur la pertinence d'une manifestation publique que sur l'image qu'on désire donner des homosexuels.

Habituellement présentée comme souhaitable et souhaitée, cette libération de la sexualité peut se lire comme la volonté de repousser continuellement les frontières des comportements qui sont « présentables » dans la société et « représentables » dans les médias.

L'invasion sexuelle du quotidien

Parler de « l'invasion » de la vie quotidienne par la sexualité peut porter à confusion. Cela peut évoquer les fantômes du cardinal Ouellet, de Benoît XVI et de Rush Limbaugh…

Il ne s'agit pas de dénoncer ou regretter quoi que ce soit — ou de s'en réjouir —, mais simplement de formuler une constatation : la sexualité occupe une part croissante dans la vie de tous les jours. Soit comme préoccupation explicite, soit à travers la sexualisation généralisée de l'environnement social.

Depuis les années 1960, on assiste à une émancipation progressive et soutenue de la sexualité : l'éducation sexuelle progresse ; la sexualité des adolescents est plus précoce et mieux acceptée ; l'homosexualité et la bisexualité peuvent s'afficher plus librement même s'il reste encore du chemin à parcourir dans ce domaine — notamment dans l'acceptation des homosexuels à l'école par les autres élèves.

On peut également observer une sexualisation croissante de nombreux aspects de la vie : vêtements des jeunes, productions vidéo, tourisme, produits auxquels on accole une image sexy… Il est d'ailleurs révélateur que le terme *sexy* puisse maintenant s'accoler à n'importe quoi. Dans le *sexual fitness*, l'entraînement physique devient *sexy*. Les maths, la science, par contre, ce n'est pas spontanément perçu comme *sexy*. Le pouvoir, lui, est *sexy*. La célébrité est *sexy*. La cuisine peut l'être. La comptabilité, beaucoup moins.

On stigmatise facilement cette « obsession sexuelle » comme étant exclusive à l'Occident. On donne comme exemple de ses conséquences le fait que les unions libres prolifèrent et que, si les divorces diminuent, c'est qu'il y a de moins en moins de couples qui se marient. Or, il semble que le problème ne soit pas seulement occidental. Ainsi, même dans une société aussi dominée par la religion que l'Iran, on étudie très sérieusement la possibilité de promouvoir le « mariage temporaire ».

Ce type de mariage, autorisé par l'islam chiite, est une union pouvant varier d'une heure à 99 ans. Il peut être rompu à tout moment. Son utilité : permettre d'avoir des relations sexuelles sans transgresser la loi islamique et sans être contraint par un mariage une fois la relation sexuelle terminée. Le ministre de l'Intérieur, Mostafa Pour-Mohammadi, y voit très sérieusement une façon de remédier à la misère sexuelle des jeunes[48].

Le sexe extrême

Mais la sexualité n'est pas simplement partout. Elle tend à devenir extrême. Dans les comportements privés, on voit la montée des pratiques sexuelles liées à la douleur et à la domination. Là aussi, la transgression des tabous semble être le moteur de l'évolution.

Le sado-masochisme est loin d'être une nouveauté. Par contre, qu'il soit devenu *in* dans plusieurs milieux branchés, voilà qui est moins banal. Moins banales aussi, les multiples morts, chaque année, provoquées par des pratiques érotiques d'autoasphyxie destinées à intensifier la jouissance pendant l'orgasme.

Récemment, la mort par autoasphyxie a été évoquée lors du décès du comédien David Carradine et de celui du présentateur de la BBC, Kristian Digby.

---

48. Omid Memarian, « Iran, le mariage à durée déterminée », *Rooz*, (dans) *Forum Algérie.com*. http://www.forum-algerie.com/discussion-generale/2770-iran-le-mariage-duree-determinee.html (consulté le 28 novembre 2011)

La Cour suprême du Canada a même eu à trancher sur la nature du consentement donné par la personne qui perd connaissance à la suite d'une strangulation consentie pour augmenter l'orgasme : est-elle réputée avoir également consenti aux actes sexuels qui ont lieu pendant qu'elle est inconsciente[49] ?

Moins banals, également, ces clubs de vampirisme qui s'affichent à peu près ouvertement. Et beaucoup moins banal encore, le cas d'Armin Miewes, le célèbre cannibale allemand, qui a tué Bernd Juergen Armando Brandes et mangé différentes parties de son corps pendant une période de quelques mois. Le premier repas a été pris en commun, Miewes et sa victime ayant cuisiné et mangé ensemble le pénis de Brandes, après quoi Miewes a tué sa victime consentante. La scène, qui dure plus de neuf heures, a été entièrement filmée, y inclus la partie où Miewes dépèce sa victime puis suspend sa carcasse à un croc de boucher.

Il est notable que Brandes n'était pas la seule personne à vouloir être tuée par Miewes : six personnes avaient répondu à la petite annonce de Miewes sur un forum de discussion. Miewes y déclarait chercher «un homme bien bâti de 18 à 30 ans afin de le mettre à mort et de le manger». Plusieurs des candidats non retenus par Miewes ont témoigné à son procès.

Le danger et la violence sont d'autres vecteurs des pratiques de transgression. Ils séduisent un nombre croissant d'adeptes. Pour ceux qui pensent avoir tout essayé et sont blasés, il y a le *barebacking*, sorte de roulette russe sexuelle qui consiste à avoir des relations non protégées avec des personnes susceptibles de transmettre l'hépatite, le sida ou d'autres MTS.

---

49. «Jugements de la Cour suprême du Canada», Dossier 33684, 27 mai 2011, Référence : R. c. J.A., 2011 CSC 28, [2011] 2 R.C.S. 440, http://scc.lexum.org/fr/2011/2011csc28/2011csc28.html (consulté le 28 novembre 2011)

Et puis, il y a la version franchement extrême de cette pratique : chercher des partenaires séropositifs pour se faire « donner » le sida. Les adeptes de cette pratique, le *bug searching,* en parlent comme d'une fécondation : après avoir été fécondés par le donneur (*gift-giver*), ils « portent » son virus, ils « portent » sa maladie.

Interrogé à l'émission *Les francs-tireurs,* un spécialiste rappelait les propos d'un « fécondé » affirmant que sa « fécondation » avait donné un but à son existence. Avant, sa vie n'avait pas de sens ; maintenant, elle en avait un : se battre contre sa maladie.

Si on se place du point de vue du *gift giver,* donner volontairement le sida à une autre personne est une forme de violence assez extrême : après tout, c'est la tuer. Mais il s'agit d'une violence peu spectaculaire, dont les effets sont différés et visibles seulement à long terme. Autrement dit, il faut être patient pour apprécier le spectacle, que ce soit dans son propre corps ou dans celui des autres.

Tous n'ont pas cette patience. D'autres formes de violence se répandent, plus immédiates dans leurs effets. Qu'on pense aux « tournantes » et autres viols collectifs. Qu'on pense aux films de *snuff,* dans lesquels des victimes sont censées avoir été torturées et mises à mort[50].

---

50. Il existe, par définition, beaucoup de flou sur l'authenticité de ces productions. La vérité se situe probablement quelque part entre l'opinion de ceux qui y voient un commerce développé, avec ses réseaux souterrains et ses fabriques de morts « intéressantes », et l'avis de ceux pour qui il s'agit uniquement de légendes urbaines.

Une chose est cependant certaine : c'est parce qu'ils s'affichent comme présentant de « véritables » mises à mort que ces films ont du succès. Il existe un public qui les recherche. Tout comme il y a un public pour les exécutions des condamnés à mort. Tout comme il y a un public amateur de films *gore,* qui apprécie les progrès dans le réalisme des éventrements, décapitations et autres joyeusetés au programme de certains films d'horreur. Il y a même des gens qui réclament la diffusion à la télé de l'exécution des criminels.

Ce n'est pas tant l'existence de ces pratiques qui surprend — après tout, Gilles de Rais et Vlad l'Empaleur n'avaient pas attendu l'arrivée des médias pour exister —, mais le fait qu'elles soient associées dans certains milieux à un mode de vie (les «tournantes»), récupérées par des réseaux commerciaux (*snuff* et pédophilie) et intégrées au répertoire normal des moyens d'expression sexuelle à la disposition des adultes consentants (*bare backing, bug searching*).

L'INDUSTRIE DE LA JOUISSANCE

Cette plus grande présence de la sexualité, autant dans les médias que dans l'espace public, se produit dans une société où les individus ont un plus grand souci de leur corps et sont plus conscients de leur droit au plaisir. Il en résulte, on l'a déjà mentionné, une recherche de performance sexuelle accrue, laquelle n'est pas sans conséquences sociales et économiques.

Le sexe industriel

L'individu qui conçoit le plaisir comme un droit aura comme principe — et souvent comme principe premier — de se satisfaire le plus possible. Pour obtenir cette satisfaction, dans un monde où la solution à tout problème est à chercher du côté de la technique et du commerce, il s'attend à une offre de services appropriée à son désir. À une offre de marchandises susceptibles d'améliorer sa satisfaction.

Il n'y a donc rien d'étonnant à voir se multiplier les émissions de divertissement et de services liées à la sexualité: chroniques de conseils, émissions où des gens exposent leurs problèmes à des «spécialistes», enquêtes sur l'épanouissement sexuel, émissions consacrées à l'exploration de pratiques et d'univers sexuels alternatifs, entrevues biographiques avec des actrices pornos…

Rien d'étonnant non plus à voir apparaître des réseaux sociaux spécialisés sur Internet, des livres de techniques, des produits qui promettent d'améliorer ou de restaurer le niveau de performance, des cliniques spécialisées dans les reconstitutions chirurgicales de l'hymen et dans les augmentations mammaires, des offres de services ou de rencontres dans les petites annonces… Tout cela se multiplie.

On a même vu une jeune Roumaine de 18 ans vendre sa virginité (médicalement vérifiée) pour 10 000 euros dans un encan sur Internet[51]. Pour payer ses études…

Mieux encore, Natalie Dylan affirmait avoir reçu plus de 10 000 offres d'achat pour sa virginité, dont elle avait annoncé la mise aux enchères à l'émission de Howard Stern; l'offre la plus généreuse avoisinait les 3,7 millions de dollars. Il semble toutefois que la transaction n'ait pas été conclue, l'acheteur ayant effectué un retrait préventif[52]…

Comme toute chose est vouée à la banalisation, il existe maintenant en Australie une émission de téléréalité où on peut offrir sa virginité au plus offrant[53].

---

51. Dimitri T., « Elle a vendu sa virginité sur Internet », *Génération Nouvelles technologies*, 26 mai 2009. http://www.generation-nt.com/virginite-internet-encheres-alina-percea-venise-actualite-745111.html (consulté le 28 novembre 2011)

52. Édouard (posté par), « Natalie Dylan: La vierge qui valait trois millions », *Fluctuat.net*, 5 février 2009. http://societe.fluctuat.net/blog/35841-natalie-dylan-la-vierge-qui-valait-trois-millions.html (consulté le 28 novembre 2009) Cynthia R. Gagen, « « Deflower Deal » Guy Pulls Out — Natalie Dylan Still a Virgin as Buyer Backs Out », *New York Post*, 30 mai 2009. http://www.nypost.com/p/news/national/item_k55XGltT62orPA7aGBRCdJ (consulté le 28 novembre 2011)

53. Info Rédaction, « Ils vendent leur virginité dans une émission de téléréalité », *Genside*, 11 mai 2010. http://www.zigonet.com/t%E9l%E9vision/ils-vendent-leur-virginite-dans-une-emission-de-tele-realite_art11831.html (consulté le 28 novembre 2011)

Tout cela, c'est sans compter l'offre de produits pornographiques, elle aussi en explosion, notamment sur Internet.

Avec la pornographie, on en est encore dans le domaine du fantasme, dira-t-on. Mais ces produits qui servent à faire fantasmer, ultimement, doivent s'appuyer sur la réalité. Il faut les tourner, ces vidéos de porno *soft* ou moins *soft*. Ça prend des acteurs. Des actrices.

Et puis, un moment donné, les gens veulent satisfaire leurs fantasmes autrement qu'en imagination. Il faut alors de la main-d'œuvre pour dispenser les services sexuels appropriés. Et si l'offre de services est inférieure à la demande, ou trop chère, ou inadaptée aux goûts des clients, il faut s'arranger pour que cette offre augmente, il faut trouver le moyen qu'elle soit moins chère, il faut faire en sorte qu'elle s'adapte aux goûts des clients.

En Occident, tout cela se fait en industrialisant toujours davantage la prestation de services.

Les coûts cachés de la satisfaction

Cette industrie du sexe, comme toute industrie, doit être rentable. Pour cela, elle doit maintenir sa compétitivité, assurer sa croissance, rationaliser ses coûts de main-d'œuvre, sécuriser ses sources d'approvisionnement, assurer la qualité de ses produits…

C'est ainsi que l'obsession croissante pour la jouissance sexuelle finit par avoir des répercussions qui ne sont pas anodines. On peut penser à l'extension désormais planétaire des réseaux de trafic de femmes à des fins de prostitution, aux réseaux internationaux de pédophiles — notamment sur le Dark Web —, à la prise en charge de l'industrie du sexe par le crime organisé, à l'industrialisation des réseaux de tourisme sexuel… Désormais, c'est sur l'ensemble de la planète que l'obsession moderne pour la sexualité laisse sa marque.

La sexualité qui tue le sexuel

La quête d'une production sexuelle toujours plus intense, toujours plus accessible, toujours plus satisfaisante a donc un prix. Il y a l'exploitation sexuelle qui découle de l'industrialisation du plaisir. Il y a les «accommodements raisonnables» auxquels doivent consentir les traditions religieuses.

Mais il y a plus.

Il semble que le prix à payer soit également biologique. Que les conséquences de la montée du tout sexuel soient en train de s'inscrire dans le corps même des êtres humains.

Récemment, deux phénomènes particulièrement troublants se sont frayé un chemin dans l'actualité : les jeunes filles deviennent pubères de plus en plus tôt et le taux de spermatozoïdes des hommes est en forte baisse.

En Europe, on a pu observer, entre 1991 et 2006, une baisse d'un an de l'âge où les seins apparaissent chez les jeunes filles[54]. Des observations similaires relativement à la diminution de l'âge de la puberté ont été faites dans d'autres pays, notamment aux États-Unis[55].

Cette sexualisation précoce des jeunes filles n'est pas que physiologique. Elle est acompagnée d'une sexualisation grandissante des comportements : maquillage élaboré, épilation intégrale à 12 ans, soutien-gorge rembourré pour enfant de sept ans... Des mères ont même découvert avec consternation une ligne de cosmétiques

---

54. AFP, «États-Unis : puberté dès l'âge de sept ans», *bonjourdocteur.com*, 28 septembre 2010. http://www.bonjour-docteur.com/actualite-sante-etats-unis-puberte-des-l-age-de-ans-2700.asp?1=1 (consulté le 28 novembre 2011)

55. «La puberté surviendrait plus tôt chez les fillettes», *Psychomédia*, 9 août 2010. http://www.psychomedia.qc.ca/adolescence/2010-08-09/la-puberte-surviendrait-plus-tot-chez-les-fillettes (consulté le 28 novembre 2011)

antiâge et un kit de *pool dance* au rayon «enfants» d'un magasin.

Il y a aussi le cas de cette jeune fille de huit ans qui a déjà reçu plusieurs injections de botox pour avoir des formes plus rondes et jouer son personnage de minireine de beauté[56].

On observe également une manifestation plus précoce des préoccupations et des angoisses liées à la sexualité. À témoin, cette jeune fille de 12 ans qui demande sur un forum: «Je suis en 5ᵉ et je n'ai jamais eu de copain de toute ma vie. Est-ce grave?» Il y a cette autre jeune fille, de 14 ans celle-là, qui demande si la fellation est obligatoire à la première rencontre avec un garçon[57].

Faut-il s'étonner qu'à cet âge, il soit courant de préférer passer pour une «pute» que pour un «cas social» (fille un peu terne qui n'intéresse personne), quand le summum de la honte, c'est de n'avoir jamais eu de petit ami?

Pour ce qui est des hommes, on a enregistré une baisse importante de la quantité de spermatozoïdes: en Europe, ils auraient diminué de 40% en 50 ans. Certaines études avancent même le chiffre de 50%. Le tout est accompagné de malformations génitales, de cas d'atrophie du pénis et d'une multiplication par quatre du nombre de cancers des testicules. Le moins qu'on puisse dire, c'est que l'avenir du chromosome Y n'apparaît pas radieux.

Des phénomènes similaires ont été observés chez plusieurs autres espèces, notamment des poissons. De là à penser que l'eau puisse être un vecteur de la cause de ces changements…

---

56. Les exemples qui précèdent sont tirés de: Martine Gilson, «L'ère de l'enfant-femme», *Le Nouvel Observateur*, 21-27 avril 2011, p. 44.

57. *Ibid.*, p. 46.

Plusieurs pistes sont avancées, qui ne sont pas exclusives[58]. Une des principales est celle des hormones sexuelles féminines contenues dans les anovulants et qui sont ensuite dispersées quotidiennement dans l'environnement. Toutes ces hormones finissent par se retrouver dans l'eau. Cela pourrait contribuer, selon plusieurs experts, à la féminisation des mâles observée dans plusieurs espèces aquatiques. Et, accessoirement, à la féminisation des mâles humains.

Une autre piste est celle des polluants chimiques, notamment ceux utilisés dans les cosmétiques, les déodorants et les vêtements : ils interféreraient dans le développement sexuel de l'organisme. Deux exemples : le bisphénol et les phtalates. À faible dose, le premier a l'effet d'un œstrogène ; le second, d'un antitestostérone.

Cela signifierait que notre propre corps est aux premières loges pour assumer les conséquences environnementales de notre obsession pour le corps, pour son image, pour son entretien et pour sa jouissance.

Un exemple pour le moins cruel d'arroseur arrosé...

---

58. « Moins de spermatozoïdes : des substances soupçonnées », *Le Figaro.fr Santé*, 19 septembre 2008. http://www.lefigaro.fr/ sante/2008/11/19/01004-20081119ARTFIG00089-moins-de-spermatozoides-des-substances-soupconnees-.php (consulté le 28 novembre 2011)

C

GRANDEURS ET MISÈRES DU COCON

LA VIOLENCE ORDINAIRE

Il ne manque pas d'historiens pour souligner que les gens menaient par le passé une existence plus précaire ; qu'ils étaient plus exposés aux outrages des éléments ; qu'ils devaient davantage subir l'arbitraire des puissants, princes et brigands confondus[59].

Il faut le reconnaître, la situation est probablement meilleure pour une grande partie des Occidentaux. Mais elle l'est beaucoup moins pour les quelques milliards d'hommes, de femmes et d'enfants qui habitent les méga-lopoles de la misère (Dharavi, Manille, Rio, Calcutta, Nairobi, Khartoum…), les zones de guerre, les zones dévastées par les catastrophes naturelles ou la désertifica-tion ainsi que les pays sinistrés par la rapacité des dicta-teurs du moment.

Elle ne l'est pas davantage pour ceux qui habitent les régions qui ont hérité des effets cumulatifs de la coloni-sation, de la corruption et des déprédations imputables aux anciens rois nègres… sans parler des conséquences des conflits interethniques attisées aujourd'hui encore par des entreprises et des États, à des fins commerciales ou géopolitiques.

Pour tous ceux-là, la situation est loin d'être enviable.

Mais, pour les autres, pour nous, pour cette petite partie de l'Occident qui vit raisonnablement bien malgré ses chômeurs, ses banlieues difficiles, ses listes d'attente

---

59. Voir notamment : Steven Pinker, *The Better Angels of Our Nature*, Toronto, Penguin Books, 2011.

dans les hôpitaux, ses ponts qui s'écroulent, ses tensions interethniques, ses injustices économiques, son chômage, ses gangs de rue et ses mafias… oui, tout va plutôt bien. On devrait avoir le sentiment de vivre dans un monde relativement apaisé. Pacifié.

Et pourtant…

Si on fait exception du spectacle médiatique de la violence qui ravage le reste de la planète, vivons-nous vraiment, en Occident, dans un monde plus rassurant, presque confortable? Est-ce que notre monde, lui aussi, ne devient pas plus violent? Mais d'une violence pour tout dire ordinaire. Qu'on ne remarque pas trop. D'une violence presque tranquille dans laquelle baigne, avec un confort mitigé, l'ensemble de la vie sociale.

C'est comme si l'Occident croyait pouvoir indéfiniment délocaliser la prolifération de la violence, la maintenir à l'extérieur de ses frontières, sans assister au retour déguisé de cette violence refoulée sous la forme d'un contrôle omniprésent, rhizomatique et banalisé.

LA VIOLENCE COMME SPECTACLE

Comme on l'a vu, la violence pénètre toutes les formes de spectacle et s'insinue dans de nombreuses pratiques sociales.

Que ce soit au cinéma, à la télé, à la radio ou sur des scènes de spectacle, que ce soit aux informations, dans la pub ou dans les jeux, on peut constater une représentation non seulement régulière de la violence, mais d'une violence qui tend à s'intensifier.

Il y a bien sûr les reportages sur les catastrophes et les génocides à la mode. Il y a aussi les plus récentes victimes des guerres en cours, particulièrement si les victimes sont occidentales. Et il y a le défilé, monotone à force d'être prévisible, des crimes en tous genres.

La violence peut aussi être symbolique, intégrée à la vie quotidienne. Plusieurs styles vestimentaires — et de vie — ont une composante assumée de provocation. Il y a longtemps déjà, c'étaient les beatniks et les hippies. Il y a moins longtemps, les punks. Aujourd'hui, les gothiques et les emos.

Considérer le comportement des hippies comme violent, eux qui sont habituellement présentés comme des symboles de paix, peut sembler paradoxal. C'est sans compter ce que représente, comme provocation, le fait de contester les normes de ce qui constitue, pour la majorité, le fondement d'une certaine normalité, d'un mode de vie consensuel.

Cette volonté de ne pas laisser indifférent, de forcer l'attention par une représentation provocante de soi, on la retrouve aussi dans la vogue des tatouages et du piercing, tout comme dans les pratiques plus extrêmes de la scarification, de l'insertion d'implants sous la peau, de l'amputation et des plaies maintenues ouvertes. Dans tous ces comportements, on peut reconnaître une intention de devenir, par son propre corps, un spectacle percutant.

De ce point de vue, les punks, les emos et les gothiques représentent une nouvelle étape dans la montée aux extrêmes, par rapport aux hippies et aux beatniks, dans la mesure où la prise de distance par rapport à la société s'accentue. Alors que les hippies voulaient encore s'impliquer socialement et changer la société, la réaction des punks était plutôt de l'envoyer promener et de vivre en marge. Avec les emos et les gothiques, la démarche cesse de se situer dans une perspective sociale, ne serait-ce que de rejet, et devient strictement personnelle, décorative, personnalisante. Ils vivent dans leur propre monde, pourrait-on dire.

L'émergence de styles emo et gothique a par ailleurs coïncidé avec la mode des films (et livres) de vampires — des créatures qui sont plutôt solitaires, qui se revendiquent d'une espèce différente, qui vivent en marge de toute société et qui se regroupent, au mieux, dans des clans.

Quant à la pratique du tatouage, du piercing et de la scarification, elle ne constitue pas seulement une extension du domaine de la lutte esthétique. Pas seulement un clin d'œil moderne aux femmes girafes du Triangle d'or, aux femmes-à-plateaux africaines et aux antiques Chinoises aux pieds bandés… Elles impliquent aussi un consentement à la douleur.

Consentir à souffrir pour se spectaculariser, c'est également ce que font les adeptes du *jackass*. Dans des représentations qui ont le caractère éphémère des performances sportives ou artistiques, ils s'imposent des épreuves douloureuses et souvent loufoques. Par exemple : brocher leur scrotum à une planche de bois avec une agrafeuse ; sauter du toit d'un édifice ; se faire donner des coups de pied dans les couilles ; se coller une sangsue sur un œil ; faire plusieurs tours dans une machine à laver… Les vidéos de ces « exploits » abondent sur Internet.

À ce degré de risque ou de douleur, il ne s'agit plus simplement de mettre en scène une image corporelle. Il s'agit de faire la preuve de son courage, de sa capacité de résister à la souffrance, de surmonter la peur. Et, ce faisant, de se démarquer, son corps dût-il en payer le prix.

On peut s'interroger sur les raisons susceptibles d'amener des individus à ces comportements. Consentement à tous les sacrifices pour exister sur un écran ? Pour acquérir une forme de renommée ? Faux sentiment d'invulnérabilité et d'immortalité ? Perte de contact avec son corps, laquelle pousserait à rechercher la douleur pour enfin « sentir quelque chose » ?

Les raisons sont multiples et varient selon les individus. Mais le phénomène, lui, est indéniable. Et il n'est pas le seul. À côté de la violence spectaculaire, c'est tout un mode de vie marqué par une violence quotidienne, banalisée, qui s'installe.

LA VIOLENCE QUOTIDIENNE

La violence domestique et sexuelle

On le savait avant Freud, mais, avec lui, c'est devenu un poncif: les rapports familiaux ne sont jamais simples. Sous la civilité et la bienveillance couve la violence issue des frustrations, des blessures affectives ainsi que du besoin inassouvi de satisfaire ses pulsions et ses fantasmes, notamment ceux que la civilisation et la bonne éducation prétendent refouler.

Dans un tel contexte, faut-il vraiment s'étonner de voir les rapports de couple et la vie familiale être le lieu de si nombreux drames? Femmes battues; enfants négligés, maltraités ou agressés sexuellement; bébés secoués à mort, parents âgés assassinés… Et puis, il y a la quantité toujours affolante de crimes passionnels, de suicides d'adolescents et d'enfants.

Il y a aussi ces crimes familiaux, où femme et enfants sont éliminés en bloc par un conjoint désespéré. Il y a ces cas d'enfants abandonnés pour mourir ou qui sont carrément assassinés par leur mère. Il y a ces bébés naissants jetés à la poubelle…

Une réaction fréquente est de voir là des exceptions. Ou de prétendre qu'il y a là un effet des médias. Autrefois, il y en avait autant, dit-on. Peut-être même plus. Mais ils n'étaient pas médiatisés.

De fait, quand on considère ce qui est arrivé aux Orphelins de Duplessis ou comment ont été traités les enfants autochtones arrachés à leurs familles et expédiés dans des pensionnats, force est d'admettre que la situation n'était probablement pas si rose dans le «bon vieux temps».

Toutefois, même en admettant que les choses n'aient pas fondamentalement changé et que le degré de violence soit à peu près le même, il n'en demeure pas moins que l'effet social de ces violences réelles est désormais amplifié par leur exploitation médiatique. Que cela contribue à donner à chaque individu l'impression de vivre dans une société plus violente. Et que cela peut aussi amener ceux qui se perçoivent comme des victimes éventuelles à se sentir plus intimidés, plus menacés à cause du rappel continu de ce qui pourrait survenir.

Ostracisme et persécution : la torture au jour le jour

Il est de bon ton de dénoncer la violence des adultes envers les enfants, mais celle des enfants entre eux n'a rien à lui envier.

Qu'on pense à l'ostracisme qui se pratique, en classe ou dans les cours de récréation, à l'endroit d'individus stigmatisés pour toutes sortes de raisons (origine, âge, apparence…) ou simplement parce qu'ils apparaissent plus faibles, plus vulnérables. Qu'on pense au taxage, à l'intimidation, aux menaces et aux coups que plusieurs doivent supporter.

Dans les cours d'écoles françaises, il y a le jeu du « petit pont massacreur »… Le joueur qui a le malheur de laisser le ballon passer entre ses jambes se fait tomber dessus par les autres et frapper à coups de poing et de coups de pied.

Il arrive aussi que la victime soit battue parce qu'elle a refusé de jouer. Ou encore parce qu'elle a laissé le ballon passer entre ses jambes sans même le savoir, car elle ne jouait pas et ne prêtait aucune attention au jeu. C'est ce qui est arrivé à une adolescente française de 14 ans qui a été rouée de coups à la sortie du lycée par la cinquantaine de jeunes qui l'attendaient[60].

Souvent, sans exclure des actes d'agression physique, la violence prend une forme à dominante psychologique.

---

60. « Collégienne rouée de coups : les gardes à vue levées », *Le Parisien*, 11 février 2010. http://www.leparisien.fr/seine-saint-denis-93/collegienne-rouee-de-coups-deux-des-agresseurs-en-garde-a-vue-11-02-2010-812408.php (consulté le 28 novembre 2011)

Le Québec entier se l'est fait rappeler, dans un premier temps par le suicide de Marjorie Raymond, qui n'en pouvait plus d'être intimidée, insultée, harcelée et menacée. Puis, dans un deuxième temps, par le déluge de messages haineux, d'insultes et de menaces qu'ont reçu par Internet les adolescentes que la rumeur publique avait identifiées comme responsables. Dans certains cas, les messages provenaient de l'autre bout du pays.

Cela illustre la place qu'occupe désormais la cyberintimidation dans le répertoire des actes violents. Aux agressions verbales, et pas toujours uniquement verbales, peut s'ajouter un véritable harcèlement par Internet, autant par le biais de courriels que dans les réseaux sociaux. Au Québec, le phénomène est en hausse[61].

Devant cette montée de la violence, la réaction des victimes prend de mutiples formes : il y a les enfants qui se taisent et endurent autant qu'ils le peuvent, ceux qui changent d'école à répétition ou qui abandonnent carrément l'école pour échapper aux mauvais traitements, ceux qui se suicident. Il y a aussi ces autres qui décident de s'attaquer au problème à la source en revenant à l'école avec une arme à feu.

Une question que pose ce dernier exemple, c'est la reconnaissance du caractère violent des différentes formes de violence. Les individus qui ont mis des semaines et des mois, parfois même des années, à détruire psychologiquement leur victime, ces individus-là sont-ils moins violents que la victime excédée qui retourne chez elle chercher le pistolet de son père pour régler ses comptes ? Tuer psychologiquement quelqu'un est-il moins violent que le tuer physiquement ?

---

61. Daphnée Dion-Viens, « La cyberintimidation en hausse dans les écoles », *Cyberpresse*, 14 avril 2011. http://www.cyberpresse.ca/le-soleil/actualites/education/201104/07/01-4387554-la-cyberintimida-tion-en-hausse-dans-les-ecoles.php (consulté le 28 novembre 2011)

Le vidéolynchage : la violence pour s'amuser

La violence sociale n'est cependant pas l'apanage des seules familles dysfonctionnelles et des relations amoureuses pathologiques. Dans l'ensemble de la société, le degré de violence paraît, sinon en augmentation, du moins en bonne position pour ne pas décroître.

Une version plus moderne d'agression collective contre un individu — plus moderne et plus arbitraire, pourrait-on dire, dans la mesure où la victime est souvent choisie au hasard, indépendamment de son âge ou de ses caractéristiques sociales —, c'est le *happy slapping*, que traduit très mal l'expression française «vidéolynchage».

Le phénomène est né en Angleterre. Une bande de jeunes choisit au hasard une victime dans la rue pour la battre pendant que certains d'entre eux filment l'agression avec leurs portables et la retransmettent sur Internet.

Londres. Décembre 2005. Une jeune fille de 15 ans et trois garçons de 17 ans, 18 ans et 21 ans battent à mort un homme de 38 ans, histoire de s'amuser. Ils diffusent ensuite la vidéo de l'agression sur Internet... En 2007, plus de 200 cas de *happy slapping* avaient été recensés en Angleterre. En France, la même année, le ministère de l'Éducation nationale affirme avoir recensé un cas par semaine.

Nice. Janvier 2007. Une collégienne de 13 ans, victime d'un viol collectif, découvre que des photos de son viol circulent dans la cour de récréation de son école. Elles ont été prises avec un téléphone portable[62].

Un cas similaire s'est produit à Vancouver. Une jeune fille de 16 ans a été droguée, puis violée à répétition au cours d'un *rave*. Comme il s'agissait de la fameuse drogue du

---

62. Les données pour la France et l'Angleterre ainsi que les deux exemples qui précèdent sont cités dans : Michela Marzano, *La mort spectacle*, Paris, Gallimard, 2007, p. 37-38.

viol, elle ne se souvenait tout d'abord de rien. C'est plusieurs jours plus tard seulement qu'elle a pris conscience des événements en découvrant les photos de son viol sur Facebook[63].

Il y a aussi ces filles choisies au hasard dans la rue, dont on baisse la jupe et le slip pendant que des complices les filment… Autre variante : ceux qui filment à leur insu des partenaires sexuels et qui mettent des photos ou des vidéos sur Internet, souvent trafiquées pour qu'on ne puisse reconnaître que leur partenaire.

À New York, il y a eu le cas de ce jeune musicien, Tyler Clementi, dont le cochambreur a filmé à son insu les ébats homosexuels pour ensuite les publier sur Internet. Quelques jours plus tard, le jeune homme se suicidait[64].

À Ottawa, Jamie Hubley, un adolescent de 15 ans, s'est suicidé à cause de l'intimidation et du harcèlement dont il faisait l'objet à l'école[65]. Ce fut également le cas de Jamey Rodemeyer, qui s'est suicidé parce qu'il en avait assez de se faire insulter à l'école[66].

---

63. The Canadian Press, « Photos of gang rape go viral on Facebook », *The Globe and Mail*, 17 septembre 2010. http://www.theglobeandmail.com/news/national/british-columbia/photos-of-gang-rape-go-viral-on-facebook/article1710072/ (consulté le 12 décembre 2011)

64. Nouvelobs.com et AFP, « Un étudiant gai espionné sur Internet se suicide », *Le Nouvel Observateur*, 1er octobre 2010. http://tempsreel.nouvelobs.com/actualite/vu-sur-le-web/20101001.OBS0636/un-etudiant-gay-espionne-sur-internet-se-suicide.html (consulté le 28 novembre 2011)

65. « Ottawa : suicide d'un adolescent homosexuel victime d'intimidation à l'école », *Radio-Canada.ca*, 19 octobre 2011. http://www.radio-canada.ca/regions/ottawa/2011/10/19/003-suicide-jamie-hubley-ottawa.shtml (consulté le 28 novembre 2011)

66. « Jamey Rodemeyer, 14-Year-Old Boy, Commits Suicide After Gay Bullying, Parents Carry On Message » *Huffington Post*, 22 septembre 2011. http://www.huffingtonpost.com/2011/09/20/jamey-rodemeyer-suicide-gay-bullying_n_972023.html (consulté le 28 novembre 2011)

Le plus troublant dans ces événements, c'est la réaction des participants, lorsqu'ils sont interrogés après coup. Ils trouvent que c'est un peu triste pour la victime peut-être, mais franchement marrant. « Ça aurait d'extraordinaires cotes d'écoute si ça passait à la télé ! »

Réaction similaire chez plusieurs de ceux qui les regardent sur Internet. Et cela, malgré que la victime soit ensanglantée. Malgré ses cris de douleur et ses supplications.

Il existe des manifestations plus violentes de ces « jeux ». Michela Marzano cite le cas d'une étudiante tuée à coups de fusil, dont le meurtre a été filmé et ensuite mis en ligne sur Internet[67].

Il y a aussi les passages à tabac et les meurtres d'itinérants. Des bandes de jeunes agressent des itinérants à la pointe du révolver, saccagent leurs rares possessions, les aspergent avec des extincteurs chimiques ou, carrément, les abattent.

De *A Clockwork Orange* à *American Psycho*, ou encore dans des romans comme *Le Vide*, de Patrick Senécal, le meurtre des sans-abri semble être devenu la signature d'une forme de nihilisme contemporain.

En 2009, quand le site Internet de la revue *Maxim* incite « à la blague » à « chasser les sans-abri » et à « en tuer un pour le plaisir », les crimes contre les itinérants augmentent jusqu'à atteindre un sommet pour la décennie. La National Coalition for Homeless évalue à 43 le nombre d'itinérants qui ont alors été assassinés[68].

De telles agressions ne se limitent pas aux itinérants. Certaines personnes peuvent en être la cible pour des raisons triviales qui tiennent aux circonstances.

---

67. Michela Marzano, *op. cit.*, p. 37.

68. Brian Levin, « Does Rising in Killings of Homeless Signal a Decline in our Values ? », *Huffington Post*, 4 octobre 2010. http://www.huffingtonpost.com/brian-levin-jd/does-rise-in-killings-of_b_687695.html (consulté le 28 novembre 2011)

À Grenoble, trois jeunes filles de 14, 15 et 17 ans séquestrent et torturent un quinquagénaire pendant une nuit entière : coups de marteau et de ceinture, brûlures de cigarette, eau bouillante sur les jambes, tentative de viol avec un manche à balai… Tout cela pour avoir le code de sa carte de crédit.

Il y a aussi ces quatre mineurs de 14 et 15 ans qui ont frappé un boulanger à coups de batte de baseball parce qu'il les a surpris à voler des bonbons[69].

Et puis cette jeune fille de sept ans, que sa grande sœur de 15 ans a amenée à un party et qui a été victime d'un viol collectif pendant que sa sœur non seulement regardait la scène, mais se faisait payer par les sept hommes qui la violaient[70].

Pour expliquer ces événements, l'argument habituel est celui du fait divers. Chacun des événements pris isolément s'explique comme une aberration particulière. Une sorte d'exception. Sauf que les exceptions se multiplient. On peut alors se demander d'où vient cette multiplication.

Est-ce que ça pourrait être une conséquence de la diffusion médiatique en continu du spectacle distancié de la violence ? Est-ce que l'effet à long terme de ce spectacle continu pourrait être une insensibilisation progressive qui permet de considérer la violence réelle avec le même détachement que la violence des séries télé ou des films ? Par exemple, dans le cas du *happy slapping*, est-ce

---

69. Pour les deux exemples qui précèdent, voir : Armel Méhani *et al.*, « Des mineurs de plus en plus violents », *Le Point*, 25 février 2010. http://www.lepoint.fr/actualites-societe/2010-02-25/exclusif-des-mineurs-de-plus-en-plus-violents/920/0/427651 (consulté le 28 novembre 2011)

70. Beth de Falco et Aaron Morrison, « Teen Sold 7-Year-Old Sister for Sex at Party », *Huffington Post*, 31 mars 2010. http://www.huffingtonpost.com/2010/03/31/teen-sold-7-year-old-sist_n_520133.html (consulté le 28 novembre 2011)

que ce serait cette insensibilisation qui permettrait de la diffuser sur Internet comme n'importe quelle information étonnante ou incongrue? Comme n'importe quel spectacle. Pour rigoler.

Par ailleurs, si le *happy slapping* et les phénomènes apparentés sont surtout le fait de jeunes, les adultes n'ont rien à envier à leur progéniture: rage au volant, engueulade de préposés dans les magasins, hooligans dans les stades et à l'extérieur, casseurs, harcèlement et menaces des enseignants par des parents jusque dans les écoles, agressions dans les bars... et le dernier en date: les agressions contre ceux qui envahissent la «bulle» de tout le monde en parlant à tue-tête dans leurs cellulaires.

Quand l'agresseur ou l'agressé est une vedette, ça va passer dans les médias. Sinon, ça fera au mieux un entrefilet: c'est banal, ça arrive tout le temps.

La guerre aux profs: tuer l'autorité

Les enseignants constituent une cible particulière parce qu'ils ont à la fois le mérite d'être facilement accessibles, d'incarner théoriquement l'autorité, mais de voir leur autorité triplement minée.

D'une part, la connaissance, qui devrait fonder cette autorité, a vu sa cote réduite à la bourse des valeurs: la connaissance n'a plus de valeur en soi, elle doit maintenant se justifier par son utilité.

D'autre part, le souci de protéger les enfants contre les abus a donné naissance à toute une panoplie de recours qui fonctionnent à la quasi-présomption de culpabilité déguisée en principe de précaution. C'est au point où le principal souci des professeurs, surtout masculins, est de ne jamais toucher un enfant: on ne sait jamais comment le moindre geste pourrait être interprété ni quel enfant pourrait porter plainte... Et on s'étonnera ensuite qu'il manque d'enseignants masculins au primaire! Pour les attirer, peut-être faudrait-il leur consentir une prime d'inconvénient et une couverture d'assurances contre les poursuites, ces dernières faisant partie des risques normaux du métier?

Le troisième facteur, c'est le rôle des parents, dans la double mesure où ils demandent aux enseignants d'apprendre à leur progéniture ce qu'ils n'ont pas réussi ou pas osé leur apprendre à la maison (une certaine discipline, un certain respect de l'autorité[71]) — ainsi que dans la mesure où plusieurs de ces parents-copains-plus-que-parents se rangent systématiquement du côté de leurs enfants contre les professeurs.

Comment expliquer autrement que par une autorité complètement décrédibilisée les multiples agressions, symboliques et physiques, dont les enseignants sont maintenant victimes?

Il y a ces professeurs que des élèves s'amusent à faire sortir de leurs gonds pendant que d'autres les filment à leur insu avec leurs cellulaires pour ensuite mettre la vidéo sur YouTube.

Dans un style plus ouvertement haineux, il y a ceux qui répandent des rumeurs sur un prof, le traitant par exemple de «pédophile» ou de «sale pédale»; ceux qui le démolissent sur leur page personnelle ou sur des sites dédiés à l'évaluation des profs; ceux qui vont jusqu'à faire une page Facebook pour regrouper les élèves qui le détestent... Deux cours d'appel de la Pennsylvanie viennent de se prononcer sur le sujet. L'une a estimé que cette pratique s'apparentait à de la diffamation et de la propa-

---

71. On ne parle pas ici d'un régime disciplinaire de type militaire, mais plutôt d'une cohérence dans le comportement qui vient des exigences nées de la situation (qui prévaut sur le goût personnel) et dont le modèle pourrait être dans les «disciplines» académiques, qui reposent sur l'acquisition et la maîtrise de processus, de modes d'action déterminés. De la même manière, on ne parle pas du pouvoir personnel, mais de l'autorité que peut donner la connaissance.

gande haineuse; l'autre a jugé que cette activité était couverte par le droit à la liberté d'expression[72].

Une forme plus concrète de cette forme de détestation, ce sont les atteintes à la propriété: pneus d'auto crevés dans le stationnement de l'école ou même à domicile, peinture égratignée avec une clé, bombes puantes dans le bureau, messages subtils écrits au rouge à lèvre sur le parebrise, des messages du type «on sait où tu habites»…

Il y a aussi les atteintes contre la personne. Le Québec découvrait récemment que des centaines d'enseignants sont agressés chaque année. Plusieurs le sont physiquement, d'autres reçoivent des menaces de mort.

À Saint-Jérôme, un complot pour assassiner un prof a été éventé, dont on ne peut savoir s'il aurait été mis à exécution ou non; on sait toutefois qu'il avait été planifié avec un grand luxe de détails et qu'il impliquait 25 élèves[73].

Les élèves donnent parfois l'impression de penser qu'ils ont tous les droits. De fait, ce n'est peut-être pas totalement infondé. On pourrait voir la plainte pour harcèlement comme une sorte d'arme absolue dans les mains des jeunes.

Selon Margaret Wente, en Ontario seulement, des centaines de plaintes sont déposées chaque année; la plupart sont ensuite retirées ou n'ont pas de suite. Sauf que, pendant le temps que dure l'enquête par les services d'aide à l'enfance, l'enseignant a connu l'enfer. Et les

---

72. AFP (Washington), «Insulter ses profs sur Internet: les juges américains sont divisés», *cyberpresse.ca*, 8 février 2010. http://tech-naute.cyberpresse.ca/nouvelles/internet/201002/08/01-947365-insulter-ses-profs-sur-internet-les-juges-americains-divises.php (consulté le 28 novembre 2011)

73. Marc Verreault (d'après le reportage de), «Menaces de mort sur Facebook: 25 étudiants suspendus à Saint-Jérôme», *Radio-Canada.ca*, 19 octobre 2011. http://www.radio-canada.ca/regions/Montreal/2011/10/19/007-st-jerome-eleves-suspendus-menaces-facebook.shtml (consulté le 28 novembre 2011)

délais s'allongent parce que le système est embourbé par une quantité de cas farfelus. Comme ce professeur qui avait mis la main sur l'épaule d'un enfant pour l'inciter à avancer dans la file d'attente.

Wente cite le cas d'un enseignant qui se voit suspendu de son travail, à qui on interdit de se trouver seul en présence d'enfants, y compris le sien, qui ne sait pas de quoi ni par qui il est accusé avant 11 jours. Le fait que la plainte ait été portée par un enfant perturbé, qui avait des problèmes de comportement et qui a changé à plusieurs reprises son histoire, n'a pas empêché l'organisme de prendre tout le temps de mener son enquête jusqu'au bout pour conclure que le professeur n'avait rien à se reprocher.

Le professeur n'a évidemment reçu aucune excuse et l'enfant n'a pas eu la moindre réprimande… S'il a dû quitter l'école un peu plus tard, c'est à cause de son comportement perturbateur!

Cet enseignant est un des rares à avoir rendu son cas public. La plupart se taisent. Serait-ce parce que, même innocenté, le fait d'avoir été accusé laisse des traces et affecte la réputation?

Faut-il se surprendre que Wente estime la situation suffisamment préoccupante pour avoir coiffé son article du titre: *We've institutionalized teacher abuse*[74]?

Et cela, c'est sans parler des coûts administratifs et des coûts d'avocats que ce déluge de plaintes suscite.

Les campagnes de haine

Ce type de campagne de haine n'est pas limité à des élèves qui détestent leurs profs. Aux États-Unis, il ne manque pas de républicains qui fréquentent les sites de

---

74. Margaret Wente, « We've institutionalized teacher abuse », *The Globe and Mail, 26 mai 2011.* http://www.theglobeandmail.com/news/opinions/opinion/weve-institutionalized-teacher-abuse/article2035004/ (consulté le 28 novembre 2011)

«Obama *bashing*». On pourrait même avancer qu'une bonne partie de la programmation de Fox News ne sert qu'à ça!

La partisanerie, l'information biaisée, les faussetés, l'agression verbale et le lynchage en ondes des adversaires sont devenus la marque de commerce de ce type de médias, qui ont comme autre spécialité la promotion des thèses des ultraconservateurs et des fondamentalistes religieux.

Voici quelques exemples du discours tout en nuances des «penseurs» de Fox et de certains de leurs collègues de médias similaires. Bill O'Reilly empêche ses invités de parler et les insulte quand ils ne sont pas d'accord avec lui; Glenn Beck, pour sa part, pense que Obama est «raciste», qu'il a «une haine profonde des Blancs», qu'il est «l'homme à abattre» et qu'il est à la tête d'un groupe de conspirateurs qui ont infiltré Washington[75].

Faut-il se surprendre que le milliardaire Rupert Murdoch (propriétaire du réseau Fox), que les également milliardaires David et Charles Koch (Koch Industries) ainsi que l'animateur simplement multimillionnaire Glenn Beck (à Fox News) soient liés à la mise sur pied et au financement de ces regroupements «spontanés» que sont censés être les Tea Parties — regroupements dont les flamboyants porte-parole sont connus pour leur violence verbale, la propagation de fausses rumeurs et leur usage approximatif de la vérité[76]?

À la radio, il y a Rush Limbaugh, dont l'émission est diffusée sur 650 stations, pour qui Obama est un

---

75. Sylvain Cypel, «Les hérauts de l'obamaphobie», *Le Monde*, 8 février 2010, p. 3.

76. «TEA-PARTY - Le business des milliardaires anti-Obama», *Le Monde*, 31 août 2010. http://bigbrowser.blog.lemonde.fr/2010/08/31/tea-party-le-business-des-milliardaires-anti-obama-great-america/ (consulté le 28 novembre 2011)

« *Halfrican American* »[77]. Limbaugh a même souhaité publiquement que Obama échoue à rétablir la situation des États-Unis lors de son élection à la Maison-Blanche.

Il y a aussi cet autre animateur qui reproche à Obama d'avoir télévisé sa rencontre avec le Congrès républicain sur le système de santé après lui avoir reproché pendant plus d'un mois de ne pas vouloir discuter de ce sujet publiquement[78] !

Que la mauvaise foi et la fausseté soient évidentes et démontrées n'empêche aucunement les messages de continuer à être diffusés. Par exemple, ce message de Mitt Romney, le candidat républicain, qui fait dire à Obama : « Si nous continuons à parler d'économie, nous allons perdre. » Pourtant, à l'origine, Obama imputait la phrase à un adversaire républicain pour la dénoncer ! Il avait déclaré : « La campagne du sénateur McCain a dit, et je cite : "Si nous continuons à parler d'économie, nous allons perdre." » La réaction de Romney a été de diffuser la citation complète dans un communiqué de presse et de maintenir la diffusion du message publicitaire avec la phrase tronquée[79].

Il est difficile de mesurer l'influence précise de ces campagnes publicitaires, de ces émissions et des médias qui les produisent. Lancent-ils les rumeurs, servent-ils simplement de chambre d'amplification ? Chose certaine, ils ne sont pas sans influencer l'opinion publique.

---

77. MediaMatters for America, « Limbaugh on Obama : "Halfrican American" », *mediamatters.org*, 24 janvier 2007. http://mediamatters. org/research/200701240010 (consulté le 28 novembre 2011)

78. Albert Brooks, « Barrack Obama Is Being Punk'd », *Huffington Post*, 13 février 2010. http://www.huffingtonpost.com/albert-brooks/barack-obama-is-being-pun_b_454976.html (consulté le 28 novembre 2011) Steve Mirsky, « Presidential Harrasment », *Scientific American*, juin 2010, p. 92.

79. Nicolas Bérubé, « Le camp Romney lance une pub trompeuse contre Obama », *La Presse*, 23 novembre 2011, p. A20

Voici un bref échantillon des opinions éclairées de nos voisins du sud sur leur président.

Il y aurait 32 % d'Américains qui croient que Obama est musulman. Il y en a même 14 % qui pensent qu'il pourrait être l'Antéchrist ! Ce pourcentage monte à 24 % chez les républicains.

Chez ces mêmes républicains, 22 % sont convaincus que Obama désire la victoire des terroristes, 41 % pensent qu'il est anti-Américains, 42 % qu'il est raciste, 51 % qu'il veut transférer la souveraineté du pays à un gouvernement mondial et 45 % qu'il n'est pas né aux États-Unis et qu'il ne peut donc pas être président.

Certains le comparent à Hiter : 38 % estiment qu'il fait « beaucoup de choses que Hitler faisait[80] » ; un projet de destitution a même été rédigé à cause de sa « réforme nazie de la santé », assimilée à un complot de crime contre l'humanité.

Dans cette propagande agressive, les animateurs de radio et de télé ne font bien souvent que reproduire le discours des élus républicains. Par exemple, il y a ce membre du Congrès, Trent Franks, qui a accusé Obama d'être « un ennemi de l'humanité[81] ». Et puis, il y a Sarah Palin... Que dire de plus ? Il y a Sarah Palin.

Ces campagnes de haine, ce *media bashing* peuvent parfois déboucher sur une violence qui n'est pas que symbolique. Ainsi, après l'attentat de Tucson contre la

---

80. « Barack au pays des Absurdes », *Le Nouvel Observateur*, 28 octobre-3 novembre 2010, p. 35-36. Lyndon Larouche, « Pourquoi Obama est passible de destitution », (reprise et traduction par le site de) *Solidarité et Progrès*, 15 janvier 2010. http://www.solidariteetpro-gres.org/article6227.html (consulté le 28 novembre 2011)

81. Alex Spillius, « Republican Trent Franks calls Barack Obama an 'enemy of humanity' », *The Telegraph*, 21 janvier 2011. http://www.telegraph.co.uk/news/worldnews/northamerica/usa/barackobama/6245200/Republican-Trent-Franks-calls-Barack-Obama-an-enemy-of-humanity.html (consulté le 28 novembre 2011)

représentante au Congrès Gabrielle Giffords, plusieurs se sont interrogés sur l'influence de la rhétorique guerrière tenue par certains animateurs et par certains politiciens, notamment par Sarah Palin.

Le plus désolant est que d'autres y ont plutôt vu un argument supplémentaire pour la généralisation du port d'armes. À titre d'exemple, ce commentaire d'un représentant au Congrès, encore Trent Franks, qui affirmait regretter qu'il n'y ait pas eu une arme de plus, ce jour-là, à Tucson. Sous-entendu : pour descendre l'auteur de l'attentat avant qu'il ait le temps de tirer.

Ironiquement, il y avait effectivement un homme armé de plus lors de ces événements. Quand il est arrivé, il a failli tuer l'homme qui venait de désarmer le meurtrier parce qu'il avait à la main l'arme qu'il venait de lui enlever. Le nouvel arrivant n'a eu que quelques secondes pour décider s'il tirait ou non. Comme il l'avouait par la suite : « J'ai été très chanceux[82]. »

La violence sociale déguisée

La violence n'est pas toujours aussi visible que lors des attentats, des campagnes de haine ou que dans les cas de *happy slapping*. Elle peut prendre la forme du mépris de l'environnement et des conditions de vie de ceux qui habitent dans la région où une entreprise est implantée. Ainsi, selon le Rapport du Comité présidentiel d'enquête sur la marée noire dans le golfe du Mexique, c'est par volonté d'économiser du temps et de l'argent que BP, Haliburton et Transocean ont fait courir « un niveau de risque démesuré » à la plate-forme Deepwater Horizon — ce qui a rendu possible le désastre qui a suivi. Toujours selon le

---

82. William Saletan, « Armed Giffords hero nearly shot wrong man » msnbc.com, (mise à jour) 1 novembre 2011. http://www.msnbc.msn. com/id/41018893/ns/slate_com/t/armed-giffords-hero-nearly-shot-wrong-man/#.TuZLQJiEbrI (consulté le 12 décembre 2011)

même rapport, «les causes profondes du désastre sont systémiques et généralisées»; elles touchent l'ensemble de l'industrie[83]. Ça pourrait donc se reproduire ailleurs.

La violence peut aussi prendre la forme du mépris des clients, érigé en système sous couvert d'efficacité et d'économies. Par exemple, il y a cette violence sournoise, déguisée en prévenance, qui suinte des répondeurs automatisés: «Votre appel est important pour nous»… mais pas au point d'engager quelqu'un à qui vous pouvez parler.

Au contraire, c'est à l'individu de s'y retrouver dans l'arborescence de choix qui lui est proposée: «Pour des informations sur votre compte, faites le 1. Pour modifier votre abonnement, faites le 7…» Curieusement, il n'y a jamais de choix du type: «Si vous voulez protester contre ce système de réponse automatisée, faites le 2. Si vous voulez joindre la personne qui a décidé d'implanter ce système, faites le 3…»

On observe dans cette manière de gérer les appels une forme très particulière de violence, qui consiste à obliger les individus à conformer leur expression à un formatage mécanique et arbitraire. Les clients sont contraints de réduire leurs opinions et leurs demandes à un nombre limité de choix prédéterminés. À eux de s'adapter et d'y trouver une place où loger ce qu'ils ont à dire.

On ne veut pas leur parler, on veut leur extraire des informations.

C'est en cela que ces systèmes de réponses automatisées sont violents. C'est la raison pour laquelle les gens qui ont affaire à ces systèmes ressentent l'expérience à la fois comme du mépris et comme une agression.

---

83. AP (repris par PC), «La marée noire, une affaire de gestion, tranche un rapport», 5 janvier 2011. http://www.radio-canada.ca/nouvelles/International/2011/01/05/011-rapport-bp-maree-noire.shtml (consulté le 18 janvier 2011)

Il s'agit d'ailleurs d'un exemple particulièrement éclairant de ce à quoi servent les «communications»: pas à échanger, mais à encadrer. La communication oui, mais dans un seul sens. À la rigueur, on tolère un certain nombre de *feedbacks* prérépertoriés. Les clients ne sont pas des individus, ils sont un flux d'appels dont il faut optimiser la gestion. Comme les flux de voitures sur les routes.

La maltraitance des personnes âgées

Une catégorie de victimes que l'on commence seulement à reconnaître, ce sont les personnes âgées. Bien sûr, il y a ces foyers d'accueil mal tenus où elles sont victimes de négligence, de mauvais traitements, parfois même de brutalité. Mais il y a aussi tous ces experts, parents et amis qui les exploitent, soit en leur extorquant de l'argent à la petite semaine à coups de menaces ou de chantage affectif, soit en profitant de leur confusion pour leur faire endosser des achats qui ne sont pas pour eux, soit en détournant leur testament.

Il y a aussi ces personnes âgées invalides ou infirmes qui sont à la merci de leurs soignants, parents ou non, dont certains détournent à leur profit l'argent destiné aux soins dont la personne âgée a besoin.

À ce sujet, il est clair qu'un climat de guerre entre générations ne fera rien pour améliorer la situation. Si on est convaincu que les vieux appartiennent tous à une génération de privilégiés et d'exploiteurs, et qu'ils ont vécu la grosse vie aux dépens des générations à venir, comme le soutiennent ceux qui découpent la population en tranches générationnelles, pourquoi se priverait-on? C'est seulement un juste retour des choses!

En fait, le problème que soulève ce type de violence, c'est l'effritement du lien social, ce qui permet de considérer les autres, non comme des humains, mais comme des objets dont on peut disposer.

C'est comme si toute la société devenait doucement sociopathe. On est très sympathique et très gentil tant que les choses suivent leur cours habituel, ça aide à la convivialité. C'est plus agréable. Mais on peut devenir impitoyable et sacrifier les autres sans sourciller aussitôt que ses propres intérêts sont en jeu.

LE DÉTACHEMENT CRIMINEL

Psychopathes, sociopathes et tueurs en tous genres

Les tireurs fous (*mass killers*) et les tueurs en série (*serial killers*) sont les représentants extrêmes de cette absence de sensibilité à l'humanité des autres.

Dans un registre moins spectaculaire, mais tout aussi destructeur, il y a le vendeur de drogue qui se considère comme un homme d'affaires et qui ne se sent nullement concerné par les vies que détruit le produit qu'il vend. C'est juste du *business :* il se contente de vendre aux gens les produits qu'ils demandent. Il gère l'offre qui comble une demande. Le reste concerne la vie privée des gens. Ce n'est pas de ses affaires.

Il y a aussi le producteur de vidéos pour pédophiles, qui délègue la « réalisation » en sous-traitance, et pour qui les jeunes victimes ne sont que l'intrant inévitable du produit dont il a besoin pour satisfaire ses clients. Encore une simple question d'offre et de demande.

De façon plus générale, tous les criminels incarnent ce détachement qui permet de traiter les autres en objets : autant le tueur à gages, qui élimine sans état d'âme celui qu'on le paie pour éliminer ; que le sociopathe, qui élimine ceux dont la disparition est nécessaire à ses intérêts ; que le psychopathe, prêt à sacrifier les autres à ses fantasmes.

Tous affichent le même détachement qui leur permet de considérer les autres comme des clients à exploiter, comme une matière première à utiliser dans un processus de production ou comme un instrument de satisfaction — autrement dit, comme de purs objets.

Le criminel économique de masse

Les gestionnaires de placements véreux, à la Madoff ou à la Lacroix, qui ont carrément volé leurs clients, sont des proches parents de ces sociopathes pour qui les autres n'existent pas comme êtres humains.

Même tendance à considérer les autres comme de purs objets, chez ces gestionnaires à l'ego surdimensionné qui ont ruiné leur entreprise en jouant avec l'argent confié par les clients comme si c'était de l'argent de Monopoly. Même incapacité à voir que des êtres humains pouvaient être affectés de façon dramatique par leurs «jeux» financiers.

Même chose encore pour ces banquiers qui accordaient des prêts à des gens qui, de toute évidence, ne pourraient jamais les rembourser, et qui refilaient ensuite la totalité du risque financier lié à ces prêts à d'autres investisseurs : à eux de se débrouiller !

Cette tendance à considérer les autres comme des objets à ignorer ou à gérer n'est pas le propre de l'industrie financière. On peut la retrouver dans n'importe quelle industrie. Par exemple, il y a le cas du dirigeant d'une entreprise pharmaceutique qui décide de biaiser les tests d'efficacité ou d'empêcher la publication de tests de nocivité défavorables : il ne va quand même pas faire perdre des centaines de millions à son entreprise et risquer de la mettre en faillite ! Ou pire, de compromettre son boni... Même mépris. Même absence de considération pour les autres.

Situation similaire pour un manufacturier d'automobiles : si un défaut de fabrication risque de provoquer des pertes de vie, mais que ce risque est statistiquement assez faible et que le rappel des voitures coûterait beaucoup plus cher que les amendes résultant d'éventuelles poursuites, le choix risque d'être rapide. C'est une simple décision d'affaires : on choisit ce qui coûte le moins cher. Le seul problème est alors de s'assurer de faire disparaître les preuves que l'entreprise était au courant de ce défaut de fabrication. Parce que, si cela se savait, les coûts reliés à la perte de réputation pourraient excéder l'économie réalisée en ne procédant pas au rappel.

Snuff et vidéos de mises à mort

On a déjà évoqué le *snuff*. C'est un terme qui désigne les films qui présentent des scènes de torture supposées véritables et qui se terminent souvent par des mises à mort censées être réelles. Ces vidéos représentent l'étape ultime dans l'escalade vers la représentation de la « vraie » violence. La dimension imaginaire liée à la narration cinématographique est éliminée au profit d'une pure description de la réalité ; le fantasme se présente comme un contenu informatif. Ce n'est plus du spectacle, c'est un véritable meurtre. Sauf qu'il est déréalisé par la présence de la caméra, comme le sont les scènes de guerre en direct aux actualités. On est comme devant un documentaire, la bonne conscience en moins, le frisson de l'interdit en plus.

A priori, on pourrait croire que ce type de violence ne sévit que sur les sites Internet clandestins et les salles obscures où se regroupent de douteux pervers. Et pourtant...

Selon le Parents Television Council, on peut recenser 67 cas de torture dans les cinq premières saisons de la série *24 heures chrono*[84]. Le cinéma n'est pas en reste : une vidéo de *snuff* est insérée au début de *Huit millimètres* ; dans

---

84. Cité par : Michela Marzano, *op. cit.*, p. 33-34. Plusieurs des exemples qui suivent sont tirés de ce livre, particulièrement des pages 17 à 46, qui portent sur l'horreur-réalité. L'auteure y traite des conséquences, chez l'individu et dans la société, des vidéos de décapitation et, plus généralement, de tout ce qui s'apparente à du *snuff*.

Hardcore, le réalisateur intègre à son film des images de ce qui est censé être un vrai meurtre… On pourrait multiplier les exemples où, sous prétexte de réalisme, la violence la plus crue se fraie un chemin vers les écrans[85].

Et pour ceux qui trouvent que ces spectacles sentent encore trop la mise en scène hollywoodienne, il y a les vidéos de prisonniers maltraités et humiliés dans les prisons d'Abu Ghraib et de Guantanamo. Il y a celles de civils tués par des soldats américains. Il y a la pendaison de Saddam Hussein diffusée sur Internet. Il y a le corps de Khadafi, fraîchement battu et exécuté, dont la photo a été publiée à la une des journaux de la planète.

Et puis, il y a les vidéos d'égorgement et de décapitation rendues publiques par divers groupes islamistes. C'est ainsi qu'on a pu voir et revoir l'égorgement de Daniel Pearl, celui de Nicholas Berg, celui du jeune traducteur coréen Kim Sun-Il ou celui du jeune routard japonais Shosei Koda.

Les groupes islamistes ont bien vu le parti qu'ils pouvaient tirer de ces spectacles comme arme de propagande. Aussi soignent-ils leur mise en scène : survêtement orange de la victime comme ceux des prisonniers de Guantanamo, bourreaux cagoulés, long couteau utilisé traditionnellement dans les sacrifices d'animaux, tête de la victime soulevée et montrée aux spectateurs…

Le fait qu'il y ait des « amateurs » de ce type de vidéos, l'existence de sites Internet consacrés à leur diffusion, la mise sur pied de blogues et de groupes de discussion pour en parler, la reprise de certains extraits par les médias traditionnels… tout cela contribue à donner à ce

---

85. Le champion toutes catégories (y compris celle du mauvais goût) de ce type de film est sans doute *A Serbian Film,* un film d'horreur qui mêle allègrement nécrophilie, viol d'enfants, coprophilie, torture et mises à mort… Wikipédia, « A Serbian Film ». http://en.wikipedia.org/wiki/A_Serbian_Film

phénomène une portée sociale qu'il serait dangereux de négliger.

Il y a même des gens qui deviennent « accros » à ces vidéos. Il y en a aussi qu'elles ne dérangent aucunement : ils se sont en quelque sorte immunisés. Quand ils les regardent, ils s'intéressent plutôt à leurs caractéristiques formelles : image claire ou image floue ? scène bien éclairée ? vidéo bien filmée ou mal filmée ? bonne ou mauvaise mise en scène ?

D'autres invoquent leur droit à l'information et à se faire une opinion par eux-mêmes pour justifier de regarder tout ce qu'ils veulent, aussi souvent qu'ils le veulent.

On peut se demander jusqu'où va le droit à l'information. Est-ce que le spectacle à répétition de telles horreurs ne contribue pas à émousser la sensibilité du public ? À affaiblir sa réaction de dégoût et d'indignation devant de telles atrocités ? Est-ce que l'effet global n'est pas de rendre les gens indifférents à la souffrance des autres ? De rendre le spectacle de l'inhumanité tolérable ? Et, ce faisant, est-ce que cela ne contribue pas à faire émerger une nouvelle barbarie ? Une barbarie faite de détachement et d'indifférence ? Qui permet même d'avoir du plaisir à regarder des vidéos montrant des gens se faire torturer et assassiner[86] ?

UNE CIVILISATION DE L'AGRESSION VERBALE

Ces utilisations abusives de l'autre, ces formes extrêmes d'insensibilité, d'où peuvent-elles venir ? Sont-elles des manifestations aberrantes, totalement coupées de l'évolution du reste de la société ? En sont-elles au contraire la manifestation la plus révélatrice ? Y aurait-il une évolution généralisée de la société qui facilite l'émergence de telles

---

86. Ce sont là quelques-unes des questions que Michela Marzano soulève dans *La mort spectacle*.

aberrations? Par exemple, est-ce que la façon dont les gens se parlent ne témoigne pas déjà d'une évolution en ce sens?

La brutalité sympathique et spontanée

«J'ai ce qu'il te faut…» Ce sont les premiers mots que la jeune vendeuse a prononcés. Avec un franc sourire.

On aurait dit qu'elle venait de retrouver une copine pour une séance d'écumage de boutiques. Sauf qu'elle s'adressait à une femme de plus de 70 ans qu'elle rencontrait pour la première fois. La femme lui avait demandé si elle avait des chemises en soie.

La jeune vendeuse enchaîna ensuite avec un impératif: «Bouge pas! Assois-toi! Je vais te chercher ça.»

D'accord, ce ne sont pas toutes les vendeuses qui s'adressent de cette façon aux clientes. Mais cet exemple est représentatif de trois comportements que l'on rencontre de plus en plus: le tutoiement universel, l'interpellation et l'injonction. Comme par hasard, il s'agit de comportements — surtout les deux derniers — que l'on retrouve régulièrement dans la publicité.

Cette similitude est-elle liée au fait que, dans les deux cas, on est en situation de vente? Cela joue sûrement un rôle. Mais ce que cette similitude de situation n'explique pas, c'est pourquoi la jeune vendeuse s'est estimée autorisée à prendre ce ton, comme si elle s'adressait à une copine. Et pourquoi ce ton est-il maintenant jugé acceptable par autant de gens.

Plusieurs affirment ne voir dans ce genre d'expression directe et non censurée, ni insulte ni crudité de langage: simplement franchise et absence d'affectation. C'est d'ailleurs le sentiment de bien des gens quand on les interroge à ce sujet: ils ne ressentent dans l'utilisation de ce ton aucune violence.

Bien sûr, il n'est pas question de regretter l'époque du vouvoiement des parents, du silence obligatoire à table, de l'obéissance aveugle et de l'autoritarisme qui a déjà régné dans plusieurs foyers. Mais on peut se demander si le fait qu'il n'y ait pas de violence « ressentie » vient de l'absence réelle de violence ou du fait que la plupart des gens s'y sont habitués.

Serait-on en présence, ici aussi, d'un engrenage analogue à celui de la drogue : stimulation —> émoussement de la perception —> augmentation de la stimulation ? Chaque nouvelle génération ferait ainsi progresser le degré de violence verbale tolérable, en deçà duquel elle cesse d'être perçue comme violente.

Un bon exemple serait la banalisation des termes « pute » et « salope » dans les cours d'école. Presque plus personne ne s'en offusque.

« Manières » ritualisées ou spontanéité fabriquée

Certains voient même dans cette crudité de langage une véritable libération. La politesse d'antan n'était que vieilleries et conventions désuètes ; maintenant, n'importe qui peut s'adresser à n'importe qui d'égal à égal.

Noble idéal. Sauf qu'il y a la réalité. Et, dans la réalité, indépendamment de cet idéal, il y a des statuts sociaux. Des rapports de force. Des différences de pouvoir entre les individus. Notamment de pouvoir économique.

On peut bien sûr s'en désoler. Il est même heureux qu'on le fasse et que l'on tente de les faire disparaître. Mais ces rapports de force existent. Et, ne serait-ce que pour travailler de façon efficace à les changer, il faut trouver le moyen de ne pas en être victime. Et de ne pas écraser les autres.

Jusqu'à ce jour, le principal moyen qu'on a trouvé pour adoucir ces rapports, pour « polir » les relations entre les gens, c'est une certaine forme de politesse. C'est d'avoir recours à des façons de faire ritualisées, d'y mettre les formes, d'avoir des « manières » — peu importe ce que sont ces manières. Seules ces ritualisations, forcément arbitraires, permettent aux gens d'avoir un comportement civil, d'agir avec civilité. C'est pour cette raison qu'elles sont constitutives de ce qu'on a appelé la civilisation.

Bien sûr, il y a là une certaine hypocrisie. Agréer de façon presque sympathique à un certain nombre d'inégalités, les reconnaître même si c'est dans l'espoir de ne pas en être victime et de pacifier les rapports sociaux, c'est une pratique sociale qu'on peut soupçonner de toutes les compromissions.

En plus, ça ne fait pas très courageux. Pas très «authentique». On est loin du mythe romantique d'un monde sans règles, de la révolte franche et spontanée contre toutes les injustices.

C'est une question semblable — et tout aussi inévitable — que rencontrent, sur le plan politique, tous ceux qui aspirent à changer les choses : à un extrême, on trouve les adeptes des grands bouleversements destructeurs et sans compromis (révolutionnaires bolcheviques, gardes rouges, Khmers rouges…) ; à l'autre extrême, les promoteurs des révolutions tranquilles et autres réformes paisibles — d'aucuns diraient soporifiques, anesthésiantes.

Alors, vaut-il mieux parler crûment ou mettre des gants ? Vaut-il mieux être spontanément iconoclaste ou y mettre les formes ?

Tout d'abord, on peut émettre quelques réserves sur les vertus de cette «spontanéité». Est-ce que les enfants ne sont pas spontanément cruels dans les garderies et les cours de récré ? Est-ce qu'on n'a pas déjà vu des foules de bons et honnêtes citoyens se transformer «spontanément» en groupes de lynchage ? Des peuples entiers s'engager sans trop d'états d'âme sur la voie du génocide ?

On peut aussi s'interroger sur la part de fabrication qui entre dans cette spontanéité qu'on oppose aux conventions, sur la part de fabrication qui lui vient de l'inconscient personnel, culturel, social et biologique.

Également préoccupant est le fait que cette «spontanéité» puisse être aussi facilement manipulée, notamment par des gens qui en ont fait leur métier: publicitaires, experts en marketing, spécialistes en communication, faiseurs d'images, *spin doctors,* leaders charismatiques… Tous ces gens ont pour travail d'amener le public à penser, aimer, désirer ou détester spontanément ce qu'on veut qu'il pense, aime, désire ou déteste. Bref, leur travail est de fabriquer la spontanéité du public.

Alors, fabrication pour fabrication…

Par ailleurs, on peut se demander laquelle des deux approches est la plus apte à créer un monde viable et vivable: l'authenticité sans compromis, qui vise à détruire l'ordre existant pour le remplacer par un ordre juste, ou une stratégie d'adoucissement de la violence des rapports sociaux?

On peut sérieusement mettre en doute le fait qu'un langage plus direct, certains diraient plus brutal, permette une réelle promotion de l'égalité. Cette brutalité apparaît plutôt être garante des inégalités. Car, en fin de compte — et en bonne logique utilitaire —, le critère utilisé dans le choix spontané du ton sur lequel on s'adresse aux gens est, dans la plupart des cas, l'intérêt personnel.

On continue de s'adresser de façon respectueuse aux puissants (à moins d'événements exceptionnels), particulièrement si on doit craindre des représailles de leur part ou s'ils peuvent nous être utiles.

Entre égaux, on se traite avec plus ou moins de brusquerie, ce qui a l'avantage marginal de servir de défoulement et de donner une impression de solidarité, d'appartenance: entre nous, il n'y a pas de simagrées, tout le monde engueule tout le monde…

Et pour ce qui est des inférieurs, pourquoi se donner la peine de prendre des gants? Il suffit de ne pas être brutal sans raison. De ne pas s'acharner. De ne pas enfreindre la loi.

Les forums Internet (section « commentaires » des blogues et des journaux) sont probablement le lieu où s'exprime le plus ouvertement ce total mépris des règles de civilité. Peut-être parce que les intervenants n'ont pas le sentiment de s'adresser à des personnes, et encore moins à des personnes avec qui elles pourraient avoir des relations réelles, que leur seule préoccupation est d'essayer de détruire les idées qui leur déplaisent.

On en arrive de cette manière à une pratique des rapports sociaux qui est de plus en plus régie par des rapports d'intérêts encadrés par les restrictions de la loi — de moins en moins par des règles convenues, souples et mutuellement acceptées de convivialité.

Cette évolution du ton des échanges sociaux vers des rapports plus directs, plus « carrés », pose une question intéressante : est-ce le simple reflet de la violence objective des rapports sociaux ? Nos rapports langagiers sont-ils une simple intériorisation de cette violence ordinaire, de la brutalité *soft* que constitue le management généralisé des individus ?

Dans un monde où l'on est de plus en plus traité en objet, n'est-il pas inévitable de se traiter soi-même et de traiter les autres en objets ?

L'OBSESSION SÉCURITAIRE

LE FANTASME DE LA PROTECTION TOTALE

Que le désir de sécurité augmente en même temps que l'impression de vivre dans une société violente et agressante, voilà qui n'a rien pour surprendre. Cela se manifeste par une exigence de protection qui touche tous les aspects de la vie : demande d'assurances de toutes sortes, exigence de garanties sur les produits, votes en faveur de lois plus sévères pour dissuader les criminels…

Cette demande ne cesse de se développer. On ne voit d'ailleurs pas ce qui peut arrêter sa progression, hormis la capacité de payer des assurés, puisque le fantasme d'une protection totale, d'une vie totalement sécurisée, est par définition irréalisable.

L'exigence de protection

Les compagnies d'assurances font partie des principaux bénéficiaires de ce désir de sécurité. Non seulement les Canadiens comptent-ils parmi les gens les plus assurés de la planète, mais la moitié d'entre eux doutent de l'être suffisamment, s'il faut en croire un sondage de la Financière Manuvie. Et cela, quel que soit leur niveau de protection[87] !

---

87. Financière Manuvie, « Selon un sondage, les Canadiens doutent d'être suffisamment assurés », Communiqué de presse, 15 avril 2009. http://www.manulife.com/public/news/detail/0,lang=fr&artId=144 712&navId=630002,00.html (consulté le 28 novembre 2011)

Il faut dire qu'on est maintenant loin de l'ancien trio de base : assurance-vie, assurance-maladie (médicaments et hospitalisation), assurance maison et automobile. Désormais, tout ce qui existe peut être assuré : assurance voyage, assurance dentaire, placements garantis, assurance récolte, assurance juridique, assurance-emploi, assurance prêt hypothécaire en cas d'invalidité ou de décès, assurance dépôt sur les montants confiés à des institutions financières, assurance responsabilité pour les professionnels, assurance tous risques incluant ou excluant les cas d'accidents nucléaires, assurance pour les exportateurs canadiens contre les risques dans le pays où ils exportent, programme d'assurance contre la fièvre catarrhale du mouton, assurance sur les jambes d'une actrice, assurance qui protège le salaire en cas d'invalidité... On a même un fonds de protection des clients contre l'insolvabilité des compagnies d'assurances !

Quant aux compagnies d'assurances, elles peuvent ellesmêmes s'assurer auprès de compagnies de réassurances !

Cela n'empêche pas de nouveaux besoins de protection d'apparaître régulièrement. Un des derniers en date : la protection des investisseurs contre les gestionnaires de placements qui les ruinent par fraude ou par une gestion irresponsable.

Cette prolifération des couvertures d'assurance se double de la multitude des garanties dont sont maintenant dotés les produits de consommation courante. Il est désormais impensable de ne pas offrir de telles garanties à l'acheteur d'un produit ou d'un service. Satisfaction garantie ou argent remis. Et il ne s'agit pas seulement des garanties en termes de durabilité ou de performance, mais aussi de sécurité.

Pendant que le public réclame des lois pour augmenter la responsabilité des entreprises quant à la qualité de leurs produits, ces dernières fabriquent des emballages capables de résister à la curiosité des enfants et multiplient les mises en garde sur les emballages pour limiter les poursuites éventuelles.

Certains de ces avertissements sont carrément surréalistes[88]. Ainsi, on a pu lire sur la boîte d'un sèche-cheveux : « Ne pas utiliser en dormant. » Et sur celle d'un fer à repasser : « Ne pas repasser les vêtements directement sur le corps. » Sur un sac d'arachides : « Contient des arachides. » Qui l'aurait cru… Sur une scie à chaîne : « Ne pas tenter d'arrêter la chaîne avec vos mains ou avec un autre organe. » On n'ose pas se demander lequel… Sur un costume de Superman : « Ce costume ne permet pas de voler. » Ou encore, sur une boîte de Nytol : « Peut causer de la somnolence. »…

En marge de cette montée des assurances et des garanties, on a vu apparaître des revues spécialisées pour évaluer la qualité des produits (*Guide de l'auto*, *Protégez-vous*, *Guide du consommateur averti*). Des émissions de télé dénoncent les abus de certains fabricants et les ratés du système de justice (*La Facture*). Sur Internet, on peut avoir accès à des listes de professionnels évalués par les internautes.

Vie garantie contre les vices des objets manufacturés, vie assurée contre les aléas de la vie, entreprises prémunies contre les poursuites dues à la bêtise des clients, consommateurs informés de leurs droits, prévenus contre les arnaques des commerçants et éduqués à la consommation sous protection… tout cela couvre une bonne partie des risques inhérents à la vie en société.

Restent les crimes.

---

88. Plusieurs des exemples qui suivent ont été extraits d'une liste que l'on peut trouver à : http://bbrunoo.free.fr/humour/4h.php (consulté le 28 novembre 2011)

La demande de répression dissuasive

En matière de maintien de la paix sociale, l'approche répressive gagne en popularité : on vote pour des partis plus autoritaires ; on réclame des peines plus sévères pour les criminels ; on veut des lois « qui ont des dents », des sanctions plus dures contre les bandits à cravate, une police des marchés financiers qui a plus de mordant... Typique de cette attitude, la loi californienne qui prévoit une peine automatique de 25 ans pour une troisième offense similaire, quelle qu'elle soit. Par exemple : voler trois cassettes vidéo pour donner un cadeau de Noël à ses nièces... On retourne à l'époque décrite par Charles Dickens et Victor Hugo.

Typique aussi, la décision du gouvernement Harper de légiférer pour alourdir les sentences minimales et restreindre les libérations conditionnelles, ce qui devrait provoquer une hausse de 35 % de la population carcérale canadienne en trois ans. Cela obligera à construire plus de prisons et mettra les autorités pénitentiaires dans l'obligation d'avoir davantage recours à l'occupation double des cellules pour de longues périodes. Et cela, même si les Services correctionnels du Canada admettent que cette pratique n'est pas appropriée. Et même si la communauté internationale, pour des raisons de sécurité, estime nécessaires les cellules individuelles[89]. Cela revient à programmer une augmentation de la violence à l'intérieur des prisons, puisque surpopulation et violence sont liées.

On réclame aussi plus de policiers. Mais là, les choses se compliquent. On voudrait des policiers plus nombreux, plus efficaces, plus impitoyables, plus expéditifs, qui

---

89. Hélène Buzetti, « Prisons fédérales — 35 % plus de prisonniers d'ici trois ans », *Le Devoir*, 4 septembre 2010. http://www.ledevoir. com/societe/justice/295631/prisons-federales-35-plus-de-prisonniers-d-ici-trois-ans (consulté le 28 novembre 2011)

n'hésitent pas à casser du criminel — des policiers comme dans les séries de télé américaines — mais, en même temps, on les voudrait plus respectueux des citoyens, prévenants, qui ne heurtent les sentiments et la susceptibilité de personne... Bref, on a parfois l'impression que les gens désirent une police du Far West emballée dans une attitude de boy-scout.

Au même moment, au Canada, on voit l'approbation de la peine de mort remonter à 54 % en dépit de toutes les études qui montrent qu'elle n'a aucun caractère dissuasif. En dépit également de tous ces condamnés à mort qu'on libère actuellement aux États-Unis — ou qu'on réhabilite après leur mort — parce que les analyses d'ADN les innocentent.

Aux États-Unis seulement, 260 détenus ont été innocentés par des tests d'ADN au cours des dernières 10 années, dont plusieurs étaient en prison depuis 25 ou 30 ans[90].

Encore au Canada, Harper et ses joyeux réformistes déguisés en conservateurs veulent imposer leur conception punitive et répressive de la justice, notamment envers les jeunes contrevenants, malgré l'expérience québécoise qui montre bien que l'approche éducative est plus efficace pour limiter la récidive. Il s'agit là d'un bon exemple du poids très relatif qu'ont les faits, quand ils sont confrontés à une conviction idéologique.

Toujours au Canada, le compatissant Stephen s'obstine à ne pas demander le rapatriement d'Omar Khadr, un enfant soldat qui avait 15 ans au moment de son arrestation, détenu à Guantanamo pendant des années avant d'avoir droit à un procès, au mépris des conventions internationales. Tout cela malgré le fait qu'il ait été torturé, malgré qu'il soit le dernier Occidental à ne pas

---

90. Philippe Coste, «Justice pour les innocents», *L'Express*, 2 novembre 2011, p. 35 à 42.

avoir été rapatrié de Guantanamo dans son propre pays et malgré le jugement de la Cour suprême qui estime que les droits de Khadr ont été et continuent d'être bafoués.

En France, Sarkozy propose de nettoyer les banlieues au karcher, Besson expulse les immigrants par milliers et fait rafler les Roms, les prisons sont surpeuplées et les gardes à vue aberrantes se multiplient. Des mineurs sont écroués et menottés pour des délits aussi graves que l'utilisation d'une passe de transport non valide en dehors des jours scolaires. Une mineure de 14 ans, qui était demeurée à la maison parce qu'elle était malade, est cueillie par les policiers, menottée et écrouée pendant 12 heures, en pyjama, à l'insu de ses parents qui étaient au travail. Tout ça parce qu'elle s'était interposée entre deux autres jeunes dans une altercation survenue la veille à l'école[91].

Aux États-Unis aussi, les prisons débordent. C'est le pays qui a le plus haut taux d'incarcération, avant la Chine, la Russie et Cuba. Un pour cent des Américains sont en prison. On manque d'espace carcéral. Malgré la prolifération des prisons privées. Et malgré les dérives que cela occasionne.

Par exemple, ces deux juges de Pennsylvanie, Mark Ciavarella et Michael Cohahan, qui ont touché plus de 2,6 millions de dollars en pots-de-vin de la part de deux centres de détention privés pour jeunes. Les deux juges recevaient de l'argent pour chaque jeune qu'ils envoyaient en prison ; ils n'hésitaient pas à gonfler les sentences et à y envoyer des adolescents pour des infractions mineures[92].

---

91. Thomas Brégardis, « À 14 ans, en garde à vue, menottée », *Ouest France.fr*, 9 février 2010. http://www.ouest-france.fr/actu/actuDet_-A-14-ans-en-garde-a-vue-en-pyjama_39382-1257584_actu.Htm (consulté le 28 novembre 2011)

92. Pierre Sérisier (d'après Reuters), « Deux juges américains étaient payés pour condamner des enfants », *Le point.fr*, 13 février 2009. http://www.lepoint.fr/archives/article.php/316970 (consulté le 28 novembre 2011)

Et comme l'approche répressive ne fonctionne pas, comme l'idéal d'une sécurité absolue paraît toujours plus lointain, plusieurs citoyens décident d'assumer eux-mêmes leur protection. D'abord par les armes.

Aux États-Unis, la National Rifle Association est depuis longtemps le fer de lance de la défense du droit de chaque individu à être armé. Des militants ont même apporté leurs armes chargées à proximité de réunions politiques auxquelles assistait Obama dans l'espoir qu'on les arrête, de manière à avoir une tribune dans les médias.

Dans les écoles, plusieurs jeunes Américains estiment nécessaire d'apporter une arme, question de se protéger contre les autres qui en ont… On voit le cercle vicieux. Surtout que, pour bien se protéger, il faut une arme plus puissante que celles des autres. Et que les autres vont se dire la même chose… Encore là, on a la recette pour une escalade. C'est la logique de la guerre froide appliquée au domaine des relations personnelles.

Les ghettos sécurisés

Traditionnellement, une façon de contrôler la violence appréhendée des pauvres, c'était de les confiner dans certains quartiers, qui devenaient des sortes de ghettos, et de les intercepter quand ils s'aventuraient dans les quartiers riches. Cette pratique du confinement est loin d'avoir disparu : on n'a qu'à penser aux favelas en Amérique du Sud et aux bidonvilles un peu partout sur la planète.

Le refoulement des sans-abri en dehors des centres-villes et des quartiers chics obéit au même type de logique de nettoyage et de purification : les riches avec les riches, les pauvres avec les pauvres. Quant aux quartiers ouvriers et aux banlieues, ce sont des sortes de ghettos *soft* adaptés aux classes moyennes.

Ce qu'il y a de bien dans ce mode de confinement fondé sur l'économie, c'est qu'il ne se présente pas comme

une violence, mais comme une simple conséquence naturelle des lois du marché et de la bonne marche économique des choses.

Par contre, les frontières de ces ghettos sont perméables.
Malgré tous les filtres policiers et autres, il arrive que les
pauvres pénètrent dans les quartiers riches. Par exemple,
pour aller travailler… Bref, la sécurité est poreuse.

Alors, ceux qui en ont les moyens se réfugient dans
des quartiers protégés, isolés par des enceintes du reste de
la ville, surveillés par des caméras, disposant d'une milice,
avec des gardes aux rares accès du quartier pour filtrer les
résidents et les visiteurs. Ville Mont-Royal en serait une
version *cheap* pour lumpen bourgeoisie.

La popularité de ces *gated communities* se répand sur
tous les continents: Paris, Rio, Los Angeles, Delhi…
même en Chine. Les résidents y sont assurés de profiter
du cadre de vie de leur choix: sécurité, verdure, luxe,
voisins choisis, surveillance médicale à l'intérieur, surveillance vidéo du périmètre extérieur de la communauté… Ces quartiers ont toutes sortes de vocations
communautaires: personnes âgées, végétariens, homosexuels, anciens universitaires…

Rancho Bernardo, au nord de San Diego, se définit
comme une communauté planifiée et abrite plusieurs
«voisinages», dont deux communautés fermées de retraités
(55 ans et plus)[93]. Aucune personne de moins de 55 ans n'est
autorisée à y résider, sauf à titre d'invité et pour une période
maximale de six semaines. Pas question d'exposer les résidents à se faire casser les oreilles par des cris d'enfants ou

---

93. Marcie Sands, «Ranch Bernardo Real Estate». http://www.
marciesandsrealtor.com/rancho-bernardo-neighborhood.html
(consulté le 28 novembre 2011) Renaud Le Goix, «Les communautés
fermées dans les villes des États-Unis», *Cairn.Info*. http://www.cairn.
info/revue-espace-geographique-2001-1-page-81.htm (consulté le 28
novembre 2011)

à trébucher sur une planche à roulettes abandonnée dans une entrée de cour... On y trouve toutes les institutions qu'on trouve normalement dans une ville : hôpital, succursales bancaires, centres commerciaux, épiceries.

Déjà, en 1997, on estimait à plusieurs millions le nombre d'Américains qui vivaient dans ces dizaines de milliers de quartiers « sécuritaires ». Leur nombre devrait aller croissant, pour peu que la crise économique ne ruine pas un trop grand nombre des futurs occupants potentiels.

Pour ce qui est des plus riches parmi les riches, ils n'ont pas besoin de ces ghettos de luxe : ils ont chacun leur propre ghetto privé. Cela s'appelle un domaine. Et quand ils veulent se voir, ils se retrouvent entre eux dans des lieux auxquels le menu fretin de l'humanité n'a pas accès : îles privées, yachts, hôtels dont le tarif quotidien représente le revenu annuel moyen des habitants de plusieurs pays...

LE QUADRILLAGE SOCIAL

L'inflation législative et réglementaire

Une des conséquences de cette demande de sécurité, c'est la bureaucratisation et la réglementation de plus en plus marquée des rapports sociaux.

Il y a d'abord la prolifération des règlements sur tout. L'intention suinte la bonne volonté : il s'agit de prévoir tous les dangers possibles et de rassurer les gens en les protégeant contre le moindre arbitraire.

Noble intention. Sauf qu'il y a deux problèmes. Un : il est impossible de tout prévoir. Aussi, chaque fois que survient un drame imprévu, on ajoute de nouvelles règles. La fois suivante, on en ajoutera d'autres. Puis d'autres... Et personne ne prendra jamais le risque d'en enlever une. Si jamais il arrivait quelque chose, on pourrait le désigner comme responsable.

C'est d'ailleurs ce type de situation qui fait en sorte que la liste des personnes suspectées de terrorisme et interdites à bord des avions est devenue ingérable. Tout le monde sait qu'elle est inefficace et source d'innombrables problèmes, tellement elle contient de faux noms de terroristes, mais personne ne veut prendre le risque de l'épurer. S'il fallait qu'on puisse un jour démontrer que quelqu'un a rendu un attentat possible en enlevant par erreur un nom de la liste…

Deuxième problème : l'arbitraire n'est pas une mauvaise chose en soi : il résulte de l'exercice du libre arbitre. Autrement dit, de la faculté de poser un jugement. De se servir de sa tête.

L'élimination de tout arbitraire personnel, donc de toute possibilité de poser un jugement, a pour conséquence de soumettre la société à une autre forme d'arbitraire, encore plus implacable : un quadrillage de lois et de règlements qui s'appliquent de façon automatique. Sans nuances. De façon aveugle… Parce que la moindre exception serait injuste pour les autres. La loi, c'est la loi. Elle est la même pour tout le monde — ce qui mène à une bureaucratisation tatillonne et sans âme du moindre aspect de la vie.

Un bon exemple du délire législatif et réglementaire auquel peut aboutir l'obsession de tout prévoir, c'est la Loi de l'impôt sur le revenu et ses règlements. Théoriquement, nul n'est censé ignorer la loi. En pratique, à peu près plus personne n'est capable d'en maîtriser l'ensemble. (On raconte qu'il y en aurait tout de même quelques-uns au pays.) Et là, il s'agit seulement de la Loi de l'impôt ! Si on y ajoute toutes les autres lois…

La judiciarisation à outrance

Une autre conséquence de cette obsession législative et réglementaire, c'est la prolifération des avocats et des poursuites. Puisque tout est encadré par la loi, pour obtenir justice, il faut aller en cour. Avec toutes les dérives que cela entraîne : hausse des coûts, retards de plus en plus grands pour obtenir le moindre règlement, inégalités flagrantes quand des individus affrontent des multinationales ou quand ils sont poursuivis par des multinationales qui veulent les faire taire.

Cette judiciarisation à outrance entraîne des effets pervers. Un exemple : l'emballement des coûts d'assurance que doivent supporter les médecins américains à cause de l'augmentation du risque d'être poursuivi. Plus inquiétant encore : cette crainte des poursuites amène des médecins à refuser d'effectuer des opérations délicates ou dont le risque d'échec est élevé, mais qui pourraient sauver un patient.

Cette judiciarisation excessive est par ailleurs encouragée par les hommes politiques, qui préfèrent souvent laisser les tribunaux trancher sur des sujets controversés pour éviter de se mouiller.

Un encadrement envahissant

Ces lois et ces règlements, ça prend des organismes pour les écrire, pour les adapter à toutes les situations concevables et pour les appliquer. C'est ainsi qu'est apparue une série d'organismes gouvernementaux et paragouvernementaux spécialisés dans la protection et l'encadrement des individus.

Il est de plus en plus difficile de trouver une activité qui n'est pas réglementée et surveillée. Le MAPAQ surveille ce que les gens mangent… particulièrement quand il s'agit de fromages québécois au lait cru ! La SAQ exerce un monopole sur l'alcool sous prétexte de surveiller la qualité des produits offerts au public. L'Office de la langue française surveille la qualité de la langue des communications. La DPJ surveille la façon dont les adultes traitent les enfants…

D'autres lois encadrent l'usage du tabac, des pesticides ou du moindre véhicule. Les villes encadrent l'utilisation des tondeuses et de l'arrosage, la possession d'animaux et la construction des résidences... Les agences de sécurité surveillent le transport de l'argent, les locaux des entreprises ainsi que les résidences des individus les plus riches (sauf lorsque ces derniers ont les moyens de se payer leurs propres services de sécurité).

UNE INQUISITION *SOFT*

La traque des individus

La surveillance des individus ne se limite pas à celle orchestrée par les lois et mise en application par des organismes et des entreprises spécialisés. Les caméras se multiplient. Elle sont maintenant partout. Dans la rue, à l'intérieur des commerces, dans les banques, dans les garderies. Dans les bureaux, les parcs, les ascenseurs...

Sur le territoire français, on estime qu'environ 673 000 caméras surveillent les citoyens. Les forces de l'ordre peuvent aussi se brancher sur les 63,8 millions de téléphones portables. Mais tout cela n'est rien à côté de ce qu'a réalisé Facebook : ses 800 millions d'« amis » alimentent un fichier estimé à 5 milliards de données. Comme le disent les auteurs de l'article d'où proviennent ces données : « La CIA en rêvait, Facebook l'a fait[94]. »

Pour les résidences privées, les entreprises de sécurité offrent de poser des alarmes, des caméras, des détecteurs de mouvements. Certaines personnes installent même des caméras pour surveiller les enfants ou la gardienne qui s'en occupe.

---

94. Tristan Berthelot, Jérôme Hourdeaux et Boris Manenti, « Tous fichés, tous surveillés », *Le Nouvel Observateur*, 20 octobre 2011, p. 60-62.

Des entreprises offrent aux automobilistes de surveiller leur véhicule en permanence, de manière à savoir en tout temps où il se trouve, pour le cas où le conducteur aurait besoin d'assistance.

Les agences de renseignement, en plus de se surveiller les unes les autres, interceptent un nombre grandissant de communications privées. Leur prétexte? On ne sait jamais qui peut éventuellement être dangereux.

Cette logique, exacerbée depuis le 11 septembre 2001, les a amenées à engager, comme sous-traitants, plus de 2 000 entreprises privées, qui emploient près d'un million de personnes. Il n'est pas sans intérêt de souligner que ces entreprises privées, parce que privées, échappent à la surveillance des comités politiques chargés de surveiller les agences de renseignement[95].

Les exigences de la sécurité nationale et l'insécurité des individus se conjuguent pour amener ces derniers à accepter une réduction de leurs droits.

Dans les aéroports, sous prétexte de lutte contre le terrorisme, on accepte maintenant comme normales les fouilles au corps, les scanneurs corporels et la réduction continue de ce qu'il est possible d'apporter dans un avion.

En fait, les aéroports sont maintenant des zones de non-droit, où le simple fait d'affirmer avoir mangé une bombe Alaska au dessert peut vous mener en prison, au gré de l'humeur et de l'interprétation du personnel. On est à la veille de mettre, au-dessus de la porte des aérogares, une version moderne de la célèbre phrase de Dante qui a inspiré Rodin pour son œuvre intitulée *La porte des enfers*: «Vous qui entrez ici, abandonnez tout espoir»... Tout au plus faudrait-il ajouter: «d'être traité comme un être humain».

---

95. «L'Amérique top secret», *Tou.tv, Radio-Canada.ca,* diffusé le 29 septembre 2011. *http://www.tou.tv/l-amerique-top-secret* (consulté le 28 novembre 2011)

Dans le cadre de l'entente sur le maintien d'un périmètre de sécurité continental, les entrées et les sorties du pays des citoyens canadiens seront désormais enregistrées et les informations conservées dans une banque de données. Elles pourront alors être partagées avec les États-Unis[96].

Toujours au nom de la lutte contre le terrorisme, on tolère une extension des pouvoirs de surveillance, d'enquête, d'écoute électronique et de perquisition des agences de sécurité. On accepte que des personnes puissent être détenues pendant des années sans être accusées de quoi que ce soit, qu'elles soient déférées à des tribunaux d'exception et que leurs avocats n'aient pas accès à toute la preuve. On accepte aussi que ces personnes soient déférées à des « pays amis » qu'on sait s'adonner à la torture… Tout cela au mépris des droits humains et des conventions internationales.

Au Canada, le gouvernement a décidé d'être davantage à l'écoute de ses citoyens! À cette fin, le premier ministre Harper a légiféré pour faciliter l'espionnage des citoyens canadiens par les services policiers ou de renseignement, y compris ceux qui ne font l'objet d'aucun soupçon précis de crime. Ces dispositions permettront notamment de fouiller les banques de données des entreprises Internet (où est conservé l'historique des communications des clients) sans qu'il soit nécessaire d'obtenir l'autorisation d'un juge : une simple décision de fonctionnaire suffira.

En fait, le Canada est en train de devenir, selon l'expression du professeur Stéphane Leman-Langlois, « le champion du monde » de l'écoute électronique *per capita*[97].

---

96. Au moment d'écrire ces lignes, ce dispositif est encore à l'état de projet, mais tout porte à croire qu'il sera réalisé sous peu.

97. Jean-Pascal Lavoie, « La percée irréversible de l'obsession sécuritaire », *Le Soleil*, 27 décembre 2009, p. A4-A5.

Cette surveillance n'est cependant pas propre au Canada. Dans une de ses dernières publications, WikiLeaks a rendu publics des documents provenant de 160 entreprises, réparties dans 25 pays, qui se spécialisent dans « la surveillance et l'interception des communications ». Selon les mots de Julian Assange, il s'agit « d'une industrie qui vend aussi bien ses équipements aux démocraties qu'aux dictatures pour espionner des populations entières[98] ».

Par ailleurs, les progrès technologiques multiplient l'efficacité de la surveillance. Les micros permettent d'écouter des conversations à une distance croissante. On peut aussi surprendre des conversations à l'intérieur d'une pièce à l'aide d'un rayon laser projeté sur la vitre d'une fenêtre. L'Euro Hawk, un avion sans pilote développé par EADS et Northrop Grumman pour l'armée de l'air allemande, peut voler à 18 000 mètres et espionner des conversations téléphoniques sur les réseaux sans fil. Tout cela avec une autonomie de vol de 25 000 kilomètres[99].

Quant aux caméras, il y a belle lurette que celles installées sur des satellites ont la capacité de lire, du haut du ciel, le numéro des plaques minéralogiques. Ou de reconnaître le visage d'un individu.

L'équipement se miniaturise. On peut le dissimuler de plus en plus facilement à peu près n'importe où. Les téléphones portables et les ordinateurs peuvent être actionnés à distance, sur un mode furtif, et servir à écouter les conversations. Ou même à enregistrer des images. Dans un avenir proche, la généralisation des GPS dans les téléphones portables permettra de savoir en tout temps où un individu se trouve.

---

98. Julian Assange (cité par) AFP/*Le Soleil*, « Comment les gouvernements espionnent leurs citoyens », *Le Soleil*, 2 décembre 2011, p. 28.

99. AWeigel/AFP, « L'objet de la semaine, L'Euro Hawk », *L'Express*, 19 octobre 2011, p. 16.

Google garde en mémoire le bilan des recherches de ses utilisateurs. Kindle et d'autres appareils de lecture numérique permettent de savoir ce que les utilisateurs ont lu, à quelle vitesse, à quels endroits les lecteurs ont suspendu leur lecture… Certains y voient même une façon d'analyser les habitudes des lecteurs et de modifier en conséquence l'écriture des livres.

Aux limites de la science-fiction, mais bien ancrée dans la réalité, l'émergence de la « police prédictive » transpose la traque des criminels dans le domaine des probabilités. Sans cibler des individus particuliers, comme dans *Minority Report*, des logiciels de plus en plus puissants déterminent les lieux et les moments où les crimes ont la plus forte probabilité de survenir.

New York, Edmonton, Minneapolis, Los Angeles, Memphis et Santa Cruz utilisent déjà ce type de logiciel pour moduler l'intervention des patrouilles et « renforcer leur présence » dans les zones que le logiciel estime plus à risque[100].

Et si jamais quelqu'un s'avise de protester, on lui oppose, en termes plus modernes et sans être conscient de la charge historique de la réponse, la fameuse réplique de Robespierre, le champion de la Terreur : « Je dis que quiconque tremble en ce moment est coupable ; car jamais l'innocence ne redoute la surveillance publique[101]. »

En terminant, on ne peut passer sous silence l'émergence, en Corée du Sud, d'un nouveau type de chasseurs de primes à la sauce paparazzi : des citoyens en apparence ordinaire, qui parcourent la ville, filment leurs concitoyens

---

100. Martin Untersinger, « Aux États-Unis, la police prévoit les crimes par ordinateur », *Rue 89*, 13 novembre 2011. http://www.rue89.com/2011/11/13/aux-etats-unis-la-police-prevoit-les-crimes-par-ordinateur-226231 (consulté le 28 novembre 2011)

101. Maximilien de Robespierre, *Robespierre : entre vertu et terreur — Slavoj Zizek présente les plus beaux discours de Robespierre*, Paris, Stock, 2008, p. 167.

en train de commettre des actes illégaux, vont porter leurs preuves aux autorités et collectent une prime. Il peut s'agir de toutes sortes de délits : un propriétaire d'immeuble qui maintient une sortie d'urgence verrouillée, une industrie qui déverse ses déchets dans une rivière, des médecins et des avocats qui n'émettent pas de reçus pour diminuer le revenu qu'ils déclarent à l'impôt[102]...

L'espionnage citoyen : le flicage ordinaire

À côté de la surveillance officielle, où les citoyens sont appelés à signaler les individus suspects, et plus particulièrement ceux qui sont recherchés par la police, il y a ce qu'on pourrait appeler le flicage ordinaire : le fait que tout le monde surveille avec enthousiasme tout le monde.

Les victimes les plus apparentes de cette surveillance omniprésente, ce sont les politiciens et les vedettes. Il y a toujours un appareil photo, un téléphone portable ou un micro quelque part pour rendre public un comportement ou une phrase qui devait demeurer privée.

Les exemples se multiplient. On peut mentionner le « casse-toi, pauv' con » de Sarkozy à un manifestant, la photo de la nièce de Christian Dior et de son mari nazi portant une croix gammée à la boutonnière, la photo de Kate Moss en train de se droguer, la vidéo de John Galliano proférant des insultes antisémites à un client à la terrasse d'un café et déclarant « *I love Hitler* »[103]...

L'impact de cette divulgation est multiplié par la vitesse de diffusion que procurent Internet et les réseaux sociaux. Quand Obama et Sarkozy donnent une confé-

---

102. Choe Sang-Hun, « Help Wanted : Busybodies With Cameras » *New York Times*, 28 septembre 2011. http://www.nytimes.com/2011/09/29/world/asia/in-south-korea-where-digital-tattling-is-a-growth-industry.html?_r=3&ref=southkorea&pagewanted=all

103. Jérôme Hourdeaux, « Galliano, Hitler et le quidam », *Le Nouvel Observateur*, 10-16 mars 2011, p. 46.

rence de presse, ils sont en représentation publique. S'ils échangent des commentaires entre eux après la conférence de presse, mais que les micros sont restés ouverts et qu'ils sont enregistrés, ce qui devait rester du domaine privé devient public.

C'est ainsi que la planète a appris en quelques minutes l'opinion de Sarkozy sur Netanyahou : « Je ne veux plus le voir, c'est un menteur », ainsi que la réponse de Obama, qui a compati avec lui : « Tu en as marre de lui, mais moi, je dois traiter avec lui tous les jours[104]. »

Mais les hommes politiques et les vedettes ne sont pas les seules victimes de ce flicage ordinaire. Tout individu muni d'une caméra peut mettre sur Internet des photos et des renseignements sur ses amis, sur des connaissances ou sur des inconnus qu'il a filmés à leur insu.

Ainsi, plusieurs parents créent une page Facebook pour leur nouveau-né, mettent des photos de leurs enfants sur leur propre page et y racontent leurs mésaventures enfantines. Ces parents se doutent-ils qu'ils sont en train de laisser des traces qui risquent de suivre leur progéniture pendant toute leur vie ? Que les employeurs, les agences de renseignements et les compagnies d'assurances risquent de s'y intéresser dans 10, 20 ou 30 ans ?

Ironiquement, les seules personnes que la loi semble réussir à empêcher de photographier des individus sans leur consentement, ce sont les photographes professionnels ! Au point où on peut se demander si un Cartier-Bresson serait encore possible, aujourd'hui !

Quant aux enfants qui posent des questions naïves sur le comportement du parent d'un ami (« Est-ce que les

---

104. « En marge du G20, Sarkozy a traité Netanyahou de "menteur" devant Obama », *Le Nouvel Observateur*, 8-14 novembre 2011. http://tempsreel.nouvelobs.com/politique/20111108.AFP8102/en-marge-du-g20-sarkozy-a-traite-netanyahu-de-menteur-devant-obama.html (consulté le 28 novembre 2011)

parents de Régis le battent ?») ou qui inventent des histoires («Mes parents m'empêchent de déjeuner avant de partir pour l'école»), ils ne sont probablement pas conscients qu'ils risquent de faire débarquer la DPJ dans un foyer sans histoires et causer aux parents incriminés des embêtements qui peuvent durer des semaines.

Après tout, on ne peut pas courir de risques, n'est-ce pas ? Même si on estime qu'il s'agit probablement d'une affabulation, on va faire une enquête approfondie et effectuer un suivi pendant un certain temps... Il s'agit d'une autre de ces circonstances où le principe de précaution flirte singulièrement avec la présomption de culpabilité.

On est passé d'une forme relative de démocratie, fondée sur la préservation d'un espace privé — comme extension de l'*habeas corpus* — contre l'empiètement du regard public, à un régime de transparence, où la moindre volonté de garder quoi que ce soit privé est interprétée à la lumière du soupçon que ce qui est caché est suspect, probablement condamnable.

En conséquence, on veut tout savoir sur tous ceux qui ont la moindre responsabilité et on s'attend à ce que tout ce beau monde soit parfait. Et quand on découvre qu'ils ne le sont pas, on se plaint de la dégradation des mœurs.

L'autodivulgation

Cette surveillance généralisée finit par être intériorisée. Un nombre croissant d'individus consacre de plus en plus de temps à se surveiller eux-mêmes: surveiller ce qu'ils mangent, surveiller leur poids, surveiller leurs relations sexuelles, surveiller leur image, surveiller leur régime de vie et la quantité d'exercices qu'ils font, répondre à des tests d'évaluation de soi publiés dans les revues...

Sur un mode plus ludique, ces individus permettent à qui veut bien s'en donner la peine de les surveiller en continu: ils étalent la chronique de leur vie et de leurs humeurs sur Facebook, répandent leurs idées dans des blogues et publient des photos d'eux-mêmes dans divers réseaux sociaux. Certains utilisent même des webcams pour qu'on puisse les voir en permanence quand ils sont chez eux.

Tant qu'il s'agit de partager des instants, des pensées ou des photos amusantes avec des amis, cela ne tire pas vraiment à conséquence. Sauf que les informations supposément privées mises sur le Web laissent des traces. Des banques de données permanentes les accumulent, permettant ainsi de les recouper et de composer un portrait global des internautes qui « s'expriment » sur le Net.

Cela n'arrive pas par hasard. Le Net, par définition, sous son idéologie libertaire, carbure à la publicité. C'est elle qui finance cette gratuité. Et la publicité ne peut vivre sans connaître les consommateurs à qui elle s'adresse — autrement dit, les utilisateurs du Web. D'où la nécessité d'accumuler le plus d'informations sur eux. Car c'est la principale chose que le Web peut vendre à ceux qui achètent de la publicité. Cela et une concentration de « temps de cerveau disponible » sur un site donné. C'est la base de son modèle d'affaires.

Comme le dit Alex Türk en parlant des multinationales, dans une entrevue sur son livre, *La vie privée en péril* : « Elles ont inventé le Big Brother convivial, le capitalisme copain : elles ont besoin de ces données pour prospérer, mais vous amènent à les leur donner en vous faisant croire que c'est dans votre intérêt. C'est le modèle Facebook[105]. » Ce qui est une façon d'expliciter la phrase suivante qu'on retrouve un peu partout sur le Net : « Si vous ne payez rien, vous n'êtes pas le client, vous êtes la marchandise[106]… »

---

105. Alex Türk, (propos recueillis par) Stéphane Arteta, « Ce qui nous attend est bien pire que Big Brother », *Le Nouvel Observateur*, 7-13 avril 2011, p. 50.

106. http://www.ethannonsequitur.com/facebook-you-customer-product-pigs.html (consulté le 12 décembre 2011)

Il existe une autre catégories de clients potentiels pour ces informations sur les internautes. Ceux-là s'intéressent à des internautes particuliers, pas aux agglomérations de « temps de cerveau disponible » : ce sont les employeurs. Plusieurs d'entre eux utilisent ce qu'ils trouvent sur les réseaux sociaux comme filtre pour choisir les candidats à un emploi. Un nombre significatif de candidats sont refusés sur la base de ces informations.

Les réseaux de cambrioleurs parcourent également les réseaux sociaux. Quoi de plus intéressant qu'un sympathique internaute qui prévient ses non moins sympathiques amis qu'il sera absent de chez lui pendant trois semaines parce qu'il part en vacances! Autrement dit, le champ est libre. *Consumer Report* estime que, en seulement deux ans, « les Américains auraient perdu 4,5 milliards de dollars aux mains de la cybercriminalité à cause de la trop grande circulation de renseignements personnels dans le cyberespace[107] ».

Une autre catégorie d'utilisateurs, plus inquiétante encore, est constituée par les pédophiles. Les réseaux sociaux et les forums de discussion sont leur terrain de jeu favori. Quand on sait que 9 % des bébés canadiens disposent d'une adresse courriel et que 8 % ont leur profil sur un site de réseautage[108], que l'âge moyen de l'arrivée des utilisateurs français sur Facebook se situe vers 10 ou 11 ans[109], qu'ils sont nombreux à avoir leur page personnelle plus tôt encore grâce à la compréhension d'un aîné

---

107. Fabien Deglise, « La vie privée : une affaire personnelle », *Le Soleil*, 3 octobre 2010, p. D4.

108. Fabien Deglise, « Empreintes électroniques et décadence numérique », *Le Devoir*, 16 octobre 2010. http://www.ledevoir.com/societe/actualites-en-societe/298152/empreintes-electroniques-et-decadence-numerique (consulté le 6 décembre 2011)

109. Laure Belot, « Maman, je veux un ami Facebook », *Le Devoir/Le Monde*, 26 avril 2011, p. B7.

ou d'un parent et qu'un grand nombre de ces jeunes n'ont aucune idée des conséquences à long terme des informations qu'ils y dévoilent, pour eux ou pour les autres...

On pourrait aussi ajouter à la liste de ces distrayants profiteurs, les fraudeurs, qui se font toujours un devoir de glaner les informations personnelles que les internautes sèment à tout vent — eh oui, comme le Larousse, sauf qu'il s'agit là d'un répertoire de la bêtise naïve. On estime en effet que 52 % des internautes qui fréquentent un réseau social divulguent des informations à risque[110].

L'existence naïve et spontanée, le simple plaisir d'exister sont désormais des espèces en voie de disparition, semble-t-il. La surveillance acceptée, souvent même désirée, et l'autoauscultation sont devenues les formes dominantes du souci de soi.

Sécurité oblige.

UNE TOLÉRANCE EXTRÊME

La rectitude politique

Au quotidien, cette obsession sécuritaire trouve une expression dans la rectitude politique. Réduite à son noyau dur, cette pratique dénoncée par à peu près tout le monde, mais à laquelle presque tout le monde sacrifie allègrement, se ramène à éliminer du discours tout ce qui pourrait éventuellement agresser, déplaire ou contredire quelqu'un — et tout ce qui pourrait susciter un débat.

L'expression la plus ironique de cette complicité, c'est l'attitude des gens qui dénoncent la langue de bois des politiciens, qui exigent qu'on leur dise «les vraies affaires», mais qui s'indignent du moindre écart de langage, qui réclament des excuses pour la moindre épithète lancée de

---

110. Fabien Deglise, «La vie privée: une affaire personnelle», *Le Soleil*, 3 octobre 2010, p. D4.

travers et qui votent systématiquement contre ceux qui osent leur dire « les vraies affaires » au lieu de leur embellir la réalité !

D'un point de vue social, la rectitude politique est la forme la plus visible que prend la maladie du consensus : ne rien dire, ne rien faire, ne rien suggérer qui pourrait choquer qui que ce soit, provoquer une tension, créer un malaise. Les Québécois et leur allergie à la chicane sont probablement parmi les champions de cette pathologie : la consensualité.

Une application cocasse de ce principe, c'est la liste de mots qui sont désormais interdits dans les débats de l'Assemblée nationale, selon l'article 35 de son règlement. On y trouve des termes ou expressions comme : girouette, appuyer ses amis, camouflage, demi-vérité, induire en erreur, hypocrite, vérité, mascarade, tapis de porte, complice, vrai (ce n'est pas…), fausseté… En fait, ce qui est le plus interdit, c'est de parler de vérité et de mensonge. Désormais, si un parlementaire ment, il est « non parlementaire » de le souligner. Serait-ce parce qu'on juge totalement improbable que la chose se produise ?

Toutes ces simagrées consensuelles reposent sur l'idéal illusoire d'un monde sans confrontations, sans différences significatives. Un monde sans confrontations, donc sans besoin de discuter, sans besoin de constater éventuellement des désaccords et d'accepter de vivre dans un monde où toutes les décisions ne se prennent pas à l'unanimité.

L'idée, c'est que tout et son contraire doivent être tolérés. Ce qui est, d'une façon paradoxale, une manière de refuser de reconnaître tout ce qui est différent tout en paraissant l'accepter. Tout le monde feint d'ignorer que les différences existent.

À ce point, la tolérance extrême se confond avec son contraire.

S'accommoder de n'importe quoi... raisonnablement

L'illustration exemplaire de la rectitude politique, ce sont les accommodements raisonnables. Ces accommodements dits « raisonnables » ramènent de façon concrète la question fondamentale que posait Marcuse, dans la *Critique de la tolérance pure :* jusqu'à quel point peut-on se permettre de tolérer l'intolérance ? Autrement dit, doit-on tolérer n'importe quoi ?

Dans le contexte québécois des accommodements raisonnables, cela devient : le fait d'invoquer une particularité culturelle permet-il de justifier n'importe quel comportement ?

Par exemple, jusqu'à quel point doit-on tolérer les stratégies de grignotage utilisées par les fondamentalistes de tout poil, y compris catholiques, pour éroder la laïcité ? Pour imposer leurs symboles et leurs pratiques dans l'espace public et l'organisation sociale ? Pour priver progressivement une partie des citoyens de certains droits ?

Toutes ces justifications à base de multiculturalisme, de tolérance de l'altérité et d'accueil de l'autre ne sont-elles que des beaux mots servant à justifier l'imposition, particulièrement aux jeunes et aux femmes, jusque dans l'espace public, de contraintes culturelles déguisées en convictions religieuses ? Autrement dit, est-ce que ce n'est pas une manière de leur imposer, au nom de la tolérance et l'égalité des croyances, une conception inégalitaire et intolérante de la vie en société ?

De tout cela, tolérance et rectitude politique nous prient de ne pas trop parler. Et s'il faut absolument le faire, que ce soit en termes feutrés, qui ne condamnent rien, qui acceptent tout et son contraire. Ne pas juger est la règle. Sauf abus flagrant. Par exemple, les crimes d'honneur. Là, il est de bon ton de s'indigner. Mais sans en faire une affaire de culture. Uniquement un problème individuel... Sans doute parce que, s'il fallait juger certaines pratiques culturelles étrangères, on pourrait être amené à s'interroger sur les siennes.

L'expression «accommodements raisonnables» n'est d'ailleurs pas exempte d'ironie: qu'est-ce qui caractérise ces accommodements, sinon le fait d'accorder à des pratiques culturelles un statut privilégié qui les soustrait précisément à l'exercice critique de la raison?

Théoriquement, on pourrait soutenir que ces accommodements seraient vraiment raisonnables s'ils avaient fait l'objet d'une évaluation rationnelle. Mais, en pratique, les droits acquis des accommodés de longue date, la peur de la confrontation, l'idolâtrie du consensus et une conception euphorique du droit aux singularités culturelles font en sorte que très peu des comportements «accommodés» ont été confrontés rationnellement aux valeurs laïques de la société civile.

En terminant, on peut souligner un ultime paradoxe de ce tout sécuritaire: l'extrême discipline que prétend faire régner la rectitude politique, de même que la purification du discours public qu'elle entend mener, se conjuguent à une montée sans précédent de la violence verbale, que ce soit dans la vie quotidienne, dans les radios poubelles ou encore dans l'agression en douceur que pratiquent la publicité, les fabricants d'images et les propagandistes de tout acabit pour manipuler l'opinion.

La cohabitation de ces deux extrêmes mériterait une étude sur les rapports qu'ils entretiennent. Cette violence médiatique serait-elle le refoulé, sur le mode agressif, du débat et de la confrontation, éventuellement des désaccords, qui ont trop rarement lieu dans la réalité des discussions?

Autrement dit, la rectitude politique serait-elle simplement un fanatisme parmi d'autres — le fanatisme de la tolérance pure, pour détourner l'expression de Marcuse?

LE CONFORT ET LA DIFFÉRENCE

La recherche de la sécurité, à force de multiplier les murs et les dispositifs de protection, finit par construire une forteresse. Le problème, c'est qu'une forteresse isole autant ceux qui sont à l'intérieur que ceux qui sont à l'extérieur. Une forteresse, c'est toujours, en même temps et jusqu'à un certain point, une prison. Prison choisie peut-être, mais prison quand même.

Pour accepter de vivre dans la forteresse que devient le mode de vie occidental, pour payer le privilège d'y vivre du sacrifice d'une partie de leurs droits et de leurs libertés, les gens exigent en retour que cette forteresse-prison soit confortable. Autrement dit, que les services y soient d'un accès facile, que l'effort pour se satisfaire soit réduit au minimum et qu'on leur donne l'impression qu'ils peuvent être tout ce qu'ils ont envie d'être.

Il faut que, pour chacun, sa prison soit un royaume.

Et ce qui transforme une prison en royaume, c'est le confort. Un confort doublé de satisfactions narcissiques.

Sur ces deux plans, les exigences et les pratiques se radicalisent.

L'INDIVIDU LIBÉRÉ

Paradoxalement, l'Occidental semble demander à sa prison de le libérer. En premier lieu, le libérer de tout engagement. En deuxième lieu, le soustraire aux contraintes du monde matériel. L'Occidental se fantasme comme un pur corps de jouissance, affranchi de toute contrainte et de toute responsabilité. On n'est pas très loin du fœtus.

Le désintérêt idéologique

Au premier chef, l'individu occidental veut être libéré de ses engagements politiques. «La politique, ça ne sert à rien… Les politiciens, c'est tous des pourris!» Dès lors, pourquoi faire l'effort d'aller voter? Ou de s'intéresser à la politique? Qu'est-ce que ça changerait?

Tel semble être l'argument de fond se profilant derrière plusieurs phénomènes qui se présentent comme politiques.

C'est comme si, au projet politique, se substituaient des mouvements d'indignation ou des replis sur un certain fondamentalisme religieux.

Il est significatif qu'un grand nombre de partis européens de droite ou d'extrême droite aient le vent dans les voiles. Ils ont comme caractéristique d'être moins des partis porteurs de projets sociaux ou économiques que des regroupements animés par la volonté de «faire le ménage» en ayant recours à des leaders forts et des opérations musclées, le tout aux dépens de certains groupes minoritaires.

L'étiolement de ce qui était autrefois la gauche est également significatif de cette désaffection pour les combats idéologiques de nature politique ou syndicale. Même en France. Le Parti communiste s'y est marginalisé. Les anciens groupuscules d'extrême gauche ont disparu ou bien se sont assagis. C'est au point que le Nouveau Parti anticapitaliste (NPA), qui a pris la relève de la Ligue communiste révolutionnaire, a présenté une féministe voilée comme candidate aux élections régionales de 2010. Il est loin, le temps où la religion était censée être l'opium du peuple! Quant au Parti socialiste, il rivalise avec la droite pour occuper le centre.

Il en est de même, bien qu'il ait une inspiration idéologique différente, du mouvement qui a débuté avec Occupy Wall Street. Ces regroupements expriment moins un projet politique qu'un ras-le-bol généralisé devant les magouilles de l'élite financière et la complaisance des politiques.

Les différents printemps arabes de 2011 procédaient d'un mouvement d'indignation similaire; la cohérence de leurs projets politiques, c'est le moins qu'on puisse dire, n'était pas claire. Résultat, ce ne sont pas les partis politiques, mais les mouvements politico-religieux qui en ont profité. À titre d'exemple, il y a l'émergence d'un mouvement islamiste inspiré des Frères musulmans comme force dominante en Tunisie, l'adoption de la charia comme fondement de la loi en Lybie…

L'engagement syndical connaît une désaffection similaire. Bon nombre de travailleurs, notamment des jeunes, pensent que les syndicats ne servent à rien, que les dirigeants sont surtout intéressés à ramasser des cotisations pour protéger leurs salaires et qu'il est inutile de compter sur eux pour défendre ses droits. Et cela, c'est quand ils ne pensent pas qu'ils sont corrompus et qu'ils sont de mèche avec les politiciens et la mafia.

Au Québec, la lenteur de la réaction du gouvernement Charest aux allégations de corruption dans l'industrie de la construction et dans le financement des partis politiques n'a rien fait pour atténuer cette conviction qui est, à tort ou à raison, de plus en plus largement partagée.

La conséquence, c'est qu'on préfère agir individuellement. « Un groupe, ça finit nécessairement par un comité. C'est tout dire! »

En Occident, cette désaffection à l'endroit des « causes » apparaît généralisée. Avec l'effondrement de l'Union soviétique, c'est sur l'ensemble de la planète que les anciens partis communistes se sont marginalisés.

Quant à la Chine, la grande inspiratrice des mouvements maoïstes, elle s'est convertie à l'économie de marché et au triomphe du capitalisme d'État.

La responsabilité sans implication

On n'a pourtant pas perdu toute sensibilité : le malheur émeut encore. Mais il n'est pas question de s'emprisonner dans un engagement. À moins d'être jeune et de vouloir faire une expérience... ou garnir son CV avec des traces d'engagement parce que ça aide à être admis dans certaines facultés universitaires contingentées.

Les seuls engagements qui ont encore la cote sont ceux en faveur de l'environnement et contre la mondialisation. Ils ont tous les deux comme caractéristique d'être peu institutionnalisés et de reposer davantage sur un engagement individuel, que chacun peut moduler à son goût, souvent de façon ponctuelle. Les regroupements et les manifestations prennent la forme de *happenings* festifs où chaque participant est libre de s'impliquer à sa guise.

Ce sont des engagements qui exigent peu, auxquels chacun peut souscrire comme il veut, comme pour les téléthons et les causes humanitaires.

La solidarité, oui. On est d'accord. Mais quand ça adonne. Et d'une manière conviviale. Un dîner-bénéfice avec homard à volonté ? Une collecte de la guignolée qui permet de rencontrer des vedettes ? Des places de choix à un spectacle de solidarité ? Oui, bien sûr.

Un prélèvement d'un dollar par mois sur son salaire pour qu'on ne s'aperçoive de rien ? Ça va encore... La signature d'une pétition ? À la rigueur.

Sur le plan politique, on assiste à un phénomène semblable. On veut bien de la démocratie. On estime même y avoir droit. Comme pour les congés payés, Internet haute vitesse et les épiceries ouvertes 24 heures sur 24. Mais il n'est pas question de se faire imposer des exigences.

Voter tous les quatre ans, ça peut encore aller… si on n'a pas autre chose de plus urgent ce jour-là. Mais voter à toutes sortes de paliers, pour des gens qu'on ne connaît pas et qui, de toute façon, ne pensent jamais exactement comme nous? Se taper toutes sortes d'informations ennuyeuses, qui souvent se contredisent, sur des programmes que les partis n'appliqueront peut-être même pas? En tout cas, pas complètement… Endurer de longues et frustrantes discussions avec des gens qui ne pensent pas comme soi? Ou pire, s'engager dans un parti pour militer?… Il y a tout de même des limites à ce qu'on peut demander à quelqu'un. La démocratie, c'est un droit. Un service. Pas une corvée!

Une religion sans exigences

Longtemps, et un peu partout sur la planète, la religion a été perçue comme le moyen d'entrer en contact avec ce qui dépasse l'être humain. Quelque chose qu'on ne pouvait pas se représenter et que plusieurs appelaient Dieu.

Maintenant, ce Dieu est plutôt perçu comme le responsable en chef du service après-vente. On nous a mis dans l'univers, à lui de faire en sorte que ça soit agréable. Pour paraphraser en l'inversant la célèbre phrase de Kennedy: on ne veut pas savoir ce qu'on peut faire pour Lui, on veut savoir ce que Lui peut faire pour nous.

Au premier chef, on désire qu'Il calme notre angoisse en nous promettant qu'on ne meurt pas pour vrai, qu'il y a quelque chose après la mort. Voilà à peu près à quoi se réduit désormais le catholicisme pour une grande partie des Québécois. Une sorte d'assurance-vie… à perpétuité. La prime à payer est modeste: être baptisé, fréquenter occasionnellement l'église (encore que ce ne soit plus vraiment nécessaire) et procéder à une mise à jour des comptes en fin de vie. Et même cette ultime étape n'est plus indispensable: il suffit d'être sincère et d'espérer sincèrement être sauvé… Quel mourant ne l'espère pas?

Avec le bouddhisme, le même genre d'accommodement raisonnable a eu lieu. Aux Occidentaux terrorisés par l'idée de leur disparition éventuelle, le bouddhisme offre la promesse de la réincarnation. L'ironie, c'est que la réincarnation est normalement considérée, dans le bouddhisme, comme une sorte de malédiction, comme une calamité à laquelle il faut tenter d'échapper. Le contraire d'un vœu et d'une promesse — ce qui est d'ailleurs logique dans une pensée où le moi, la préoccupation du moi, l'attachement au moi sont présentés comme la source de tous les maux.

Autre produit offert par le bouddhisme: l'explication du mal. Il faut dire que l'explication chrétienne — la souffrance est une bonne chose parce qu'elle permet de dompter son égoïsme et de devenir meilleur — n'a plus tellement la cote. Le bouddhisme, lui, propose le karma: le mal s'explique par nos actions dans une vie antérieure. Si on mène une bonne vie — sans qu'il soit nécessaire de glorifier la souffrance —, on va être récompensé dans la suivante. Donc, moins d'investissement pour une promesse équivalente. Autrement dit, une bonne affaire.

Troisième produit offert par le bouddhisme: des techniques de vie intérieure. Méditation, yoga, mantras, koans…

Ici encore, le bouddhisme a été accommodé à la sauce occidentale. À l'origine, ces techniques avaient pour but de permettre à la personne de se libérer de l'obsession du moi. Elles sont maintenant mises en marché et vendues comme des outils de développement personnel, formulation ambiguë qui permet de suggérer le développement du moi. En attendant *Devenez un maître zen en dix leçons faciles,* on peut se rabattre sur *Zen! La méditation pour les nuls.*

On est loin de la vie de sacrifices que demandait le catholicisme, loin de la vie de méditation et de renoncement au moi que proposait le bouddhisme. Ces exigences sont remplacées par quelques formalités, de belles histoires inspirantes, des trucs faciles et des produits qu'on peut acheter.

Ce qui nous amène à Raël. Et aux sectes.

Ce que proposent les raéliens, c'est un amalgame d'utopie scientifique, de liturgie religieuse et de sexualité libérée, le tout emballé dans la forme la plus moderne du merveilleux : les extraterrestres. Avec Raël, on vous offre à la fois la promesse du paradis (extraterrestre) et le culte du plaisir sur terre en attendant. Moyennant contributions financières, bien sûr. Et travail au service de la cause, donc du Maître.

Cet amalgame de science, de religion et de visiteurs galactiques est également le fonds de commerce de l'Église de scientologie, d'ailleurs fondée par un auteur de romans de science-fiction.

Il n'est pas du tout étonnant de voir prospérer les sectes — lesquelles ont d'ailleurs pour dénominateur commun de refuser l'appellation de secte.

Comme dans les religions, les sectes vendent de l'assurance. Mais d'une manière plus radicale : non seulement elles vous soulagent de la tâche de trouver un sens à votre vie (pour alléger le fardeau de la peur de la mort), mais elles vous offrent une vie clé en main. Vous n'avez plus à penser. Tout est prévu. Dans les moindres détails. Et si ça ne l'est pas, il y aura toujours quelqu'un pour décider quoi faire à votre place. Vous ne connaîtrez plus jamais l'angoisse du choix…

Évidemment, toute bonne chose a un prix. Et comme le service offert par les sectes est plus global, le prix à payer est plus élevé que dans les religions traditionnelles accommodées à la sauce moderne — le prix financier, mais aussi le prix humain, qui inclut le sacrifice de sa liberté… Mais si le bonheur est à ce prix, est-ce que cela vaut vraiment la peine de rechigner ?

LE MOI EN MAJESTÉ

Libéré d'à peu près tout engagement politique et idéologique, adepte d'une solidarité sans contraintes, soulagé de ses angoisses par une religion qui n'exige pratiquement rien en retour, l'Occidental peut se consacrer à son obsession dominante : lui-même.

L'atome social triomphant

Symptomatiques de cette préoccupation dominante, de nombreuses productions culturelles ciblent clairement ce narcissisme. La télé présente *Tout sur moi*. Un magazine s'intitule *Moi et compagnie*. Une pub affiche : *Moi, ce héros…* Il y a aussi toutes ces émissions dont le nom de l'animateur sert de titre : *Denis Lévesque, Maisonneuve à l'écoute, Arcand… Bouchard en parle…*

À la fin de l'année 2009, *Le Soleil* affichait à la une son bilan de la décennie : *Les années «Je, me, moi»*. En page 3, un article titrait *L'ère de l'ego.com*, reprenant le titre gagnant du concours organisé par l'émission *Indicatif présent*, en 2004, pour nommer l'année[111]. Du côté américain, la chanteuse Ashlee Simpson a vendu plus d'un million d'exemplaires de *I Am Me*.

Il ne s'agit là que d'indices, mais ils sont nombreux. Comme le sont tous les cours, tous les livres, toutes les méthodes pour développer telle ou telle partie de soi : des

111. Valérie Gaudreau, «L'ère de l'ego.com», *Le Soleil*, 26 décembre 2009. http://www.cyberpresse.ca/le-soleil/dossiers/retour-sur-la-decennie/200912/25/01-934138-lere-de-legocom.php (consulté le 28 novembre 2011)

abdominaux en béton aux cuisses sculptées, en passant par une mémoire prodigieuse, une taille de guêpe, un teint satiné, un visage rayonnant et des intestins qui sont des modèles de régularité.

C'est comme si le XXᵉ siècle occidental avait été animé par une dynamique globale de fragmentation à la fois sociale, économique et idéologique. Comme si la société s'était émiettée en un poudroiement d'individus. Comme si on était parvenu à produire ces atomes sociaux, calculateurs rationnels de leurs intérêts et exploiteurs méthodiques de leur capital individuel, si chers aux thuriféraires du marché généralisé.

De l'individu solidaire, incarné dans une société, qui pense sa vie comme une trajectoire entre des origines qui le définissent et un projet qui donne un sens à son action, on serait passé à un atome social coupé de ses appartenances, enfermé dans le présent, soucieux avant tout de sécurité, de confort et d'afficher son individualité.

Du confort et de la personnalité

Une fois l'individu libéré de ses obligations sociales et de ses angoisses, il lui reste à éliminer les contraintes matérielles.

Ne manquer de rien. En avoir toujours plus. Disposer de réserves, au cas où… Bref : échapper au manque et à la peur du manque. Pour quiconque veut se libérer des besoins matériels, c'est la base. Ça et la possibilité d'échapper à la violence et à l'arbitraire des autres.

Bien sûr, personne ne s'entend tout à fait sur la définition des besoins, une fois franchi le cap de ce qui est nécessaire à la survie (nourriture, abri, soins et médicaments, affranchissement de la violence). Ni même sur ce qui constitue le nécessaire. Ce qui appartient aux besoins pour les uns peut relever du luxe — ou même du pur caprice — pour les autres.

Mais, en dépit des multiples formes de violence qui persistent dans la société occidentale, pour une grande partie des gens, cette survie matérielle est assurée. Débute alors ce qu'on pourrait appeler la quête du confort — autrement dit, de tout ce qui élimine les contraintes et facilite la libre satisfaction des désirs.

Par exemple, pourquoi endurer le bruit des cloches d'église? C'est simplement de la pollution sonore. On exige donc qu'elles soient éliminées. Au besoin, on portera plainte pour « nuisance sonore »... Une telle pratique implique que tout son est coupé de la signification qu'il peut avoir et réduit à du bruit. Une étape de plus et nous avons les gens qui font enlever les cordes vocales de leur chat ou de leur chien pour qu'il soit plus *user-friendly*.

Le remodelage des animaux (dégriffage, castration, ablation des ovaires, taille de la queue et des oreilles...) procède du même souci de confort : un animal doit donner des satisfactions narcissiques, mais sans gêner.

Cette chasse au confort s'amplifie à mesure que les menaces de violence ordinaire s'accentuent et que l'obsession sécuritaire s'intensifie. C'est même devenu un des principaux moteurs de l'économie : mettre en marché des produits toujours plus performants, toujours plus faciles à utiliser, et qui permettent aux consommateurs de s'individualiser, de développer leur « image ».

La relance continue de la consommation, par laquelle se définit le capitalisme, carbure au confort et à la personnalisation.

Le tout facile

Un grand nombre de produits ont aujourd'hui pour caractéristique de simplifier la vie aux utilisateurs. De leur épargner des efforts.

D'une certaine manière, c'est ce que les outils ont toujours fait. Et c'est heureux. Mais notre époque est caractérisée par la multiplication de ces outils. Et, surtout, par l'importance du « facile » et du « sans effort » comme argument de vente. Au point de laisser croire qu'« aucun » effort n'est jamais nécessaire. Ou, à la rigueur, qu'il sera minimal. Sans aucune considération pour les exigences de la réalité — par exemple, celles de la biologie ou du développement intellectuel.

Maigrir sans effort ? C'est possible. Des appareils font travailler vos muscles sans le moindre effort de votre part. Des combinaisons spéciales promettent de faire maigrir sans avoir rien d'autre à faire que les porter.

Toujours au rayon de l'amaigrissement, des régimes proposent de faire perdre du poids tout en continuant à manger autant qu'on veut. Et pour les estomacs capricieux, ou simplement délicats, il y a des pilules qui permettent de continuer à manger de manière excessive sans le moindre brûlement d'estomac, sans le plus petit reflux gastrique.

Dans le domaine de l'apprentissage, il y a maintenant *N'importe quoi… pour les nuls*. Cela va de la méditation au golf, en passant par Windows, le jardinage, la géopolitique, le néerlandais, la grossesse, le tarot divinatoire, la comptabilité, le tricot et l'Alzheimer. Collectivement, ces livres dessinent les contours d'une encyclopédie qui pourrait s'intituler : *Tout pour les nuls*. Une manière comme une autre de définir un projet de civilisation…

Dans les revues, les rubriques du type « Dix trucs pour… n'importe quoi » se multiplient. Tous comme les « N'importe quoi… en dix étapes faciles ». On propose indifféremment de contrôler ses rêves ou son cholestérol, d'acquérir une image de soi positive, de rendre son amoureux fou de désir, de maigrir, de développer son quotient intellectuel ou sa vie spirituelle, d'apprendre à faire des bonzaïs…

S'il est un type de livre qui caractérise bien notre époque, c'est le mode d'emploi : du livre de recettes au manuel d'informatique en passant par l'entraînement à la pensée ésotérique, le cours de portugais et le manuel scolaire, les tablettes croulent sous les livres qui promettent un apprentissage simple, facile et sans douleur de tout ce qu'on peut imaginer. Sous une forme condensée, ça donne des articles de revue du type : « Les dix choses qu'il faut savoir de... »

Du point de vue de la simplification de la vie, les marques commerciales sont également une bénédiction. Qu'il s'agisse de vêtements, d'objets d'utilité courante, de biens de luxe ou même de voitures, elles permettent aux gens de s'y reconnaître facilement. Et d'acquérir, sans trop se casser la tête, l'image qu'ils désirent.

Certaines méthodes, bien qu'ayant l'attrait de la simplicité, sont plus radicales. Vous voulez maigrir vite et sans effort ? On vous fait une liposuccion et on vous broche l'estomac. Avec, en prime, une chirurgie plastique pour éliminer les surplus de peau. Vous allez retrouver instantanément votre taille de 20 ans... Évidemment, il vous faut aussi un lifting. Il y a également votre garde-robe, vos chaussures... Une visite chez l'esthéticienne ne serait pas un luxe. Revoir votre palette de couleurs non plus... Avez-vous déjà songé à un cours de maintien ? de pause de la voix ? de baladi pour assouplir votre démarche ?

Le tout... tout de suite

Que les choses soient simples à utiliser, que les apprentissages soient faciles, c'est bien. Mais il y a une autre source majeure de frustration : l'attente. Comme le disait un jour candidement un étudiant, porte-parole en cela de toute une dynamique sociale : « On n'a pas juste ça à faire, d'attendre d'avoir tout ce qu'on veut. La vie, c'est tout de suite. »

Aussi, on voit se développer toute une gamme de produits prêts à être utilisés. Suffit de les déballer.

La multiplication des restaurants, et plus encore celle des *fast food*, où il est anormal d'attendre, est liée à cet engouement pour le «tout… tout de suite». Les entreprises d'alimentation multiplient les repas cuisinés qu'il suffit de réchauffer. Les magasins d'alimentation eux-mêmes renchérissent en offrant leur propre répertoire de plats cuisinés sur place. Dans plusieurs villes, un grand nombre de restaurants offrent un service parallèle de «prêt à emporter».

Un des empêchements majeurs pour obtenir sans délai ce qu'on désire, ce sont les heures d'ouverture. La solution est simple : on ouvre en soirée, on ouvre le dimanche, on ouvre les jours fériés… Là où l'achalandage le justifie, on ouvre 24 heures sur 24.

Cela fonctionne à merveille pour certains produits : la pizza, le Coke, les chips et les cigarettes. Par contre, si vous avez besoin d'une opération à la hanche, vous risquez de devoir attendre plusieurs mois. Sauf si vous avez les moyens de vous payer une visite dans une clinique privée américaine.

Nulle part, le côté intolérable de l'attente n'est aussi manifeste que dans le domaine des soins de santé. Parce que, souvent, c'est une question de vie ou de mort. Par exemple, si vous avez besoin de poumon, de rein ou d'un cœur… On voit alors se développer une offre de services du genre : «Voyage et transplantation d'organes clé en main». On imagine la pub : «Ne mourez plus sur les listes d'attente. Payez-vous les vacances de votre vie — au sens littéral ! Vous en avez les moyens. Pour à peine 100 000 dollars…»

Le tout à domicile

Le tout à domicile constitue un complément naturel au tout facile et au tout tout de suite. On ne veut pas attendre, mais on ne veut pas faire l'effort de se déplacer pour l'obtenir. Solution : faire venir les choses à soi.

Désormais, le *fast food* peut être livré à domicile. Le *fast delivery* prolonge le *fast food*. C'est parfois même assorti de clauses garantissant la gratuité si le délai de livraison dépasse une certaine limite.

Mais il n'y a pas que le *fast food*. On peut désormais accéder à presque n'importe quoi par téléphone. Ou mieux, par Internet. Les ventes en ligne sont en hausse. Les sites d'enchères voient leur volume de transactions progresser de façon constante.

Même les transactions bancaires peuvent se faire à domicile. Et si on met le doigt dans cet engrenage, ce sont rapidement les factures qui arrivent par Internet. C'est le summum du service : personnalisé, à domicile et sans délai. C'est tellement écologique de faire économiser des frais de courrier aux entreprises et aux institutions financières ! Aucun papier à recycler, uniquement des infrastructures Internet de plus en plus voraces en énergie !

La pilule pour tout

Une autre forme que prend le besoin de simplifier son rapport avec le monde extérieur, c'est la pilule. Ou le comprimé.

Il y en a désormais pour une foule de choses. Bien sûr, il y a les classiques : antidouleur, substitut pour des carences résultant d'un défaut génétique ou de maladies (thyroïdine, insuline…), produits pour soulager les symptômes du rhume ou de la grippe, antibiotiques… Mais il y a aussi tout le reste.

Vous mangez mal ? Pas de problème, il y a des vitamines et des suppléments alimentaires. Vous menez une vie trop stressante et votre sommeil en souffre ? Pas de problème, il y a des somnifères… et des *wake-ups* pour vous aider à vous lever le lendemain matin.

Vous êtes angoissé ? Il existe toute une panoplie d'anxiolytiques. Vous persistez à manger mal et votre estomac proteste? Des comprimés vont faire baisser votre taux d'acidité; vous allez pouvoir continuer à manger trop gras et trop épicé en toute impunité.

Votre enfant est agité? Il a de la difficulté à se concentrer parce qu'on le force à vivre dans un environnement inapproprié à son âge? Pour ça aussi, il y a des pilules. Et il y a des pilules pour contrer les effets secondaires de ces pilules. Il y a des pilules pour tout.

L'aventure en milieu protégé

Évidemment, la vie en cocon, même si ce cocon a la dimension d'un quartier ou d'un réseau de lieux protégés, cela peut générer un certain ennui, le sentiment qu'il manque quelque chose à la vie pour qu'elle soit vivante.

Vient un moment où le consommateur, sécurisé — et précisément parce qu'il est sécurisé —, a besoin de dépaysement. Il a besoin du *thrill* de l'inattendu, du non-programmé, du possible inconfort. Mais pas au point de s'exposer de façon indue et incontrôlée à cet éventuel inconfort ou, a fortiori, au danger.

Pour les plus timorés, il y a alors le Club Med. Autrement dit, la régression à l'enfance. La colonie de vacances pour adultes. Le dépaysement anodin et folklorique dans une atmosphère d'irresponsabilité.

La version « homme d'affaires » du Club Med — version plus chic, plus sérieuse —, ce sont le Hilton et les hôtels similaires. Être ailleurs comme chez soi. Partout sur la planète. Une île de prévisibilité au milieu d'un univers étranger.

Pour les plus aventureux, il y a le bien nommé Club Aventure: le dépaysement et un certain inconfort, mais avec un encadrement qui neutralise les pires risques.

Il existe également une version *hard* de ce tourisme sous protection: les voyages de tourisme sexuel, en

Thaïlande ou ailleurs, apparentés au tourisme médical (greffe d'organes) et au tourisme d'adoption.

Dans tous ces exemples, ce qui se manifeste, c'est un étrange et double retour du refoulé.

D'une part, il y a le besoin de retrouver, sous forme de jeu et d'évasion, l'effort, l'exposition au danger et la lutte pour l'existence — que l'obsession sécuritaire et la poursuite du confort ont éliminés en grande partie de la vie des Occidentaux. Tout comme la campagne ne peut exister que pour des citadins, l'exotisme de l'aventure n'est compréhensible que pour des urbains hypersécures et profitant d'un bon niveau de confort.

La deuxième forme de retour du refoulé, plus globale celle-là, tient au fait que la violence et l'insécurité, dans leurs formes les plus brutales, n'ont pas été vraiment éliminées : elles ont simplement été refoulées dans certaines zones de la planète.

Tout ce confort, toute cette satisfaction de besoins, cela ne pourrait pas exister sans l'externalisation de la violence qui les rend possibles, qu'il s'agisse des ateliers de misère, des dépotoirs de pollution ou de l'exploitation directe des individus du tiers-monde (organes, enfants, services sexuels).

La conscience diffuse de ce refoulement explique sans doute en partie la fascination qu'exercent ces endroits sur les Occidentaux sécurisés et menant une existence confortable.

On pourrait même y voir une troisième forme de retour du refoulé : la dimension sociale.

On pourrait penser que cette obsession pour le développement personnel est un effet de l'échec de l'idéologie du progrès sur le plan collectif : faute de pouvoir agir sur la société, l'individu se rabat sur lui-même.

À l'inverse, d'autres pourraient prétendre que c'est l'obsession du moi, avec la quête d'intensité qu'elle suscite, qui détourne de l'engagement collectif.

En fait, il apparaît probable que les deux phénomènes se renforcent mutuellement, comme dans toute forme d'emballement à base de rétroaction positive.

III

Aveuglement et frénésie

Qu'on se laisse fasciner par le spectacle de l'extrême, qu'on examine les médias qui le véhiculent ou qu'on s'attarde aux besoins paradoxaux et à l'extrémisme *soft* du consommateur/citoyen occidental, on en arrive à la même conclusion. L'extrême apparaît désirable. L'extrême se vend. L'extrême est recherché avec frénésie.

D'où vient une telle frénésie? Pourquoi donc un tel culte de l'excès? Qu'est-ce qui peut bien motiver cette propension à l'extrême sous toutes ses formes?

Comment expliquer l'enthousiasme avec lequel une grande partie des Occidentaux acceptent de se laisser enfermer dans cette quête?

L'ENFERMEMENT DANS L'ICI-MAINTENANT

Chez les organismes vivants, il arrive qu'une hypertrophie soit une réponse adaptative. Une réponse qui vise à compenser une atrophie.

Y aurait-il, dans le mode de vie occidental, quelque chose qui se serait atrophié au point de susciter (d'exiger) ce type de compensation?

Une telle question permet de réexaminer dans une nouvelle perspective l'ensemble des manifestations de montée aux extrêmes déjà relevées. Il ne s'agit plus tant de les repérer et de les décrire, bref d'en faire la recension, que de les examiner sous l'angle du sentiment de manque qui motive cette montée aux extrêmes, de la recherche d'intensité compensatoire que suscite ce manque ainsi que des logiques sociales induites par cette quête d'intensité.

Pour explorer cet univers d'intensité compensatoire que l'on souhaite comme individu, que l'on désire comme consommateur et qu'on avalise comme citoyen, on peut commencer par citer un personnage connu, mais pas nécessairement pour ses vues philosophiques : l'ancien premier ministre du Canada, Jean Chrétien.

Et pourtant, c'est lui qui a inventé la formule décisive. Un mélange de raccourci poétique et de slogan publicitaire : « À ce moment-ici… »

Rapidement stigmatisée comme une faute de français un peu lourde, cet intrigant télescopage spatio-temporel exprime au contraire une intuition stupéfiante. Ce qui trouve à se dire dans cette formule — de façon cryptique et ultracondensée —, c'est la vérité profonde de notre époque : l'enfermement dans l'ici-maintenant.

L'apparent lapsus de notre ancien premier ministre évoque en effet ce constat capital : de plus en plus, nous sommes voués à vivre dans un monde en proie à l'enfermement dans le *hic et nunc*.

Être enfermé dans l'ici-maintenant : quelle expression pourrait mieux traduire cette triple disparition — du temps, de l'espace et de la représentation — qui caractérise la société post (péri, méta, para) moderne ?

Avec ces disparitions, c'est le monde comme « monde » qui s'efface. C'est dans ce contexte — ou plutôt dans cette disparition progressive de tous les contextes — que peuvent être interprétés les différents phénomènes de montée aux extrêmes.

En termes plus prosaïques, cela signifie que le cours du temps se ratatine autour de l'instant ; que l'espace s'émiette en une série de voisinages sans liens ; que la capacité de se représenter le monde et sa situation dans l'univers s'évanouit.

Effritement de l'ancrage historique, dissolution des liens d'appartenance, émiettement des savoirs et effondrement des cadres de référence idéologiques... telles seraient donc les principales formes que prend l'effacement des perspectives globales grâce auxquelles les êtres humains avaient l'habitude de se représenter leur monde, d'y inscrire leur existence et de lui donner un sens.

LA DISPARITION DU MONDE

L'EFFRITEMENT DE L'ANCRAGE HISTORIQUE

L'effritement de l'ancrage historique constitue peut-être la forme la plus visible de cet évanouissement du « monde » comme univers cohérent susceptible d'être habité de façon signifiante. Il se manifeste sous la double forme de l'atrophie de l'avenir (l'empire de l'actuel) et du rabougrissement du passé (le culte du nouveau). Il est renforcé par l'effacement du contexte global, lequel se manifeste entre autres par la tyrannie du local.

Le culte du nouveau : la perte du passé

Le passé, c'est hier. À la rigueur, avant-hier. Avant, c'est le Moyen Âge. La préhistoire. L'époque du Christ, des dinosaures et de la vie avant la télé couleur.

Le passé se contracte. Tout ce qui a plus de quelques semaines tombe dans une espèce de trou noir où se mêlent indistinctement l'avant-dernière mode, les civilisations disparues, le Big Bang et, pour les plus jeunes, les cours qu'ils ont suivis la session précédente.

Partout, le culte du nouveau vient discréditer le passé. Jamais la vie publique n'a autant carburé au sang neuf. N'a de valeur que ce qui vient d'apparaître. Nouveauté et valeur sont devenues synonymes. C'est neuf, donc c'est bon. Et pas seulement bon : c'est meilleur.

Nouvelle star, nouvel artiste qui monte, nouvelle tête d'affiche, nouvelle série télé qui fait reculer les frontières de… — peu importe de quelles frontières il s'agit, pourvu qu'elles reculent, que de nouvelles avancées se produisent.

Des émissions comme *American Idol* ou *Star Académie* vont même jusqu'à nous présenter la nouveauté de demain. Les futures vedettes. Un *making of* en temps réel de la nouveauté.

L'équivalent politique de *Star Académie*, ce serait l'émission de téléréalité qu'a constituée le *making of* très médiatisé du parti de François Legault, avec ses rumeurs, ses annonces, ses rebondissements…

Que ce soit pour prendre le pouvoir, pour le garder ou simplement pour survivre, les partis politiques confient leur sort à de nouvelles têtes d'affiche. Lesquelles proposent de nouveaux programmes. S'acharnent à donner une image nouvelle de leur formation. Même les partis qui se disent conservateurs — et peut-être eux plus que d'autres — sacrifient au culte du renouvellement des têtes d'affiche, des slogans et, accessoirement, des programmes.

On peut aussi observer une certaine forme de montée aux extrêmes dans la simplification des slogans et l'épuisement des programmes politiques, dans la pratique montante de l'agression verbale ainsi que dans le lynchage publicitaire, pudiquement dénommé «publicité négative».

L'histoire des idées n'échappe pas à cette fureur de renouvellement. Qui, aujourd'hui, annoncerait fièrement soutenir de «vieilles» idées? Au mieux, il passera pour un doux nostalgique. Au pire, pour un réactionnaire. Ou même pour un fondamentaliste. Les idées ont désormais une date de péremption. Avis aux défenseurs de la liberté et de la démocratie, ces vieilleries qui ont été produites il y a des siècles!

L'école a emboîté le pas, passant d'une réforme à la suivante au gré des changements de ministre, tous soucieux de renouveler leur image en proposant une réforme scolaire. Puis une réforme de la réforme précédente. Au point où les écoles sont devenues de véritables «écoles de réformes», comme on disait autrefois.

Le monde de l'édition n'est pas en reste, qui vit au rythme du «vient de paraître». Sauf exception, l'espérance de vie en tablette d'un nouveau livre, dans une librairie parisienne, est de quelques semaines… s'il se rend sur les tablettes. Que voulez-vous, il y a tellement de nouveautés… Et quand un auteur publie plus d'un livre, on parle du «nouveau» Untel. Et l'éditeur compte sur l'effet d'entraînement de ce «nouveau» pour faire vendre les «anciens». Que l'on présente dans une nouvelle édition. Avec une nouvelle couverture. Dans un nouveau format.

Même les études historiques, pourtant centrées par définition sur le passé, proposent de nouvelles lectures, par de nouvelles écoles de pensée — pas toujours si nouvelles que ça —, qui se définissent par réaction à la nouvelle école de la veille.

Dans la vie privée, l'individu consommateur sacrifie à la même frénésie de renouvellement : ce sera le nouveau régime santé, le nouveau jeu vidéo, le nouvel ordinateur, le nouvel aliment miracle, le nouvel iPad, le nouveau style de vêtements, la nouvelle auto, la nouvelle console de jeux, la nouvelle destination de vacances à la mode…

Les enfants s'adaptent au nouveau quartier, aux nouveaux amis… au nouveau chum de leur mère, à la nouvelle femme de leur père… ou encore au changement d'orientation sexuelle ou de sexe de l'un ou de l'autre.

Hier est de l'histoire ancienne. Et qui dit ancien, dit vieux, ringard, dépassé, au bout du rouleau. Donc à ignorer. N'a-t-on pas vu Bush le Deuxième parler de la vieille Europe pour discréditer les pays européens qui s'opposaient à sa politique au Moyen-Orient ?

Ce qu'on appelle le «jeunisme» n'est au fond qu'une application de cette nouvelle axiologie : nouveau = bien ;

vieux = mal. Ou, si on veut rester poli et ménager les susceptibilités : nouveau = meilleur ; vieux = moins bien.

Dans une forme plus militante, on dira que la vieille génération (paradoxalement nommée *baby-boomers*) doit laisser la place aux nouvelles générations alphanumériques (X, Y…). Autrement dit, les anciens « *nouveaux* » (les bébés du boom) doivent laisser la place aux nouveaux « *nouveaux* » (les bébés du ressac). Le jeune est *in* et le vieux est *out*. Donc, prière de nettoyer la place. Comme le disait la pub : « Tasse-toé mononc' ! » On n'arrête pas le progrès !

L'empire de l'actuel et le *in* : la perte de l'avenir

Alors que le culte du nouveau signe la liquidation du passé, le règne du *in* traduit un dépérissement de l'avenir au profit de l'actuel.

Le *in* est ce qui est à la mode, ce qui est « tendance ». Or ce qui est à la mode, par définition, n'a pas d'avenir. La mode se renouvelle sans arrêt, laissant derrière elle toute une série de *in* dépassés, vieillis, qui ont pour principal défaut d'avoir été *in* hier. D'autre part, elle condamne par avance tout futur *in* à ne pas avoir d'avenir. La désuétude accélérée est inhérente au fait d'être *in*. Le même raccourcissement des horizons qui minait la mémoire du passé gangrène par avance l'imagination du futur. Le *in* est par nature en instance de disparition.

Bien sûr, la mode n'est pas un phénomène nouveau. Descartes en parlait déjà dans le *Discours de la méthode*. Mais quand il voulait faire saisir à quel point la mode est changeante, il évoquait des périodes de 10 ans. Aujourd'hui, on pourrait remplacer les années par des semaines. Ou même des jours… En anglais, pour caractériser les phénomènes de mode, n'utilise-t-on pas l'expression *flavor of the day* ?

On n'est sans doute pas loin du moment où il faudra consulter les infos au saut du lit pour savoir ce qu'est la mode de la journée!

Une autre figure de cet enfermement dans l'instant par «l'aplatissement» du passé et du futur, c'est l'actuel. Au point qu'on parle maintenant des «actualités» pour désigner les informations. Seul l'actuel, préférablement le *scoop* (mélange d'actuel et de nouveau) est digne de faire les manchettes. Si le sujet date de quelques jours et risque de paraître ancien, on lui insuffle un supplément d'actualité en l'envisageant sous un jour nouveau, en renouvelant l'angle sous lequel on le présente. À la limite, l'angle est plus important que le sujet, car il est plus susceptible de renouvellement.

Dans la vie quotidienne, ce culte de l'actuel se manifeste aussi par l'éthique (!) de la satisfaction immédiate.

Exit le modèle chrétien pour lequel la souffrance présente sert à mériter une gratification future! Complètement *out*! Désormais, la satisfaction est recherchée dans le présent. Si c'est impossible, on se rabat à contrecœur sur l'avenir à court terme — le plus court possible. On n'a pas que ça à faire, attendre d'avoir ce qu'on désire! Comme le dit le slogan de la méga-entreprise Hudsucker Industry, dans un film des frères Coen: «L'avenir, c'est maintenant[1].»

Parfois, l'avenir s'étire jusqu'au prochain week-end, aux prochaines vacances. Le reste est un horizon indistinct dans lequel chacun situe la poursuite théorique de son existence, ce qui lui permet d'éluder, au moins pour un temps, le sentiment de sa propre mortalité.

Transposée dans l'univers technique, cette recherche de la satisfaction immédiate devient le culte de l'efficacité à court terme, avec une économie de moyens. On peut

---

1. Joel et Ethan Coen, *The Hudsucker Proxy*, 1994.

voir cette attitude proliférer dans l'éducation, où les étudiants et les fonctionnaires du ministère, dans une belle unanimité, évaluent le moindre élément de connaissance selon son utilité, si possible à court terme... Est-ce que ça sert à quelque chose? À quelque chose de mesurable? De réductible à des indicateurs quantitatifs? Est-ce que cela améliore la maîtrise de compétences particulières? Est-ce que cela va permettre de gagner un meilleur salaire?

À cette volonté de ne pas différer la satisfaction, on peut également lier la montée de l'interactivité dans l'échelle des valeurs. En témoigne la mode des sondages en direct sur Internet. En témoigne également la multitude de tribunes radiophoniques et télévisées, où les auditeurs sont appelés à réagir en direct ou à assister en direct... à des réactions en direct!

La mode de l'interactivité en direct s'est même transportée dans les conférences, où le public peut voter sur les questions que lui soumet le conférencier et observer le résultat au bout de quelques secondes, pour peu qu'il dispose du gadget approprié (un croisement de télécommande et du pouce du citoyen romain au cirque, appelé à exercer son droit de vie ou de mort).

La pratique des sondages en ligne, qui est maintenant reprise par une foule d'émissions télé — avec leurs multiples questions du jour, avec leur évaluation instantanée de tel homme public, avec leurs consultations-éclair sur telle ou telle décision —, offre la double satisfaction de l'interactivité (pour les participants) et du portrait en temps réel de l'opinion publique (pour les spectateurs).

L'émission *Le verdict* est un bon exemple de ce type d'émission, où le vote du public est implicitement associé à l'expression de la vérité, sans qu'aucune question ne soit jamais posée sur la représentativité ou la compétence des votants à énoncer cette vérité.

« Ce n'est qu'un jeu », protesteront certains. « Ce n'est que du divertissement. »

Bien sûr. Mais ce n'est pas parce que l'entraînement à percevoir l'expression de la majorité comme la vérité n'est pas voulu consciemment, ou qu'il n'est même pas perçu, qu'il n'est pas réel.

Ces sondages ont aussi pour avantage d'offrir à bon compte une impression de cohérence sociale, puisqu'ils créent une illusion de collectif en additionnant de l'émietté. Ils créent un ersatz d'opinion publique en accumulant des points de vue individuels sur des sujets eux-mêmes réduits à une prise de position sur un énoncé simple (souvent simpliste), en termes de oui ou de non.

Pire, la réponse en temps réel est elle-même devenue pour plusieurs un critère de vérité. Si un homme politique ne donne pas une réponse immédiate à une question, s'il garde le silence pendant 10 ou 15 secondes pour réfléchir avant de répondre, il passera au mieux pour incompétent, plus probablement pour fourbe et dissimulateur.

Toute insertion d'un délai entre une question et une réponse est désormais signe d'incompétence ou de malhonnêteté, tant est devenue prégnante l'idée que l'immédiateté de la réponse est garante de sa valeur ; la sincérité, un gage de vérité.

Ne pas réagir instantanément peut être mortel. Qu'on pense au maire Gérald Tremblay, qui s'était figé devant une question, et à la caricature que Serge Chapleau avait alors faite de lui, en chevreuil aveuglé par les phares d'une auto.

Quand l'atrophie du passé et de l'avenir se redouble de l'exaltation du présent, se situer dans le temps, y situer une expérience, devient de plus en plus difficile.

Habiter le présent/se noyer dans l'instant

On peut objecter que de centrer sa conscience sur l'instant présent n'est pas une mauvaise chose. L'immersion dans le présent n'est-elle pas une des règles prescrites dans de nombreuses thérapies? Par exemple, celles visant à guérir diverses dépendances (alcool, drogue…)? N'est-elle pas associée à ce qu'on pourrait appeler, en simplifiant, la sagesse orientale?

Alors, quel est le problème? Pourquoi critiquer cette focalisation de la conscience individuelle sur l'instant présent?

Pour répondre à cette question, il faut distinguer entre la présence et l'instant.

La présence à soi n'est pas une dimension temporelle, c'est une forme de conscience. Elle implique un accompagnement de soi à chacun des instants. Elle glisse d'un instant à l'autre. Elle est en fait la condition pour saisir sa dimension temporelle ainsi que ses relations au monde extérieur.

En ce sens, la présence est le contraire d'un enfermement dans l'instant. Être présent, c'est être dans l'instant, mais de façon détachée, attentive, consciente et fluide.

Il existe une autre forme de focalisation de la conscience sur l'instant: il s'agit de l'accaparement de la conscience par un objet fascinant. Dans ce type d'expérience, souvent vécue comme intense, le sujet est totalement absorbé par ce qu'il vit. Au point de perdre toute conscience de soi et du temps.

Cette forme d'immersion dans l'instant abolit le temps. Chaque moment est chassé par le suivant avant même de pouvoir être perçu. Toute impression de durée est alors ressentie comme une chute dans le temps, liée à une baisse d'intensité. C'est, typiquement, l'expérience que font plusieurs amateurs de cinéma lorsqu'ils ressentent un sentiment de « longueur » parce que leur conscience cesse d'être aspirée par le film.

Incidemment, c'est la raison pour laquelle Jean-Pierre Lefebvre affirmait que les médias se comportent souvent comme des « machines à effacer le temps[2] ».

La présence implique donc un certain détachement, le maintien de la conscience à distance de chaque instant pour mieux le percevoir. Le culte de l'intensité, au contraire, recherche une participation totale, une abolition de toute distance ; il veut se noyer dans l'instant pour faire disparaître cette conscience de soi.

Tous les phénomènes de montée aux extrêmes relèvent du deuxième type d'expérience. Ils participent à cette quête d'intensité qui mène à l'abolition de la conscience de soi et du temps.

La tyrannie du local : la disparition du contexte global

En même temps qu'à la disparition de la perspective historique, on assiste à l'effacement du contexte global. L'impérialisme de l'actuel se double partout de la tyrannie du local. À la cécité historique correspond la myopie géographique.

Aux informations, l'effacement du contexte global se traduit par le triomphe de la logique du fait divers, laquelle se caractérise par un double dispositif : les informations mettent en scène des individus et l'événement est associé de façon étroite à un contexte particulier.

L'individu, c'est d'abord celui à qui on s'adresse. L'auditeur. Le téléspectateur. Bref, celui qu'on interpelle.

« *Vous*!… *Votre* télé *vous* présente les événements qui *vous* touchent. » C'est tout juste si on n'ajoute pas : « dans

---

2. Jean-Pierre Lefebvre, *Les machines à effacer le temps*, Montréal, Éditions Scriptomédia, 1977.

votre salon » ou « dans *votre* cuisine », « pendant que *vous* prenez *votre* café »…

Cet auditeur, on lui parle de ce qu'il y a chez lui — ou, du moins, pas trop loin de chez lui. Sous le couvert de rapprocher l'information du public, on assiste à une remontée des informations locales et régionales. Plusieurs chaînes en font leur créneau. Le local devient le gage de la communication authentique, qui parle des « vraies affaires ».

Le malheur veut que, dans notre ère de mondialisation, des événements à portée de plus en plus globale, qui se passent à l'autre bout de la planète, ont le pouvoir d'affecter profondément nos vies. Et, souvent, plus profondément que les événements locaux.

Les exemples abondent… Une multinationale dont la maison-mère est en Europe décide de fermer une raffinerie à Montréal pour la transformer en simple terminal d'importation. Une autre décide de fermer des usines dans différents pays pour consolider ses activités de production à un seul endroit. Un comité d'arbitrage sur le libre-échange tranche un différend commercial en faveur d'un pays, et provoque, de ce fait, des milliers de mises à pied dans l'autre pays.

On pourrait aussi parler de la hausse du prix du café, du blé ou des agrumes, qui varie au gré des conditions climatiques et des interventions des spéculateurs.

Bien sûr, la présentation de certaines informations mondiales est, jusqu'à un certain point, inévitable, notamment dans le cas de catastrophes comme celles qui ont frappé Haïti ou le Japon. Les médias entreprennent alors de « localiser » ces informations. Pour cela, ils utilisent trois stratégies.

La première est d'aborder la situation, quelle qu'elle soit, du point de vue des intérêts du public cible. Ça donne des articles ou des reportages du style : « Que signifie pour vous…?» On peut alors ajouter, au choix: le nouvel attentat à Jérusalem, l'émergence économique de la Chine, la réélection de Chavez, les sables bitumineux, la disparition de la forêt amazonienne…

L'essentiel, dans la question, est ce «pour vous». Comme si ces événements, en eux-mêmes, n'avaient pas vraiment d'importance. Qu'ils n'en avaient que dans la mesure où ils «nous» affectent. Localement. Individuellement… Comme si on se moquait totalement de l'effet qu'ils pouvaient avoir sur le reste de l'humanité.

Mais tout cela reste encore de la théorie, des idées — ce qui n'est pas très incarné, donc pas très vendeur. On s'efforce alors de «romancer» l'information, par exemple en focalisant sur un reporter (amalgame de guide et de héros) qui entreprend en notre nom, sous notre regard, de découvrir, de dévoiler ou même de démasquer — évidemment «pour nous» — la réalité.

On a déjà évoqué les présentatrices de météo qui effectuent leurs prestations dehors, exposées à toutes les intempéries. Ce sont les héroïnes quotidiennes de cette immersion du reporter.

La technique de l'immersion, bien que produisant l'impression d'un reportage plus incarné, laisse encore à désirer. On peut alors avoir recours à la deuxième stratégie: le *human interest*, comme disait Michel Chartrand. Par cette technique, on concentre dans une figure individuelle, souvent une victime, toute la réalité d'un drame collectif.

C'est alors que triomphe le local: tel reporter interroge telle victime, pour avoir ses réactions personnelles (si possible à chaud) sur tel drame particulier, tel qu'il a été vécu par elle et par ses proches — ou mieux encore, tel qu'il est en train de le vivre.

Une autre variante condense les rôles du reporter et de la victime dans la même personne. On a alors le reporter qui raconte la guerre en direct telle qu'il la vit, enfermé dans un hôtel de Bagdad ou «inséré» dans un groupe de combat. Les victimes sont alors souvent refoulées au rôle d'argument photographique, pour ne pas dire de faire-valoir.

Le top du top, c'est quand victimes et reporters se télescopent et que le reporter retenu en otage s'adresse en personne au public, sous la menace des armes de ses ravisseurs. Là, c'est de l'information vraie! De l'information objective. En direct. Sans filtre.

Évidemment, il y a la mise en scène réalisée par les terroristes. Il y a aussi le montage effectué par la chaîne de télé. La sélection des images et des déclarations qui repasseront inlassablement. Le choix de ce qui n'apparaîtra qu'une fois ou deux à l'écran, ou peut-être même pas du tout. Par exemple, le choix de montrer ou non les victimes, selon qu'il s'agit d'un tsunami en Indonésie et en Thaïlande ou de l'attentat du World Trade Center.

Dans le cas du tsunami, il était de bon ton de montrer des centaines de cadavres. Il était de bon ton que la caméra s'attarde longtemps sur les corps. C'était de l'information pure. Sans filtre.

Pour le World Trade Center, par contre, la caméra s'est faite plus discrète. Les télés se sont concentrées sur l'image de l'avion qui entrait dans la tour. Presque tous les cadavres avaient mystérieusement disparu. Et quand on en apercevait quelques-uns, sporadiquement, c'était de très loin. Il n'était surtout pas question de gros plans.

Il en était de même dans la presse écrite. Un inventaire de 400 journaux américains des 11 et 12 septembre montre que 6 clichés constituent, à eux seuls, 95% des photos apparaissant à la une: 41% représentent l'explosion de la tour Sud au moment où l'avion la frappe; 17%, le nuage de fumée au-dessus de Manhattan; 14%, les ruines de Ground Zero; 13,5%, un des avions approchant des tours; 6%, des scènes de panique dans les rues de New York et

3 %, le drapeau américain. Autrement dit, ce ne sont pas des individus qui sont tués, c'est un paysage urbain qui est détruit[3]. D'où l'étonnement de plusieurs Américains qui visitent le musée des victimes, à Ground Zero, en découvrant l'ampleur de la tragégie.

Tous ces choix ne sont habituellement pas visibles. C'est pourquoi on réussit habituellement à créer une impression de direct, de reportage objectif, d'information pure, en temps réel.

Une troisième stratégie pour assurer le triomphe du local, c'est de mettre de l'avant telle victime ou tel héros, à tel endroit précis, qui réagit de telle façon, si possible spectaculaire. À l'inverse, certains travers doivent impérieusement être évités : évoquer longuement la situation globale, entreprendre son analyse, se pencher sur ses causes, examiner l'histoire et le contexte qui l'ont produite…

Le tsunami, c'est tel enfant arraché par la mer à son refuge, puis miraculeusement retrouvé. L'Irak, c'est telle femme en pleurs interrogée par un journaliste devant le corps déchiqueté de son mari. Les FARC et les trafiquants colombiens, c'est Ingrid Betancourt devant les caméras, les traits émaciés, qui vient d'être libérée…

Aujourd'hui, un drame sur lequel on ne peut pas mettre un visage individuel, ce n'est plus un drame, c'est une statistique. À la limite, une bonne image. Et encore…

---

3. Clément Chéroux, *Diplopie. L'image photographique à l'ère des médias globalisés*, (cité dans) Gérôme Truc, « Le 11 septembre et son double », *Laviedesidées.fr*, 11 septembre 2009. http://www.laviedesidees.fr/Le-11-septembre-et-son-double.html (consulté le 28 novembre 2011) L'article de Gérôme Truc résume le livre de Clément Chéroux et explique notamment comment il s'agit d'une censure qui vient principalement de la globalisation des agences d'information, ce qu'il appelle une éco-censure, et comment cette censure s'exerce différemment selon les contextes où les images sont reçues, par exemple aux États-Unis et en Europe.

Dans certains cas, l'ampleur sans précédent de la catastrophe peut compenser en partie le manque de victimes individuelles. Comme ces plans répétitifs sur les vagues géantes qui balayaient des stationnements remplis de voitures lors du tsunami au Japon. Ou ces avions qui percutaient à répétition les deux tours du World Trade Center.

Par construction, le local incite à la description, à la transmission du vécu, alors que le global amène plus naturellement à la généralisation et à l'analyse. Paradoxalement, cette approche locale et individualisante permet de donner à la cécité (l'absence de vision globale et d'analyse) l'alibi de l'objectivité : la transmission en direct des images « objectives » de la réaction à chaud des victimes, des témoins ou même des criminels… Peut-on rêver réaction plus sincère, description plus vraie de la réalité que d'avoir un participant qui raconte son histoire en regardant le spectateur droit dans les yeux ?

Évidemment, ça n'aide pas toujours à comprendre l'événement. Mais ça fait tellement vrai ! Et si, dans le processus, on transforme des criminels en vedettes, incitant à la criminalité ceux qui sont désespérément en mal de visibilité, tant pis. La vérité aussi a ses dommages collatéraux.

Faut-il alors se surprendre que la pire insulte, ce soit de qualifier une idée ou un texte d'« abstrait » ? D'accuser son auteur d'intellectualisme ? Comme si vouloir prendre le temps d'expliquer, c'était trahir la vérité de l'image immédiate et de la réaction « vraie » qu'elle provoque !

LA DISSOLUTION DES APPARTENANCES

Au raccourcissement de la trame temporelle déjà évoqué et à la tyrannie du local s'ajoute une dissolution généralisée des appartenances, laquelle a pour effet d'atomiser les individus.

Les familles éclatent, se recomposent, se partagent, s'éparpillent… Les communautés enracinées géographiquement sont de plus en plus remplacées par des réseaux virtuels et des microgroupes conjoncturels : compagnons de métro, copropriétaires de condos, groupes d'investisseurs floués… — ce que Sartre appelait des groupes sériels.

Enfermé dans l'instantané, l'individu est de plus isolé, coupé de ses appartenances, condamné à la perte de ses racines et à la dissolution des liens qui le rattachent à son milieu.

La famille éclatée : l'avènement de Néo-Narcisse

La première figure de cette perte des racines est la précarisation de l'enracinement familial. On se reconnaît de moins en moins spontanément comme un «descendant de», comme appartenant à la «lignée des»… Bref, comme ayant un rôle à jouer dans la chaîne des générations.

Au contraire, les générations sont désormais isolées, séparées par des frontières temporelles, opposées les unes aux autres comme des entités distinctes : «C'est la faute aux *boomers*»… «Les jeunes n'ont plus le souci du travail bien fait»… «Les Y n'ont pas de loyauté envers leur employeur»…

Quant aux doubles noms de famille, associés aux doubles prénoms — tels les Philippe-Maurice Duverger-Fecteau et les Andréanne-Audrey Morissette-Robitaille —, on peut penser qu'ils ne seront pas d'une grande aide pour améliorer la solidarité intergénérationnelle et le sentiment d'appartenance ! Leur effet (leur objectif inconscient ?) semble être au contraire de particulariser à l'extrême l'individu, de magnifier son unicité[4].

Le désintérêt pour les «vieilles affaires», la volonté d'être soi, d'être libre de toute contrainte héritée ont sûre-

---

4. Il se peut que ce soit aussi un symptôme du refus de choisir, de la volonté de tout avoir, propre à l'ego consommateur actuel.

ment joué un rôle dans cette évolution. Mais il ne faudrait pas négliger les transformations du modèle familial.

De la famille élargie, on est passé à la famille nucléaire — laquelle, en bonne logique, a explosé. On en est maintenant à tenter de regrouper ses morceaux selon des recompositions à géométrie variable. Le sentiment d'appartenance des enfants varie alors selon les multiples individus qui composent leur histoire familiale.

À l'enracinement familial et culturel, on préfère la création incessante et toujours renouvelée de sa propre personne. Le privilège accordé à l'invention libre et spontanée de soi a remplacé, comme sujet de préoccupation, la charge historique d'assumer et de transmettre un héritage. Désormais, c'est moins pour son nom que pour son prénom qu'on tient à être reconnu.

Narcisse est le nouveau dieu. Mais il s'agit d'un Narcisse renouvelé, d'un Narcisse sur les stéroïdes, pourrait-on dire. D'un Néo-Narcisse.

Tout aussi centré sur son image que son prédécesseur de la mythologie grecque, Néo-Narcisse s'en distingue par une ambition démesurée : il voudrait ramener à l'intérieur de son image l'ensemble de l'univers — de manière à pouvoir en jouir sans cesse de ne regarder que lui-même. De ne penser qu'à lui.

De là les comportements narcissiques qui prolifèrent sur Internet : publication et mise à jour de son autobiographie en continu (pensées, repas, vêtements achetés, photos, vidéo ou musique qu'on a aimés…) sur Facebook ou Twitter, sur des blogues… Toute la vie privée y passe. Comme le souligne Fabien Deglise, «l'individu a désormais l'obligation d'alimenter des flux d'informations pour exister[5]».

---

5. Fabien Deglise, «Empreintes électroniques et décadence numérique», *Le Devoir*, 16 octobre 2010. http://www.ledevoir.com/societe/actualites-en-societe/298152/empreintes-electroniques-et-decadence-numerique (consulté le 28 novembre 2011)

Le nombril est la nouvelle idole. Les médias doivent sacrifier à l'air du temps.

D'un monde de «passeurs», soucieux de transmettre ce qu'ils ont reçu et créé, on passe à un monde de jouisseurs «qui ne font que passer», soucieux de ne rien manquer et attentifs à ne rater aucun branchement, à profiter de tout ce qu'ils peuvent. Le rêve de Néo-Narcisse semble être de s'annexer l'univers, de l'avoir à sa disposition pour un usage personnel sans contraintes.

Son objet totémique, ce serait la panoplie des iMac, iPod, iPhone, iPad et de tous les logiciels à l'avenant : iTunes, iPhoto, iMovie, iSync, iChat, iWeb... Le jeu de mots sur la première lettre, qui fait référence à Internet, mais aussi au moi (*I*), situe Néo-Narcisse à la fois comme isolé et branché. Seul, mais en réseau.

Ces objets fonctionnent comme totems dans la mesure où ils sont à la fois des catégories qui segmentent le monde pour le classer et des opérateurs d'appartenance : d'un côté, les propriétaires de iPhone, qui partagent une certaine culture de décontraction et de créativité (ou qui tiennent à en afficher l'image) ; de l'autre, ceux qui préfèrent les BlackBerry, souvent des hommes d'affaires en complets marine, pour qui l'objet assure une image de sérieux et de modernité.

Du quartier au ghetto

L'enracinement géographique obéit à la même logique. Désormais, il y a les quartiers où tout le monde va — ceux où se nouent des relations d'affaires, ceux que l'on fréquente pour ses loisirs — et puis il y a les banlieues-dortoirs, où l'on vit surtout des rapports de juxtaposition.

Le choix d'une résidence est guidé par une optimisation strictement personnelle du rapport coût-bénéfice. Rien à voir avec un quelconque sentiment d'appartenance.

Quel est le meilleur équilibre que l'on peut réaliser entre le coût et les avantages que l'on peut obtenir — avantages sur le plan matériel, mais aussi en termes de classement social — compte tenu de ses moyens du moment? Si les choses s'améliorent, on déménagera dans un quartier plus intéressant. Si la situation financière se dégrade, on tentera de trouver le meilleur endroit disponible pour ce qu'on aura les moyens de payer.

Les seuls quartiers à identité collective qui restent se situent aux deux extrémités de l'échelle sociale : les ghettos… et les ghettos dorés. Les quartiers où les moins nantis et les plus nantis se retrouvent entre eux. Les autres sont des quartiers intermédiaires, des barreaux entre le haut et le bas de l'échelle sociale. C'est sans doute pourquoi on y trouve de moins en moins une véritable vie de quartier, mais plutôt une appartenance vécue de manière extérieure, indexée au niveau de sa fortune. Si la fortune change, on change de quartier, à la hausse ou à la baisse.

À ces deux catégories de ghettos, il faudrait sans doute en ajouter une troisième : les ghettos culturels pour pauvres de luxe (le Plateau, le Mile End, le Village), où se développe un certain sentiment d'appartenance fondée sur la possession commune d'une certaine marginalité, qu'elle soit culturelle, artistique ou sexuelle…

La ville temporaire

L'attachement à une ville témoigne de la même évolution. On meurt de moins en moins fréquemment dans le quartier ou dans la ville de sa naissance. Le déracinement est le lot normal de celui qui veut étudier ou travailler. «Main-d'œuvre mobile», exigent les employeurs. Et tant pis si la vie familiale a de la difficulté à s'ajuster. Tant pis si on est obligé de se déraciner pour avoir accès à l'éducation. Il faut être de son temps. Et le temps est à la mobilité. Le sentiment d'appartenance à une ville ne pourrait qu'être source de handicap professionnel.

Dans un tel contexte, faut-il vraiment s'étonner du désintérêt croissant de la population et du taux d'abstention lors des élections municipales? De l'indifférence aux enjeux qui dépassent les services dont l'individu pourrait bénéficier dans son quartier? De son désintérêt pour tout ce qui n'est pas susceptible d'affecter ses taxes municipales?

Si l'appartenance à une ville se fait plus précaire, cette précarité se vit de façon différente dans les grandes villes et dans les petites municipalités. Dans les villes de dimensions réduites, situées en régions, c'est la pertinence du sentiment d'appartenance qui agit comme facteur de précarisation: vaut-il la peine d'en développer un, si la ville peut disparaître à la suite de la fermeture d'une usine ou de l'attrition de sa population?

Dans les villes plus «centrales», ce n'est pas l'existence de la ville qui est menacée, mais son identité — par exemple, à l'occasion d'une fusion. Au cours d'un tel processus, il y a souvent beaucoup de noms qui disparaissent (noms de rues, noms de villes ou de quartiers); disparaît alors avec eux la charge d'histoire et d'appartenance dont ils étaient porteurs.

La transformation de la population peut avoir un effet similaire, notamment lorsqu'il se forme des ghettos culturels, linguistiques ou économiques qui morcèlent le tissu social. Un patchwork de ghettos, dût-il inclure des ghettos dits de souche, ne saurait constituer «une» société.

C'est sans doute le genre d'inquiétude qui a provoqué, dans plusieurs pays européens (Allemagne, France, Grande-Bretagne…) une remise en question du multiculturalisme, séduisant théoriquement, mais soupçonné d'avoir pour effet de favoriser la création de ghettos[6].

---

6. Christian Rioux, «Royaume-Uni — À son tour, David Cameron condamne le multiculturalisme», *Le Devoir*, 7 février 2011. http://www.ledevoir.com/international/europe/316247/royaume-uni-a-son-tour-david-cameron-condamne-le-multiculturalisme (consulté le 28 novembre 2011)

Il y a aussi le fait que le sens de l'appartenance peine à survivre au sentiment d'impuissance qui se répand dans la population à la suite de la multiplication des scandales et des cas de corruption. Quand on est convaincu que, de toute façon, on n'y peut rien, que tout est joué d'avance, manipulé dans les coulisses, pourquoi persister à se sentir concerné?

Il s'agit là du dommage le plus profond et le plus sérieux que peut causer la pérennisation de situations pourries comme celle dans laquelle se trouve, au Québec, l'industrie de la construction. À la limite, les conséquences économiques des fraudes et de la corruption sont marginales quand on les compare au sentiment d'impuissance collective et de découragement que produit le pourrissement de telles situations. Car ce sont les fondements du vivre ensemble qui sont alors minés.

Citoyen du monde, citoyen de nulle part

L'appartenance à un pays, quant à elle, est remise en cause par le processus de mondialisation et par l'appel qui nous est fait à être « citoyens du monde ».

La disparition d'un grand nombre de monnaies nationales, la création de superstructures politiques européennes ou mondiales, les traités de libre-échange, tout nous pousse dans cette direction. Y compris le fait de réduire le sentiment national, par diverses propagandes, à du folklore ou aux pires excès qu'il a engendrés.

L'attachement à la langue maternelle suit une évolution similaire: autant en sciences qu'en affaires, il est contré par la nécessité de trouver une langue commune et par l'impérialisme de l'anglais.

Ce qui s'annonce, selon certains, c'est l'émergence du citoyen planétaire, enraciné dans l'humanité et parlant anglais ou chinois, ça dépend des versions.

Pourtant, malgré toutes les rationalisations, malgré toutes les bonnes intentions, malgré tous les arguments et tous les principes que l'on peut mobiliser pour défendre cette thèse, il n'est pas possible d'appartenir à tout à la fois. À multiplier les appartenances au-delà d'un certain point, on les dissout.

Être citoyen de l'univers est un noble idéal. Mais il est précisément un idéal. C'est-à-dire une règle universalisable pour l'action — pas une réalité biologique. Ni même culturelle.

S'ouvrir à l'autre suppose qu'il y ait une frontière entre soi et l'autre. Sans un enracinement clair dans une communauté, il apparaît difficile — probablement impossible — de s'ouvrir à cet idéal d'universalité, sauf sur le mode de la fuite et de l'aliénation.

Bien sûr, on peut objecter qu'il existe une obsession du local. On l'a d'ailleurs déjà évoqué. Est-ce que cette obsession n'est pas garante de l'enracinement des individus ?

On peut concéder qu'une certaine montée du communautarisme accompagne l'émergence de Néo-Narcisse. On peut admettre que ce repli sur des communautés tend parfois à dériver vers le fondamentalisme et même à prendre des formes extrêmes. Mais cette dérive se produit précisément en réaction à la destruction croissante des appartenances des individus. Ce sont en bonne partie des réactions à des situations jugées extrêmes.

Par ailleurs, pour ce qui est de l'obsession du « local » évoquée précédemment à propos des informations, il s'agit d'un local fermé sur lui-même. Enfermé dans l'instant. Muré dans les réactions épidermiques qu'il vise à susciter. Un local présenté sur le mode du constat.

Ce constat est par ailleurs souvent catastrophique. Soigneusement coupé de toute explication trop complexe. De toute explication qui pourrait l'enraciner dans un ensemble plus grand.

Bref, il s'agit d'un « local » médiatique. Hypostasié en spectacle. Folklorisé, pour ainsi dire. À percevoir d'abord dans son impact. Parfois accompagné d'explications partielles fondées sur des lieux communs. Sans plus. Et donc inapte à servir de support à une réelle appartenance.

Des écoles pour « bonbons mélangés »

Cette évolution qui mène à la dissolution de l'enracinement familial et géographique (quartier, ville, pays…), elle affecte également les autres groupes d'appartenance. Par exemple, les groupes scolaires.

Ces groupes donnaient autrefois aux amitiés et à un certain esprit de groupe le temps de se développer. Désormais, ce sont des espaces temporaires de juxtaposition. Et si certains groupes (au cégep) paraissent trop homogènes ou trop stables, par exemple parce que les étudiants partagent plusieurs cours de spécialisation d'un même programme, on s'efforcera de les disperser le plus possible quand ils sont dans les cours communs de formation générale, sous prétexte qu'il faut leur apprendre l'altérité. Comme s'il leur était possible de ne pas l'apprendre, ce sens de l'altérité ; et comme si l'éparpillement n'était pas la donnée de base de leur vie. On applique aux jeunes adultes actuels des remèdes qu'il aurait fallu prescrire aux anciennes clientèles hyperhomogènes et quasi consanguines des collèges classiques !

Normal… Ce sont des anciens des collèges classiques qui ont structuré le système d'éducation actuel. Ce sont eux qui ont formulé les orientations qui se sont solidifiées en dogmes institutionnels après leur départ !

Des groupes d'appartenance aux publics spécialisés...

Désormais, on n'appartient plus à une histoire qu'on a le sentiment de faire progresser ; on n'appartient plus à une maison, à un quartier ou à une ville où ses ancêtres ont leurs origines; on n'appartient plus à un groupe d'étudiants qui a affronté solidairement les différentes épreuves de la socialisation scolaire; on appartient même avec difficulté à une communauté linguistique ou nationale! On s'imagine plus volontiers comme un électron libre, responsable de la continuelle réinvention de soi-même dans le grand jeu de la mondialisation de la culture et de l'économie. Citoyen du monde sur la planète Hollywood, on évalue sa fortune en dollars US... du moins pour le moment. Tel est le modèle idéal vers lequel tend Néo-Narcisse.

Et puisqu'il faut un minimum de points communs à ces électrons libres pour communiquer, ce seront la mode et les médias qui se chargeront de les fournir. Ce sera leur travail d'assurer à chacun le minimum de modèles de conformité et de sujets de conversation communs, de manière à ce qu'il puisse être reconnu par les autres comme semblable.

Pour faciliter les échanges, on se regroupe désormais par publics, selon qu'on écoute la même musique, qu'on regarde les mêmes émissions de télé, qu'on fréquente les mêmes sites Internet ou les mêmes blogues, qu'on est abonné aux mêmes tweets, qu'on s'habille dans les mêmes boutiques ou les mêmes Walmart, qu'on pratique ou regarde les mêmes sports, qu'on fréquente les mêmes clubs de dégustation de vin...

Le plus sûr, c'est évidemment de se fabriquer son propre public. D'où, entre autres, la popularité de Twitter, de Facebook et des autres réseaux sociaux. À ce sujet, on pourrait sans doute parler d'exhibitionnisme sélectif, encore que la course à la quantité d'«amis» puisse faire paraître cette sélectivité bien relative!

Voilà aussi pourquoi le phénomène «génération X» est possible: parce que n'appartenant plus à rien, ou presque, sauf à un moment particulier dans l'histoire des habitudes de consommation — quasi-appartenance que chacun partage avec ceux de sa génération — les individus sont disponibles pour appartenir à des médias et à des humeurs collectives communes.

... et à l'irresponsabilité générationnelle

L'appartenance à une génération, de plus en plus à la mode, signale le fait que les appartenances traditionnelles ne sont plus aussi significatives : on peut les remplacer par des appartenances extérieures.

Le lien de Néo-Narcisse aux autres ne passe plus par un projet commun, issu d'un héritage et d'un enracinement partagés dans une histoire, qui le lie à ses prédécesseurs et à ceux qui le suivront : il résulte de simples rapports de contiguïté avec ceux que le hasard a fait naître à peu près en même temps que lui, et avec qui il partage essentiellement des modes, un contexte social, des habitudes de consommation et l'impact de certains événements majeurs tels qu'ils sont présentés par les médias — toutes choses qui lui viennent de l'extérieur.

Par définition, une génération, comme génération, ne peut pas être responsable. La responsabilité ne peut pas être de son ressort puisque aucun projet collectif ne l'anime. Tout au plus peut-elle partager certaines réactions, un certain vocabulaire et la dénonciation des autres générations — encore des formes d'unification qui viennent de l'extérieur.

Évidemment, les individus et les groupes qui partagent une étiquette générationnelle, eux, peuvent être responsables. Ou irresponsables. Mais ce n'est pas en tant que génération qu'ils le sont, c'est en tant qu'individus et que groupes animés par des projets.

Dans une telle perspective, il ne faut pas s'étonner que l'histoire intéresse de moins en moins de gens. Désormais, son seul intérêt, semble-t-il, est de servir de décor ou de matière première pour alimenter les versions romancées qu'en tirent les productions cinématographiques : trame narrative simplifiée, sélection exclusive des épisodes les plus captivants, les plus spectaculaires et les plus touchants, en conformité avec la logique médiatique de la maximisation de l'impact.

Même les documentaires, avec l'arrivée des documentaires « éditoriaux » à la Michael Moore, tendent à « utiliser » l'histoire en privilégiant les faits qui servent leur propos… ou les événements qu'ils provoquent dans ce but.

Un pas de plus et c'est la logique des *greatest hits*. Un montage serré des meilleurs moments. Comme les *bloopers*… À quand les cours d'histoire sous forme de *best of* ? Les 10 moments importants de l'Empire romain… en 10 minutes. Ou mieux : en 10 images[7]. Le modèle pourrait en être les bandes-annonces des *blockbusters*, au cinéma, qui sont souvent plus intéressantes que les films eux-mêmes.

LE DÉLITEMENT DES IDÉOLOGIES ET L'ÉMIETTEMENT DES SAVOIRS

Désormais, et de plus en plus, on se retrouve avec un passé à espérance de vie limitée, devant un avenir parasité par le court terme, au milieu de relations de simple contiguïté vaguement compétitives. Évanescence du passé, effacement des perspectives, fragilisation des liens…

À cela s'ajoute un autre facteur qui contribue à augmenter la désorientation des individus : le véritable déluge d'informations morcelées auquel ils doivent faire face et

---

7. En fait, ce genre de compilation existe déjà, et à partir de multiples points de vue, en ce qui a trait à l'empire romain. Voir : www.google.ca/search?q="top+ten"+"the+roman+empire" (consulté le 12 décembre 2011)

qu'ils doivent intégrer s'ils veulent tenter de comprendre la moindre situation.

Du savoir aux informations : la connaissance en miettes

Pendant que la spécialisation fait éclater la connaissance, la mondialisation augmente la complexité et l'intrication des situations. À cela s'ajoute l'effet du formatage pratiqué par les médias (images-chocs, phrases simples, brièveté du propos), qui accentue le morcellement des informations.

De plus en plus, ce dont dispose l'individu, ce sont des informations partielles, lacunaires, juxtaposées plus qu'intégrées, plus ou moins bien formulées, filtrées par des points de vue individuels, reposant davantage sur des images et des réactions à chaud que sur des analyses, et qui se succèdent rapidement pour satisfaire à l'exigence de nouveauté.

D'un monde du savoir, on est passé à un monde d'informations. Le pluriel n'est pas anodin. Alors que le savoir tend vers une certaine unification, les informations sont par nature morcelées, plurielles.

À la télé, on présente d'ailleurs « les actualités », qui sont bien souvent constituées de réactions instantanées à ce qui se passe — plutôt que de ce qui se passe ou d'explications sur ce qui se passe. C'est à l'individu de recomposer tout ça s'il y tient, et s'il en a le temps et les moyens.

Par ailleurs, ce monde d'informations est animé par une logique de l'impact : l'information a-t-elle un impact qui va dans le sens de ce qu'apprécie présentement le public ? A-t-elle suffisamment d'impact pour accaparer une partie de l'attention du public potentiel ? En a-t-elle assez pour élargir ce public ?

La principale qualité de ce type d'information est d'être passionnante, ce qui est loin de favoriser l'assimilation rationnelle, la mise en contexte ainsi que le travail critique d'analyse et d'interprétation.

La mort des grands récits

Parallèlement à cet émiettement de la connaissance est survenu ce qu'on a appelé la mort des grands récits : autrement dit, la perte de crédibilité des systèmes de pensée religieux et politiques sur lesquels les individus s'appuyaient traditionnellement pour se donner une image relativement unifiée et signifiante du monde.

Les grandes religions sont en recul, sauf sous la forme réactionnaire du fondamentalisme. Quant aux idéologies politiques, elles se sont largement discréditées au cours du dernier siècle à travers les aventures staliniennes, nazies, maoïstes et khmères... pour ne mentionner que celles-là.

Pour ce qui est de l'idéologie néolibérale, elle vient de rendre manifeste son impuissance : d'abord en conduisant le monde financier au bord de l'abîme, puis en étant incapable de changer et en poussant les milieux financiers à réadopter les mêmes pratiques de profit à tout prix et d'irresponsabilité à courte vue, quelques mois à peine après le sauvetage du système financier par des fonds publics.

Si elle continue de dominer la planète, ce n'est pas comme explication englobante partagée, mais simplement sous forme de slogans servant à justifier les dominations existantes.

Une éventuelle « religion laïque » des droits humains est partout battue en brèche par les exigences de la *realpolitik* et du commerce. Même le souci écologique n'arrive que péniblement à s'implanter dans la conscience collective, malgré l'évidence que la planète ne peut soutenir ni le rythme ni la forme du développement actuellement pratiqué.

Autrement dit, non seulement l'information est de plus en plus fragmentée, mais les outils qui pourraient permettre de l'intégrer et de la lier à l'action semblent introuvables.

Pour le consommateur occidental moyen, autrement dit pour Néo-Narcisse, c'est une vie confortablement absurde qui se profile, une vie faite de consommation anesthésiante sur fond de vide intérieur et de sens introuvable.

LA FUITE DANS L'INTENSITÉ

LE SENS INTROUVABLE ET LE VIDE INTÉRIEUR

À cause de l'effet conjugué de l'émiettement des savoirs, de la dissolution des grands cadres de référence idéologiques et du contexte de plus en plus mondialisé dans lequel s'inscrit son action, Néo-Narcisse est voué à l'isolement et à l'instantané. Il est de moins en moins capable de se construire une représentation globale de sa situation dans le monde.

Pourtant, il n'y a jamais eu autant d'informations. Elles pullulent. Mais, paradoxalement, dans un monde où l'information est pléthorique, Néo-Narcisse, parce qu'il est incapable de traiter cette déferlante, est voué au déficit de connaissances, à l'aperçu fragmentaire et aux commentaires subjectifs — ce qui sape par avance tout projet de synthèse signifiante qui engloberait l'ensemble de sa situation et serait susceptible de donner un sens à sa vie.

Autrement dit, il a de moins en moins de mémoire (il la laisse aux ordinateurs), de moins en moins d'avenir où loger des projets (il laisse l'imagination aux « créatifs » et les projets aux planificateurs), de moins en moins de relations enracinantes (il laisse Outlook, Twitter, MySpace et Facebook gérer ses contacts) et de moins en moins de possibilités de se faire une représentation intégrée de sa situation dans le monde (il laisse l'organisation de sa vie aux horaires de travail, aux horaires de garderies, aux horaires de métro ou d'autobus, aux grilles horaires de la télé ainsi qu'aux G.O. des Clubs Med et autres distributeurs de voyages organisés).

La perte de sens

Pas de passé, donc. Pas d'avenir. Pas de solidarité. Et peu de moyens de se représenter sa situation dans le monde. L'effet combiné de ces différents phénomènes est une forme particulière de désarroi : Néo-Narcisse a de plus en plus de difficulté à percevoir sa vie comme ayant un sens.

Après tous les travaux des intellectuels du XXᵉ siècle, qui se sont acharnés à déconstruire la notion de sujet et à dénoncer son caractère illusoire, parler du sens de la vie peut sembler naïf.

Disons simplement que les génocidaires de toute obédience s'accommodent remarquablement bien de la disparition du sujet humain. Et que, par ailleurs, bien des gens se suicident quand ils n'arrivent pas à donner un sens à leur vie — et cela, malgré tous les arguments hédonistes ou moraux qu'on peut leur donner. Ce n'est pas là un argument d'une grande rigueur démonstrative, mais les gens ont parfois ce type de faiblesse, de vouloir donner un sens à leur vie en dépit des brillantes analyses des « intellectuels significatifs » de leur époque.

L'expression est d'ailleurs révélatrice : une vie qui n'a pas de sens n'est pas tant celle dont on ne peut pas « déchiffrer » le sens, que celle à laquelle on ne peut pas en donner un, celle à laquelle on ne peut pas donner de direction par un projet de vie individuel ou collectif.

Dans un tel contexte, doit-on se surprendre de la difficulté qu'ont les projets collectifs à s'inscrire dans une forme quelconque de durée institutionnelle ? Doit-on se surprendre du peu d'attrait de ces projets pour les jeunes générations, elles qui ont passé la totalité de leur vie dans un environnement qui pousse à un mélange flou d'exigence, d'épanouissement individuel, d'isolement et de décrédibilisation généralisée de tout idéal ?

La vie structurée en vidéoclip

Donner un sens à sa vie apparaît comme une tâche de plus en plus difficile. D'abord parce que la durée a été réduite à une succession d'instants. À l'enchaînement ordonné et structuré des actions à l'intérieur d'un projet se substitue la succession arbitraire et accélérée des états intérieurs — plaisirs et déplaisirs — induits par la consommation (ou non) de ce qui est désiré.

Or, sans un sentiment de durée structurée, comment soutenir un projet qui donne une direction, un sens à sa vie ?

L'atomisation des groupes

Par ailleurs, la dissolution des appartenances a réduit l'individu solidaire de différents groupes d'appartenance à la figure solitaire du consommateur individualiste, calculateur efficace de ses intérêts et des moyens de sa satisfaction. Sa phrase fétiche pourrait être : « Oui, mais moi… »

Sur cette base, chacun décide séparément et privilégie son intérêt individuel. La démocratie se réduit alors à une accumulation de décisions individuelles. Les décisions collectives se ramènent à des compilations de sondages. Au mieux, c'est la dictature de la majorité… ou d'une accumulation disparate de minorités, comme cela se produit lors des élections gagnées à force de clientélisme chirurgical et de redécoupage des cartes électorales.

Une majorité anonyme. Sur le modèle des nouvelles foules que structurent les médias. Des foules qui vibrent de façon synchrone aux mêmes événements : Jeux olympiques, scandales, catastrophes naturelles, attentats terroristes, drames humains, prouesses sportives et technologiques…

Aux enracinements se substituent des regroupements ponctuels et intermittents. Aux groupes sociaux relativement stables, fondés sur des expériences de vie communes et structurés par la fréquentation d'un même univers social et institutionnel, succèdent des auditoires, structurés par les programmes qu'offrent les médias : amateurs de telle ou telle série, de tel ou tel programme, fervents de tel ou tel animateur, inconditionnel de *So You Think You Can Dance* ou du *Club des ex*…

La publicité découpe d'autres types de foules anonymes, plus restreintes encore, ciblées par des messages structurés en fonction de certains intérêts et de certaines vulnérabilités qui leur sont propres : jeunes filles obsédées par leur poids, hommes dans la cinquantaine inquiets de leurs performances sexuelles, obèses aux prises de façon quotidienne avec leur balance, automobilistes enfermés dans leurs véhicules aux heures de pointe…

De l'organique au collage : le zapping universel

Sur le plan individuel, l'évolution qui mène au remplacement de la durée par une succession d'instants — et à l'atomisation sociale des individus — se traduit par une vie dont la cohérence relève davantage du collage que de l'unité organique. C'est la logique de l'agenda. Les activités se succèdent sans autre lien que leur place dans l'horaire, comme les infos à la télé et les vidéos sur YouTube. C'est la vie à tiroirs. On zappe sa vie d'une activité à l'autre. Émotivement, intellectuellement, l'individu est astreint à une sorte de zapping universel, où il est sans cesse requis de modeler son comportement selon les exigences de la situation du moment.

Un exemple serait la vie de ces parents dont la semaine est une course à obstacles entre le travail, les voyages à la garderie matin et soir, les devoirs des enfants, les cours de piano de la plus jeune, le hockey du plus vieux, la préparation des repas, les réunions de parents, l'épicerie… et ces mille autres choses dont ils n'ont pas le choix de s'occuper. Sans oublier les moments de qualité qu'il faut absolument s'aménager — vie de couple oblige —, les spectacles occasionnels, les fêtes d'enfants à organiser, la famille qu'il faut quand même visiter de temps en temps, les amis qu'on essaie de ne pas mettre complètement au rancart…

Ainsi, pour définir son identité, Néo-Narcisse n'aura souvent d'autre choix que de faire la liste de ses différentes vies parallèles, liées à différents objectifs, à différents groupes, à différentes personnes… Il n'y a pas que la musique qui est entrée dans l'ère des compilations.

S'il est vrai qu'un individu est ce qu'il fait et que son identité se construit des relations qu'il entretient avec les autres, on pourrait dire que son réseau d'amis et de connaissances est dans son carnet d'adresses électroniques, que son répertoire d'activités est dans son agenda et que son point de vue sur le monde tient à la liste des sources d'informations qu'il privilégie. Quant à son identité, elle se trouve quelque part dans le collage de tout ça.

Poudroiement d'instants, individus atomisés, connaissances en miettes et identité en morceaux plus ou moins recollés : faut-il se surprendre que la tâche de créer le sens de sa vie soit de moins en moins facile ? Et si on n'arrive pas à donner un sens à sa vie, pourquoi vivra-t-on ? Car on ne peut pas vivre pour rien.

L'INTENSITÉ COMPENSATOIRE

Cet exil hors du temps, de l'espace et de la représentation engendre un sentiment de vide. Le sentiment d'être enfermé sans qu'il soit possible d'assigner un lieu à cet enfermement. Sans qu'il soit possible de le situer dans le temps ou de lui attribuer une durée. Et souvent, même, sans qu'il soit possible de se le représenter consciemment.

Comme souvent, les artistes sont les premiers à témoigner des changements qui affectent le rapport au monde qui sous-tend inconsciemment la vie des individus. Dans un article du *Devoir*, Frédérique Doyon soulignait le sentiment de vide intérieur qui semble hanter la chanson québécoise actuelle. S'appuyant sur une étude d'Isabelle Matte, elle citait entre autres Daniel Bélanger : « je me réveille chaque jour plus angoissé / devant l'échec du matériel, devant l'échec » ; Ariane Moffat : « le vide, je vais le remplir avant que mon âme s'assèche » et Loco Locass : « Dieu est mort, faut bien qu'on le remplace / qu'on remplisse le vide qui prend toute la place ». Elle rappelait également le constat de la disparition d'un monde fait par les Colocs dans *La rue Principale*[8].

Devant ce vide, devant cet enfermement dans l'ici-maintenant qui mine à la racine toute possibilité de projet, que reste-t-il ?

Des individus…

Des monades qui, en bonne logique leibnizienne, ont de plus en plus de difficultés à communiquer entre elles. Chacun est un atome social projeté dans une succession d'instants.

Sans pour « quoi » vivre (absence de projet), sans pour « qui » et avec « qui » vivre (absence de solidarité), sans possibilité de vivre pour soi (le vide intérieur du sujet), sans même savoir dans quel monde il vit (absence de représentation du monde)… bref, sans des raisons de vivre susceptibles de l'aider à inscrire son existence dans l'histoire, il est difficile pour Néo-Narcisse de structurer sa vie de manière à lui donner un sens.

---

8. Frédérique Doyon, « La complainte du vide intérieur », *Le Devoir*, 23 mars 2010. http://www.ledevoir.com/culture/musique/285555/la-complainte-du-vide-interieur (consulté le 28 novembre 2011)

Que lui reste-t-il?

Vivre pour soi?… Ce «soi» est rongé par le vide.

D'où la tentation de remplir ce vide intérieur. De s'occuper sans arrêt. De s'étourdir d'activités. De se noyer dans une quête d'intensité qui permet de se sentir plus vivant. Plus réel.

Le salut par l'intensité.

Ou, mieux encore, mieux que l'intensité: une succession rapide d'intensités, un crépitement d'expériences intenses. De plus en plus intenses.

Le but est d'intensifier une vie ressentie comme exilée dans un monde en voie de disparition. Ariane Moffat formule de façon lapidaire cette exigence radicale d'intensité: «Je veux tout, tout de suite et ici [9]».

Le modèle de satisfaction espérée adopté par la civilisation occidentale a désormais la structure d'un vidéoclip: des flashs de plus en plus intenses, qui ont de plus en plus d'impact, et qui se succèdent de plus en plus rapidement.

Autrefois appliqué au terrorisme et aux mouvements politiques radicaux, l'extrémisme devient la nouvelle norme du comportement des individus et de la population en général.

Ainsi s'expliquerait l'aspiration à l'intensité, à l'extase, à la transe qui semble être, pour de plus en plus d'Occidentaux, le cœur de la recherche du bonheur, dans tous les aspects de leur vie. Ce serait ce qui peut donner à l'existence, faute de sens, un objectif capable de faire oublier la perte de sens. Le paroxysme comme anesthésie.

Baudelaire, déjà, définissait la dynamique de la modernité par la quête de l'intensité et le besoin de nouveauté. Pour «échapper à l'horreur de l'ennui», quoi de mieux

---

9. Ariane Moffat, *Je veux tout*, album *Dans tous les sens*, Audiogram, 2008.

que de «s'enivrer sans trêve», de «cultiver (s)on hystérie avec jouissance et terreur» et de «plonger [...] au fond de l'inconnu pour trouver du nouveau»[10] ?

Il semble qu'il ait vu juste. Nous sommes en bonne voie de devenir des taupes frénétiques.

Frénésie myope et agitation à courte vue.

Le raccourcissement de tous les horizons, autant d'action que d'appartenance et de compréhension, est vécu comme l'effondrement du temps historique sur le présent — un peu comme une étoile qui s'effondre sur elle-même. Et il se caractérise par la même augmentation du niveau d'énergie, le même accroissement de son potentiel explosif. La densification du temps semble aller de pair avec une hausse de l'intensité.

L'autre face de cet enfermement dans l'ici-maintenant, son autre face compensatoire, ce serait une fuite dans l'intensité. Fuite qui se traduirait par un phénomène généralisé de montée aux extrêmes.

De là viendraient les divers phénomènes d'emballement observés.

---

10. Charles Baudelaire, *Œuvres complètes,* T. I, coll. «Le Pléiade», Paris, Gallimard, 1974, p. 325, 337, 668 et 134.

LES LOGIQUES DE L'EXTRÊME

Frénésie et myopie ne signifient cependant pas absence de structure dans les comportements. De fait, les divers phénomènes d'emballement qui caractérisent la montée aux extrêmes s'articulent selon une quadruple logique : une logique de la drogue, du cancer, de la délinquance et de la pornographie.

LA LOGIQUE DE LA DROGUE

La logique de la drogue se présente sous la forme de l'escalade. De l'engrenage. Plus précisément : de la rétroaction positive. Son mécanisme fondamental peut s'exprimer dans le schéma suivant : satisfaction —> émoussement de la satisfaction —> surstimulation —> rétablissement de la satisfaction —> nouvel émoussement —> surstimulation —>…

L'escalade sans fin

Toujours plus intense ! Toujours plus excessif !

C'est la logique du désir sans frein et de l'excès comme mode de vie. Chaque augmentation de la stimulation produit une nouvelle satisfaction, puis un émoussement, qui appelle une nouvelle augmentation de la stimulation, laquelle entraîne un nouvel émoussement… La jouissance se trouve ainsi piégée dans un mécanisme d'insatisfaction programmée : pour être simplement maintenue, il lui faut toujours plus de stimulation.

De tels phénomènes d'escalade se retrouvent dans tous les domaines de la consommation. Ils sont alimentés par le perfectionnement progressif et continu des objets : à la fois sur le plan technique, en termes d'efficacité, et sur le plan symbolique, en termes d'image sociale.

Une vie « tripative »

Par certains aspects, cette recherche d'intensité à tout prix s'apparente à une quête dionysiaque. C'est comme si ce qui était recherché, dans cette frénésie de consommation, c'était un ersatz laïque de sacré, un équivalent de ce qu'a procuré de tout temps l'expérience religieuse : des états de conscience modifiée qui donnent accès à un réel perçu comme véritable, plus réel.

La grande caractéristique de l'expérience chamanique, telle qu'on la retrouve partout sur la planète — et aussi des expériences mystiques décrites par plusieurs religions —, c'est de provoquer des états de conscience particuliers, au moyen de diverses techniques corporelles, et de prescrire des techniques de vie quotidienne pour favoriser un accès épanouissant à ces états.

Dans un univers traditionnel, de tels états sont censés permettre d'accéder à d'autres plans de réalité : soit l'univers souterrain des morts et des démons, soit le monde supérieur des dieux et des forces de la vie. Ces mondes sont réputés dépasser la réalité quotidienne et lui donner son sens. Les chamanes sont les médiateurs entre ces mondes et celui de tous les jours : ils y voyagent pour en tirer des leçons de vie et rééquilibrer le monde quotidien des hommes.

Sans trop caricaturer, on pourrait dire que Néo-Narcisse a réduit cette expérience chamanique à sa dimension la plus simple et la plus commercialisable : « triper ».

S'il désire connaître des états de conscience modifiée, s'il désire éprouver des formes de perception et de sensibilité plus intenses, c'est pour rendre sa vie plus excitante.

Plus « tripative », comme dirait Languirand. C'est pour se « sentir » exister davantage. Plus intensément.

La vie schizophrène

Pour accéder à ces moments d'intensité, Néo-Narcisse a volontiers recours à la drogue, à l'alcool, au *rave* et à différentes expériences limites. Autrement dit, à des formes de consommation.

Il est sans doute significatif qu'un des produits destinés à ce type d'expérience se nomme *extasy*. Il aurait été difficile d'être plus précis. Au sens propre, c'est de l'extase en pilules. Pour le consommateur autocentré, soucieux d'optimiser son investissement en temps et en énergie, c'est beaucoup plus rapide que les années d'ascèse et d'entraînement que s'imposent les chamanes ou les mystiques — et c'est beaucoup moins exigeant.

Cependant, contrairement à ce qui se passe dans l'univers chamanique, ces moments d'intensité ne sont pas intégrés au reste de la vie. Ils ne sont pas faits dans le but de transformer la vie intérieure de celui qui les expérimente. Et leur but n'a rien à voir avec le fait de venir en aide aux autres ou de servir la communauté.

Pour Néo-Narcisse, ces extases commercialisées sont plutôt de l'ordre du week-end à la plage : des vacances ponctuelles. Des sortes de parenthèses, de coupures avec l'ordinaire de la vie quotidienne. Ce sont des moments de repli sur soi et sur son plaisir. Plutôt que d'être perçues comme un moyen de rétablir un équilibre, ces expériences de consommation sont vécues comme un défoulement qui permet de continuer à supporter une absence chronique et persistante d'équilibre.

En ce sens, cette consommation dionysiaque favorise une vie schizophrène.

Dans l'expérience chamanique traditionnelle, l'intensité était le signe d'un ordre de réalité autre ; dans l'expérience « tripative », elle devient une fin. Un objectif en soi. Elle ne permet pas de donner un sens à la vie de tous les jours, elle permet d'y échapper provisoirement et de mieux supporter, le reste du temps, qu'elle n'ait pas de sens.

LA LOGIQUE DU CANCER

L'emballement caractéristique de la logique de la drogue, on ne le retrouve pas seulement dans le domaine des pratiques individuelles de l'individu. Il se manifeste aussi dans l'évolution globale de l'humanité, où il prend la forme de la prolifération cancéreuse.

Aujourd'hui, l'espèce humaine prolifère. Sa production industrielle et ses déchets font de même. Au point de menacer la survie de l'écosystème global de la planète.

C'est la logique du toujours plus. Toujours plus de produits à consommer, toujours plus de consommateurs, toujours plus de parts de marché... Toujours plus de tout !

Quand une publicité proclame : « J'en veux plus », une autre précise : « Parce que vous le méritez ! » Sans doute pour le cas où certains consommateurs auraient des doutes sur la légitimité d'un tel désir.

Prolifération et envahissement

La prolifération est la tendance d'un organisme ou d'un domaine d'activités à s'accroître, à se multiplier sans frein. Les cellules cancéreuses, qui prolifèrent sans retenue, illustrent bien cette tendance que l'on retrouve désormais autant dans les marques de céréales, les produits pharmaceutiques, les bureaucraties... ou dans la multiplication des revues selon les publics cibles. Aujourd'hui, tout prolifère.

Lié à cette prolifération, on retrouve l'envahissement — autrement dit, la tendance au débordement des frontières, aux métastases.

On peut en rencontrer des manifestations dans des domaines aussi différents que la gestion (maintenant, on gère tout : ses sentiments, sa santé, son stress, sa carrière, son entreprise…), les médias (radio, télé, sites Internet, blogues…) et les consultants, qui se sont eux-mêmes mis à proliférer…

La cannibalisation

Une autre figure de l'emballement de type cancéreux est la cannibalisation. Les cellules cancéreuses utilisent sans vergogne toutes les ressources de l'organisme pour se multiplier sans retenue. Un peu comme les virus, qui s'intègrent à une cellule et utilisent sa machinerie à leur propre usage pour proliférer, eux aussi, sans retenue.

Cette forme de cannibalisation est également à l'œuvre dans la culture. On peut rappeler quelques exemples déjà évoqués : la cannibalisation du patrimoine artistique (musique, peinture, littérature…) par la publicité ; celle des archétypes de la mythologie et du cinéma par les spectacles de lutte (WWE) ; de la littérature et des jeux vidéo par le cinéma ; des vêtements des ghettos par la mode ; des cinémas nationaux par les remakes d'Hollywood ; du corps humain par l'art organique… Tout sert désormais à tout. Tout peut être instrumentalisé à des fins autres que les siennes. Les frontières s'effondrent. Ne demeurent que des rapports d'empiètement et d'utilisation.

Certains reprochent parfois aux jeunes de tutoyer tout le monde et de le faire avec une certaine brusquerie. De ne pas respecter les formes. Mais les formes servent précisément à contenir les individus à l'intérieur de leurs propres frontières, à les aider à ne pas empiéter sur celles des autres. En ne respectant pas les formes, les jeunes ne font que se montrer solidaires de la logique de leur époque : on vit en expansion continue jusqu'à ce qu'une expansion plus forte vienne arrêter ou faire reculer la sienne. C'est, appliquée à la vie sociale, la logique du marché, avec ses atomes sociaux parfaitement égoïstes et calculateurs rationnels de leurs intérêts.

L'exemple ultime est probablement fourni par les médias, qui non seulement envahissent tout, y compris la vie privée, mais parlent de plus en plus... des médias. À cette limite, envahissement et autocannibalisation fusionnent. Le cancer se dévore lui-même.

Finalement, les machines conscientes du film *La Matrice* n'avaient peut-être pas tort d'interpréter le comportement humain en termes de virus et de cancer !

LA LOGIQUE DE LA DÉLINQUANCE

Si la quête d'intensité tend à prendre la forme d'une logique de la drogue, et si le besoin de nouveaux stimuli engendre une prolifération cancéreuse de moyens de satisfaction, il vient quand même un temps où le désir, dans sa quête de satisfaction, se heurte à des limites : limites morales, limites légales, limites du corps humain lui-même...

Transgresser des limites devient alors une façon de lutter contre l'émoussement de la perception, de poursuivre l'escalade dans la stimulation, d'ouvrir de nouveaux territoires à de nouvelles proliférations. C'est la nouvelle frontière dans la quête de l'intensité. La nouvelle source ultime de plaisirs. Celle qui départage les satisfactions ordinaires des véritables satisfactions.

La délinquance : moyen d'exister socialement

Alors apparaît la logique de la délinquance. Elle fait de la transgression des limites, quelles qu'elles puissent être, un moteur de l'affirmation de soi et de la satisfaction. N'est intéressant, n'est significatif, n'a d'importance que ce qui transgresse, d'une façon ou d'une autre, les limites existantes.

C'est comme si on essayait de reproduire, dans le processus ordinaire de la consommation, l'atmosphère extraordinaire de la fête. Extra-ordinaire au sens propre du terme : au sens de sortie de l'ordinaire, d'affranchissement des limites de l'ordinaire.

Cette quête d'extra-ordinaire explique en partie l'aura de délinquance dont s'entourent les plus grandes vedettes. Il y a longtemps qu'on parle de leur style de vie extravagant, de leurs relations amoureuses orageuses, de leur train de vie somptuaire, de leurs scandales, de leurs excès… Bref, de la délinquance qu'elles se permettent.

Aujourd'hui, il y a toutefois une différence : la délinquance semble être devenue la voie plutôt que le simple attribut de la célébrité — un passage obligé pour l'acquisition et la conservation du statut de vedette. Frank Zappa, Ozzy Osborne, Eminem, Amy Winehouse et Marilyn Manson, pour ne nommer qu'eux, illustrent cette utilisation médiatique de la transgression pour se construire une image publique. Dans les vidéoclips, la généralisation de l'esthétique du *pimp* et de la pute participe de la même logique. Logique semblable, également, dans la construction du personnage de Gainsbarre par Serge Gainsbourg.

Il est désormais presque impossible, pour une vedette, de ne pas être délinquante d'une façon ou d'une autre, sauf à être cantonnée dans les émissions familiales, la distraction grand public, le film pour tous ou la musique *cute*. Et encore…

La délinquance et la demande de contrôle social

Quand la délinquance est ainsi érigée en moyen d'exister socialement et quand la valorisation des vedettes est telle qu'elles semblent être les seules personnes à exister vraiment, il est difficile que l'ensemble de la population — et particulièrement les jeunes — ne perçoive pas la transgression comme la voie qui ouvre les portes de l'avenir. La voie vers l'existence de rêve qu'on imagine être celle des vedettes : un monde sans contraintes, où chacun est libre de faire tout ce qu'il veut.

Cette montée de la transgression s'accompagne, sans grande surprise, d'une montée de l'encadrement social. Plus les individus tendent à s'enfermer dans une exigence croissante d'intensité, sans égard aux destructions qui pourraient s'ensuivre, plus ils se perçoivent comme des libertés totales, justifiées de l'être, n'ayant que des liens ténus avec leur environnement social et n'étant que faiblement retenus par des convictions morales en déshérence… eh bien, plus il faut de mécanismes et de règles sociales pour « civiliser » leurs interactions.

Paradoxalement, les individus eux-mêmes exigent cet encadrement. La liberté totale qu'ils réclament pour eux-mêmes, ils la craignent quand elle est exercée par les autres. Ils veulent être protégés. Leur désir de transgression et la revendication d'une liberté sans frein, lorsqu'ils les projettent sur les autres, engendrent une crainte qui débouche sur une demande de servitude collective.

C'est de cette manière que la montée aux extrêmes alimente une montée parallèle des contrôles sociaux, laquelle a pour effet de limiter et d'encadrer les expériences « excessives » que désire l'individu. On peut même déceler là une inquiétante boucle rétroactive, où chacune des tendances renforce l'autre : l'augmentation du désir d'excès, chez les individus, renforce la demande de contrôle social et de sécurité, laquelle renforce à son tour le besoin des individus de s'affranchir des contrôles par des gestes excessifs et des comportements de transgression…

Vers une fusion sociale permanente et contrôlée

Derrière cette double exigence en apparence contradictoire — montée aux extrêmes et contrôle social en expansion —, il y a sans doute la perception plus ou moins consciente d'un danger qui réside au cœur même de la quête d'intensité, telle qu'elle se manifeste dans la vie extrême : le risque de précipiter la société dans une sorte de plasma social, où la perte des frontières et des différences produit, par d'autres moyens, ce qu'a provoqué en Irak et en Russie (par exemple) la suppression brutale des structures d'ordre : une montée brusque et incontrôlée de la température sociale et des comportements antisociaux, ce qui laisse la société en proie à tous les groupes criminels.

Il existe toutefois une différence majeure : la société occidentale semble évoluer vers une forme de fusion sociale contrôlée, où l'on peut — c'est du moins ce qui semble être espéré — faire indéfiniment monter la température sans que les grandes structures d'ordre extérieures aux individus soient détruites ; au contraire, la montée de la pression justifierait leur continuel renforcement.

La dissémination du terrorisme et l'omniprésence de sa menace vont dans le sens de cette évolution, qui est marquée à la fois par la montée aux extrêmes et par le renforcement des structures de contrôle qui répond à cette montée.

LA LOGIQUE DE LA PORNOGRAPHIE

Une autre caractéristique de la montée aux extrêmes, c'est d'obéir à une logique de la pornographie.

Qu'est-ce que la pornographie, en effet, sinon le retour sous une forme transgressive, déformée, souvent caricaturale, parfois même perverse, de ce qui a été refoulé ? Sinon ce qui signe le retour obsédant, sous des formes à la fois tordues et violentes, de ce qui est dénié dans le rapport au monde ?

Cette logique pornographique ne touche pas que la sexualité. Il existe également une pornographie de la mort, de l'indignation morale, de l'amour, de l'affirmation de soi… Une pornographie qui prend la forme d'un étalage spectaculaire de mises à mort, d'histoires de vengeance, de romances sirupeuses, de délires narcissiques meurtriers et d'horreurs en tous genres.

En effet, que signifient la sentimentalité dégoulinante, la violence excessive, les abus de pouvoir, les tromperies et l'étalage de morts qui constituent l'ordinaire des productions télé et du cinéma ? Que signifie le spectacle incessant de ces comportements extrêmes sinon la disparition des sentiments et de la possibilité d'agir, l'étiolement du pouvoir de la population, la perte de la confiance dans les autres et l'incapacité à intégrer dans la vie les derniers moments de l'existence ?

C'est la raison pour laquelle, dans ce monde ultra-policé, coexistent, comme des couples solidaires, la rectitude politique et la radio poubelle ; le nouveau puritanisme et la pornographie violente ; la diplomatie la plus éthérée, où rien ne peut être nommé, et les guerres les plus ignobles ; le délire réglementaire et l'exploitation la plus sordide des individus ; les mécanismes judiciaires les plus proliférants et une corruption endémique…

S'étale ainsi de façon pornographique, sur les écrans dont nous achevons de tapisser le moindre recoin du réel, la somme des impuissances occidentales à vivre.

POSTFACE
OÙ VONT *LES TAUPES* ?

Un personnage, même et surtout quand il lui arrive d'être utilisé explicitement par l'auteur comme porte-parole, est un porte-parole biaisé. Il peut privilégier certaines opinions de l'auteur et en défendre d'autres qui sont contraires aux siennes.

Ainsi, le propos des *Taupes frénétiques* peut paraître, à certains égards, pessimiste. Voire décourageant. Plusieurs des problèmes soulevés le sont effectivement. Mais se limiter à ce point de vue serait oublier que les solutions apparaissent souvent en même temps que les problèmes, même si elles prennent parfois plus de temps à devenir visibles et que le chemin pour y parvenir peut s'avérer pénible.

Dans l'histoire de la transmission et du traitement de l'information, on peut découper trois grandes étapes : orale, écrite, numérique[1].

PHASE 1

À l'époque où la transmission du savoir était orale, les peuples avaient besoin de faire le tri dans tout ce qui se disait. Pour cela, ils s'en remettaient à des rituels, à des traditions et à des sages, réputés dépositaires des savoirs

---

1. Ce passage a été écrit à la suite de ma lecture d'une remarque de Sloterdijk dont je n'ai pas retrouvé la source.

importants. Cela leur permettait d'évaluer ce qui était fiable, ce qui avait de l'importance et ce qui en avait moins.

PHASE 2

Avec l'invention de l'écriture, la somme des informations disponibles s'est multipliée. Il était désormais possible d'avoir accès à des connaissances venant de partout. Il devenait même possible d'avoir accès à des informations provenant de personnes mortes — et cela, sans avoir à craindre les déformations inévitables propres à la transmission orale. Le lointain et le passé devenaient subitement d'importantes sources d'information — parfois même les plus importantes.

Pour endiguer et gérer l'avalanche d'informations qu'apportait l'accumulation croissante de textes écrits, la raison a formulé de façon explicite son arsenal de règles logiques et argumentatives. Cela s'est appelé la logique, la rhétorique, la poétique.

PHASE 3

Aujourd'hui, Internet et les médias électroniques font pleuvoir sur nous un déluge de textes, de paroles, de sons et d'images. L'inondation est sans précédent. Malgré les discours alarmistes, il est probable que l'humanité va inventer de nouveaux filtres pour gérer ce déluge. Qu'elle est probablement déjà en train de le faire. Et il est également probable que ces filtres nous paraîtront incongrus et insolites — par nous, je parle de ceux qui ont été formés par la logique discursive héritée de l'imprimé —, aussi insolites et incongrus que pouvait paraître cette logique argumentative (avec son refus de l'argument de l'autorité) aux yeux des adeptes de la sagesse orale traditionnelle, habitués à se fier à des autorités et à la tradition.

N'est-ce pas le propre de l'avenir de ne pas se conformer à l'imitation du présent, si dépaysant que cela puisse être pour ceux qui ont tenté, péniblement, d'inventer des moyens d'arpenter ce présent avec une relative sécurité?

Pour ce qui est des problèmes qu'on laisse en héritage aux générations qui suivent, on peut certes tenter de les décrire et de proposer quelques pistes de solutions. C'est la moindre des choses. Mais le plus sûr reste d'investir dans l'éducation pour former ceux qui auront pour tâche de les affronter.

La véritable myopie serait une défense à tous crins de la reproduction du même. Il ne fait aucun doute qu'il est plus sage de faire l'inventaire des frontières qui bougent, des réalités qui se transforment et des problèmes que cela suscite, quitte à esquisser quelques voies de solutions… Non pas tant pour donner des idées que pour donner à penser.

Nous sommes tous des taupes en devenir, vouées à voir le présent avec les yeux du passé. S'arracher à la frénésie ambiante, le temps de faire cet inventaire, peut s'avérer une façon de soigner sa myopie… et de faire confiance à ce que feront de ce début d'inventaire ceux qui viendront après nous.

REMERCIEMENTS

Je tiens d'abord à remercier tous ceux que j'ai assiégés de questions pendant la rédaction des *Taupes frénétiques*, à commencer par Lorraine et les enfants, bien sûr, comme toujours, et mes amis...

Je tiens à remercier particulièrement, pour leur travail critique sur le manuscrit et les longues discussions qui ont suivi : Sylvain David, Jean-Marie Gagnon et Christian Sauvé. Je leur dois plusieurs idées, plusieurs exemples et... plusieurs nuances.

Merci également à tous les amis avec qui j'ai discuté de ce texte, pour leurs commentaires et leurs encouragements.

Merci à Victor Prose, qui m'a fait confiance, une fois de plus, pour exprimer son point de vue particulier sur le monde.

Merci à mon éditeur, pour voir cru à la possibilité de publier un essai qui entre mal dans une case préétablie : littéraire, académique, pamphlétaire...

Enfin, je tiens à remercier les lecteurs, particulièrement ceux qui prendront le temps de me faire parvenir des commentaires, et tout particulièrement ceux qui me feront part de leurs désaccords sur tel ou tel point... ou sur l'ensemble[1].

---

1. Il est possible aux lecteurs de laisser leurs commentaires sur mon site, à : www.jeanjacquespelletier.com

DU MÊME AUTEUR

ROMANS

La Faim de la Terre, tome 2. (Les Gestionnaires de l'Apocalypse – 4), Lévis, Alire, 2009. (Réédition grand format: Alire, 2011)

La Faim de la Terre, tome 1. (Les Gestionnaires de l'Apocalypse – 4), Lévis, Alire, 2009. (Réédition grand format: Alire, 2011)

Le Bien des autres, tome 2. (Les Gestionnaires de l'Apocalypse – 3), Lévis, Alire, 2004. (Réédition grand format: Alire, 2011)

Le Bien des autres, tome 1. (Les Gestionnaires de l'Apocalypse – 3), Lévis, Alire, 2004. (Réédition grand format: Alire, 2011)

L'Argent du monde, tome 2. (Les Gestionnaires de l'Apocalypse – 2), Beauport, Alire, 2001. (Réédition grand format: Alire, 2010)

L'Argent du monde, tome 1. (Les Gestionnaires de l'Apocalypse – 2), Beauport, Alire, 2001. (Réédition grand format: Alire, 2010)

La Chair disparue (Les Gestionnaires de l'Apocalypse – 1), Beauport, Alire, 1998. (Réédition grand format: Alire, 2010)

Blunt, Les Treize Derniers Jours, Québec, Alire, 1996.

La Femme trop tard, Montréal, Québec Amérique, 1994. (Réédition remaniée: Alire, 2001)

L'Homme trafiqué, Longueuil, Le Préambule, 1987. (Réédition remaniée: Alire, 2000)

NOUVELLES

L'Assassiné de l'intérieur, Québec, L'instant même, 1997. (Réédition remaniée: Alire, 2011)

L'Homme à qui il poussait des bouches, Québec, L'instant même, 1994.

ESSAI

Écrire pour inquiéter et pour construire, Trois-Pistoles, éditions des Trois-Pistoles, 2002.

AUTRE PUBLICATION

La Gestion financière des caisses de retraite, (en collaboration avec Marc Veilleux, Carmand Normand et Claude Lockhead), Montréal, Béliveau éditeur, 2008.

Suivez-nous

GARANT DES FORÊTS
INTACTES

Imprimé en mars 2012
sur les presses de Transcontinental-Gagné
Louiseville, Québec